FLUCHT IN DEN KRIEG?

Die Außenpolitik des kaiserlichen Deutschland

Herausgegeben von

GREGOR SCHÖLLGEN

WISSENSCHAFTLICHE BUCHGESELLSCHAFT
DARMSTADT

Einbandbild: Erster Weltkrieg. Mobilmachung.
Mit freundlicher Genehmigung des Ullstein Bilderdienstes, Berlin.

CIP-Titelaufnahme der Deutschen Bibliothek

Flucht in den Krieg?: Die Außenpolitik des kaiserlichen Deutschland / hrsg. von Gregor Schöllgen. – Darmstadt: Wiss. Buchges., 1991
ISBN 3-534-80130-X
NE: Schöllgen, Gregor [Hrsg.]; GT

Gedruckt auf säurefreiem und alterungsbeständigem Werkdruckpapier
Gesamtherstellung: Wissenschaftliche Buchgesellschaft, Darmstadt
Printed in Germany
Schrift: Times, 9.5/11

ISBN 3-534-80130-X

FLUCHT IN DEN KRIEG?

INHALT

VORWORT

Der Band vereinigt die Vorträge eines Seminars, das im Winter 1988/89 vom Herausgeber organisiert und am St. Antony's College in Oxford durchgeführt wurde. Zusätzlich aufgenommen wurde ein Beitrag, den Andreas Hillgruber, der wegen seiner schweren Erkrankung nicht mehr nach Oxford reisen konnte, kurz vor seinem Tode im Mai 1989 zur Verfügung stellte. Über die Konzeption des Bandes und seinen Ort im Rahmen der neueren deutschen Forschung unterrichtet der einführende Beitrag.

Der Dank des Herausgebers gilt den Autoren für die ausgezeichnete Zusammenarbeit, dem St. Antony's College für seine Gastfreundschaft, dem Stifterverband für die Deutsche Wissenschaft für die großzügige Unterstützung sowie nicht zuletzt Anthony Nicholls für seinen Anteil an der Vorbereitung des Seminars.

Erlangen, im Januar 1990 Gregor Schöllgen

ABKÜRZUNGEN

AA	Auswärtiges Amt
BA	Bundesarchiv (Koblenz)
BD	Die Britischen Amtlichen Dokumente über den Ursprung des Weltkrieges, 11 Bde. in 24, Berlin 1926–38
DD	Die Deutschen Dokumente zum Kriegsausbruch 1914, 4 Bde., Berlin 1921
FO	Foreign Office
GP	Die Große Politik der Europäischen Kabinette 1871–1914. Sammlung der Diplomatischen Akten des Auswärtigen Amtes, 40 Bde. in 54, Berlin 1922–27
GWU	Geschichte in Wissenschaft und Unterricht
HZ	Historische Zeitschrift
ÖU	Österreich-Ungarns Außenpolitik von der Bosnischen Krise 1908 bis zum Kriegsausbruch 1914. Diplomatische Aktenstücke des Österreichisch-ungarischen Ministeriums des Äußeren, 9 Bde., Wien–Leipzig 1930
PA	Politisches Archiv (Bonn)
PRO	Public Record Office (London)
ZfG	Zeitschrift für Geschichtswissenschaft
ZStA	Zentrales Staatsarchiv (Potsdam)

EINFÜHRUNG: DAS THEMA IM SPIEGEL DER NEUEREN DEUTSCHEN FORSCHUNG

Von Gregor Schöllgen

I

Seit den ersten Augusttagen des Jahres 1914 ist die Frage nach den Gründen für den Ausbruch des Ersten Weltkrieges, dieser Urkatastrophe des 20. Jahrhunderts, nicht verstummt. Kein zweiter Kriegsausbruch hat die Historiker so intensiv und dauerhaft beschäftigt, kein zweites Ereignis der neueren Geschichte wird in der Fachwelt wie in der Öffentlichkeit so ausgiebig und leidenschaftlich diskutiert.[1] Schließlich stimuliert kaum eine andere internationale Krise bis heute immer wieder zu derart weitgehenden historisch-politischen Vergleichen wie die des Sommers 1914. Das wurde insbesondere in den Jahren 1979/80 deutlich, als einige namhafte Staatsmänner, unter ihnen Henry Kissinger und Helmut Schmidt, vor dem Hintergrund des chinesisch-vietnamesischen Konfliktes, der Krise im Iran, des sowjetischen Einmarsches in Afghanistan sowie des Flottenaufmarsches der beiden Supermächte im Indischen Ozean warnend auf die Situation des Juli 1914 verwiesen.[2]

Bei der Analyse dieser Krise hat traditionell insbesondere eine Frage im Vordergrund des Interesses gestanden: Welche Rolle spielte die deutsche Außenpolitik beim Ausbruch des Ersten Weltkrieges? Von der eindeutigen politischen Schuldzuweisung, die durch die Alliierten im Artikel 231 des Versailler Vertrages vom 28. Juni 1919 festgeschrieben worden war, bis hin zu der durch Fritz Fischers historische Arbeiten ausgelösten, zuletzt Mitte der 80er Jahre[3] noch einmal aufgelebten Kontroverse galt dieser Frage das besondere Interesse der Historiker wie der historisch-politischen Öffentlichkeit.

Angesichts dieser Brisanz unserer Fragestellung ist es wenig überraschend, daß gerade die Außenpolitik des Kaiserreichs im

Laufe der vergangenen Jahrzehnte immer wieder zu neuen Interpretationen herausgefordert hat. Zu nennen ist hier allen voran in den 60er Jahren der eben erwähnte „mächtige Anstoß“[4] Fritz Fischers. Dieser wiederum hat einen erkennbaren Einfluß auf die Etablierung jener „Struktur-“ bzw. „Gesellschaftsgeschichte“ genommen, die insbesondere in den 70er Jahren in der Bundesrepublik Konjunktur hatte und die ihren Niederschlag auch in der Erforschung verschiedener Aspekte deutscher Außenpolitik vor 1914 gefunden hat. Dazu zählen vor allem der Imperialismus der Bismarck-Zeit sowie die Rüstungs- und „Weltpolitik“ der Wilhelminischen Ära.

Im folgenden sollen einige Tendenzen dieser neueren deutschen Forschung nachgezeichnet werden. Wenn sich die Betrachtung dabei vor allem auf die Bundesrepublik konzentriert, so deshalb, weil sich in diesem Band mit Willibald Gutsche ein Kenner der Materie zu den entsprechenden Entwicklungen innerhalb der Geschichtswissenschaft der DDR äußert.[5]

II

Insbesondere in seinen beiden 1961 bzw. 1969 publizierten Büchern ›Griff nach der Weltmacht. Die Kriegszielpolitik des kaiserlichen Deutschland 1914/18‹ und ›Krieg der Illusionen. Die deutsche Politik von 1911 bis 1914‹ hatte Fritz Fischer die These aufgestellt, daß die deutsche Regierung den „entscheidenden“ Teil der historischen Verantwortung dafür zu tragen habe, daß aus der Julikrise des Jahres 1914 ein „allgemeiner“ europäischer Krieg entstanden sei.[6]

Dafür führte er folgende Argumente ins Feld: Deutschland habe den österreichisch-serbischen Krieg nicht nur gewollt, sondern durch den sogenannten „Blankoscheck“, also die Versicherung der uneingeschränkten Bündnistreue gegenüber Österreich-Ungarn am 5./6. Juli, im Grunde allererst ermöglicht. Eben dieser Schritt dokumentiere überdies die Bereitschaft des Deutschen Reiches, im Juli 1914 – auf die englische Neutralität spekulierend – bewußt einen Krieg mit Rußland und Frankreich in Kauf zu nehmen. Denn die deutsche Regierung habe nach den Erfahrungen der Jahre 1905 (erste Marokkokrise), 1908/09 (bosnische Annexionskrise) und 1911 (zweite Marokkokrise) gewußt, daß ein jeder regionaler Krieg in Europa, an dem eine Großmacht beteiligt war, die Gefahr eines allgemeinen Krieges „unvermeidbar nahe“ habe „heranrücken“ lassen müssen. Mehr noch, die Reichsleitung und der Kaiser hätten nach der zweiten Marokkokrise, und verstärkt seit dem Dezember 1912, nicht nur konsequent auf eben diesen allgemeinen Krieg hingearbeitet, sondern sie seien auch mit einem ausformulierten Kriegszielkatalog in die Auseinandersetzung hineingegangen, dessen letztes Ziel Fischer in der „Hegemonie Deutschlands über Europa“ zusammenfassen zu können glaubte.

Es ist hier nicht der Ort, um die sich an diese Thesen anschließende, ungewöhnlich intensiv, mitunter auch emotional und polemisch geführte wissenschaftliche Auseinandersetzung im einzelnen zu rekonstruieren.[7] Nach nunmehr 30 Jahren[8] lassen sich aber vor allem drei Grundtendenzen bzw. Ergebnisse jener Debatte ausmachen, die auf der Seite von Fischers Kontrahenten zunächst vor allem durch Gerhard Ritter geführt wurde, später dann durch Karl Dietrich Erdmann, Egmont Zechlin[9] und Andreas Hillgruber.

(1) Zum einen hat sich mehr und mehr die Ansicht durchgesetzt, daß mit Blick auf den Juli bzw. August 1914 weder von einem Verteidigungskrieg gesprochen werden könne, wie dies auf deutscher Seite insbesondere in der Zwischenkriegszeit und im Verlauf der Kontroverse von Gerhard Ritter behauptet worden war, noch von einem Angriffskrieg, von dem zunächst die alliierten Siegermächte des Ersten Weltkrieges und dann Fritz Fischer und seine Schüler ausgingen. Vielmehr wird man die vorherrschende Interpretation der Ereignisse heute dahingehend zusammenfassen dürfen, daß es sich bei der deutschen Politik in der Julikrise um den schließlich gescheiterten Versuch gehandelt habe, die „Konzeption eines kalkulierten Risikos zur Durchsetzung begrenzter machtpolitischer Veränderungen unter Ausnutzung von internationalen Krisensituationen“ zu realisieren.[10] Daß Fischer selbst, aber beispielsweise auch Historiker aus dem Kreis seiner Schüler oder in den Reihen der DDR-Geschichtswissenschaft an der Interpretation des Angriffskrieges festgehalten haben, steht dabei, wie die entsprechenden Beiträge auch dieses Bandes zeigen, außer Frage.

(2) Zum anderen ist die Debatte um den Ausbruch des Ersten Weltkrieges von der sehr emotional eingefärbten Erörterung der Schuldfrage wieder zu jener nüchternen Analyse der Ereignisse zurückgekehrt, von der Fischer selbst 1959 ausgegangen war. Dabei hat die neuere Forschung[11] ihr Augenmerk verstärkt auf solche Faktoren gerichtet, welche die Vorstellungswelt der in dieser Krise Verantwortlichen geprägt bzw. präformiert und damit ihren Handlungsspielraum von vornherein begrenzt haben. Dazu zählen beispielsweise die Entwicklungen auf den Gebieten der Wirtschaft, der öffentlichen Meinung oder auch der Kultur ebenso wie die imperialistischen Bewegungen und natürlich die militärischen Planungen. In diesem Sinne hat zuletzt der britische Historiker James Joll zutreffend resümiert: "The individuals who took those decisions were, often to a greater extent than they realized, limited in their choice of action not only by their own nature but by a multitude of earlier decisions taken by themselves and by their predecessors in office."[12]

(3) Schließlich aber bleibt festzuhalten, daß die aus intensiver Beschäftigung mit den Quellen erwachsenen Forschungen Fritz Fischers tiefe Spuren namentlich in der deutschen Geschichtswissenschaft hinterlassen haben. Ganz gleich ob man die Kernthesen Fischers akzeptiert oder nicht, die Ergebnisse seiner Forschungen sind heute, wie die Beiträge dieses Bandes zeigen, fester Bestandteil einer jeden Analyse der Außenpolitik des kaiserlichen Deutschland. Das gilt nicht zuletzt für jene Interpretationen, die ihr Augenmerk vor allem auf den weiteren Rahmen des europäischen bzw. des Weltstaatensystems richten und nach den Möglichkeiten wie aber auch nach den von außen gesetzten Grenzen deutscher Außenpolitik fragen.

III

Eine den Thesen Fischers vergleichbare Resonanz hatten andere Versuche einer Neuinterpretation der Außenpolitik des Kaiserreichs zu keiner Zeit. Das gilt auch für den sogenannten „struktur-“ bzw. „sozialgeschichtlichen“ Ansatz, dessen Vertreter ihrerseits auf die Ergebnisse der Arbeiten Fritz Fischers, aber auch George W.F. Hallgartens zurückgriffen. Mit seinem 1933 fertiggestellten, jedoch erst nach dem Zweiten Weltkrieg publizierten zweibändigen Werk ›Imperialismus vor 1914‹ hatte Hallgarten eine „Darstellung der gesellschaftlichen Untergründe der auswärtigen Politik moderner Staaten vor dem Kriege, und zwar speziell der Grundlagen der deutschen auswärtigen Politik" vorlegen wollen, die indessen „die politische Geschichtsschreibung nicht ersetzen, sondern ergänzen" wollte.[13]

Maßgeblich beeinflußt durch diesen Ansatz sowie eben unter Einbeziehung einiger Thesen Fischers, hat sich dann Ende der 60er Jahre innerhalb der bundesrepublikanischen Historie eine „Gesellschaftsgeschichte" etabliert. In ihrer konsequenten Ausformulierung wich sie freilich gerade darin von Hallgarten und Fischer ab, daß sie der politischen Geschichtsschreibung weitgehende Untauglichkeit bescheinigte und sie durch eine von ihren Vertretern so genannte „Struktur-Geschichte" ersetzte. Dabei bezog sie sich zunächst und vornehmlich auf die deutsche Politik im Zeitalter des Imperialismus. Das „vor allem aus Marxschen Gedanken entwickelte, klassengesellschaftlich-dichotomische" und „idealtypisch verwandte ... Modell" ihrer Protagonisten sollte nicht weniger leisten als die „Analyse *einer ganzen Gesellschaft* und ihrer kurzfristigen Veränderungen".[14] Auch in diesem Falle ist es nicht möglich, die sich daran anschließende Auseinandersetzung der 70er Jahre *en détail* nachzuzeichnen. Bilanzierend läßt sich jedoch folgendes festhalten:

(1) Es darf heute als gesichert gelten, daß die sich selbst als „überlegen" und „kritisch" qualifizierende „Struktur-" bzw. „Gesellschaftsgeschichte" zwar der historischen Forschung neue und wichtige Anstöße gegeben hat, aber als theoretisches Modell bzw. methodisches Konzept gescheitert ist. Zuletzt hat das, die wichtigsten Aspekte resümierend, noch einmal Lothar Gall gezeigt und in diesem Zusammenhang auf die „Banalität" der Argumentation, die „Relativität" der Perspektive und die „Gebundenheit und Historizität" des Ansatzes verwiesen.[15]

(2) Mit Blick auf das Verhältnis der „Gesellschaftsgeschichte" zur Geschichte von den internationalen Beziehungen hat namentlich Andreas Hillgruber[16] wiederholt darauf hingewiesen, daß von den Vertretern einer politischen Geschichte nie ein Ausschließlichkeitsanspruch erhoben worden sei. Gleichzeitig habe die explizite Forderung der „Gesellschaftsgeschichte" nach

Exklusivität der „kritischen“ Methode in der Konsequenz zu einer Verengung des Blickwinkels vieler deutscher Historiker geführt.

In eben dieser Hinsicht unterschied sich die Entwicklung in Großbritannien, den USA, der Sowjetunion oder auch in Frankreich von derjenigen in der Bundesrepublik, wo sich solche Historiker seit Ende der 60er Jahre heftigen Attacken ausgesetzt sahen, deren besonderes Interesse sich auf die internationalen Beziehungen und nicht zuletzt auf die deutsche Außenpolitik richtete. Schon die Beschäftigung mit der Geschichte des Staatensystems galt als verwerflich oder gar als apologetisch, die Berufung auf die eigene, mit Namen wie Leopold von Ranke, Ludwig Dehio, Friedrich Meinecke oder Gerhard Ritter verbundene Tradition als suspekt. Eben diese Situation hatte der amerikanische Historiker Gordon A. Graig vor Augen, als er 1983 resümierend feststellte: “German historians ... have for some times been arguing that traditional paradigms like the national state and the concepts of hegemony and balance are no longer satisfactory and that the great movements of modern politics must be regarded as functions of the process of modern industrialism. Works of this sort, and the varied attempt to assert a *Primat der Innenpolitik*, have been less than satisfactory.” Ganz in diesem Sinne hat jüngst Klaus Hildebrand die Debatte der 70er Jahre dahingehend bilanziert, daß „die für die Forschung lange Zeit so charakteristische, intensive Beschäftigung mit den gesellschaftlichen und innenpolitischen Bedingungen äußerer und internationaler Politik gerade deren hohen Grad an Eigenständigkeit deutlicher als bisher“ habe hervortreten lassen.[17]

(3) Vor allem aber ist gegen den strukturgeschichtlichen Ansatz und seinen Anspruch, alle Bereiche des politischen Lebens im kaiserlichen Deutschland einschließlich der auswärtigen Beziehungen angemessen erfassen, analysieren und zur Darstellung bringen zu können, eingewandt worden, daß bislang „keine Monographien zu Themen der internationalen Beziehungen oder zur Außenpolitik der Großmächte bekannt geworden“ seien, „die sich zur ‚Historischen Sozialwissenschaft‘ bekennen und internationale Beachtung in der Geschichtswissenschaft gefunden hätten“.[18]

Hingegen ist für die Bundesrepublik der 80er Jahre eine bemerkenswerte Renaissance der politischen Geschichte zu verzeichnen. Diese hat einerseits ihren Niederschlag in einer beachtlichen Anzahl von Monographien zur Außenpolitik des Kaiserreichs gefunden.[19] Andererseits zeichnen sich diese Arbeiten in der Regel dadurch aus, daß sie dort, wo es sachlich geboten und methodisch sinnvoll ist, die Ergebnisse anderer historischer Teildisziplinen bzw. Forschungsrichtungen in die Darstellung und Analyse miteinbeziehen.

Das gilt beispielsweise für die Erkenntnisse der modernen Wirtschafts- und Sozialgeschichte (im ursprünglichen Sinne des Wortes), aber etwa auch für die Ergebnisse der erwähnten Forschungen von George W. F. Hallgarten oder Fritz Fischer: Daß gerade diese beiden ihren Ausgang ursprünglich vom Studium der internationalen Beziehungen und namentlich der deutschen Außenpolitik vor 1914 genommen haben, wird von vielen Kritikern wie Anhängern häufig übersehen. Schließlich gilt das Gesagte selbstverständlich auch für einige Ergebnisse „strukturgeschichtlicher“ Forschung, soweit sie in der Sache haltbar und für das Verständnis der untersuchten Entwicklungen weiterführend waren. Zu nennen sind hier die entsprechenden Studien zum (Sozial-)Imperialismus der Bismarck-Zeit sowie zur Rüstungs- und „Weltpolitik“ der Wilhelminischen Ära.

IV

Die Vertreter der Theorie des Sozialimperialismus, die namentlich von Hans-Ulrich Wehler entwickelt wurde, sahen in diesem eine Strategie herrschender Eliten, „die Dynamik der Wirtschaft und der sozialen und politischen Emanzipationskämpfe in die äußere Expansion zu leiten, von den inneren Mängeln des sozialökonomischen und politischen Systems abzulenken und durch reale Erfolge seiner Expansion oder zumindest die Steigerung des nationalideologischen Prestiges zu kompensieren“.[20] Ursprünglich als Erklärungsmuster für den Imperialismus der Bismarck-Zeit entwickelt,[21] hat Wehler aber dann einerseits die grundsätzliche Anwendbarkeit dieser Theorie auf die Verhältnisse im Europa des Zeitalters des Imperialismus postuliert. Andererseits versuchte er sodann – hier unter anderem an die Thesen Fischers anknüpfend, sie aber in diesem Punkt zugleich radikalisierend – die Taktik der „Defensive mit aggressiven Mitteln", die in seinen Augen zunächst im deutschen Imperialismus erkennbar wurde, als das Grundmuster deutscher Außenpolitik schlechthin zu bestimmen. Konsequenterweise stellte sich dann in dieser Interpretation der Kriegsausbruch im August 1914 als Folge einer „Flucht nach vorn" dar, d. h. als Versuch, die Julikrise „als Hebel für einen spektakulären äußeren Erfolg mit heilsamer Rückwirkung nach innen zu benutzen".[22]

Auch dieser Interpretationsversuch deutscher Außenpolitik vor 1914 ist Gegenstand einer vorübergehend intensiv geführten Debatte gewesen.[23] Die Kritik hat sich vor allem an drei Punkten entzündet. Soweit sie sich darüber hinaus auf die Frage bezog und bezieht, ob die Außenpolitik des Kaiserreichs als eine Flucht in den Krieg gedeutet werden kann, sei auf die Antworten dieses Bandes verwiesen.

(1) Im Rahmen einer kritischen Auseinandersetzung mit der Theorie des Sozialimperialismus kam bereits 1971 George W. F. Hallgarten zu dem Schluß, daß Wehlers Buch über Bismarck und den Imperialismus „im wesentlichen als eine hochinteressante Materialsammlung zu bewerten" sei.[24] Als solche hat sie bis heute ihren Stellenwert, nicht zuletzt auch im Rahmen einer modernen Geschichte deutscher Außenpolitik im oben skizzierten Sinne. Was freilich Wehlers Interpretation des ersten Reichskanzlers als „Sozialimperialisten" anbelangt, so bescheinigte einer der Altmeister der sozialhistorisch arbeitenden Imperialismusforschung dem Begründer der Theorie eine „absurde Darstellung der Reichspolitik", die insbesondere die „ungemein wichtigen wirtschaftlichen und politischen Entwicklungen im Osten", also die europäische Dimension und Gebundenheit der Bismarckschen Kolonialpolitik nicht „gehörig" beachtet habe.[25] Zu einem vergleichbaren Befund kam auch Thomas Nipperdey, der in seiner grundlegenden Kritik an Wehlers Ansatz auf die Eigenständigkeit außenpolitischer Faktoren, Konstellationen und Entscheidungen verwies: „Alle außenpolitischen Überlegungen und Bewegungen waren auch ... von ‚autonomen' Machtrelationen, von Situationszwängen, ja, horribile dictu, von einem irreduziblen Machtwillen geleitet. Sie sind nicht auf innenpolitische Strategien reduzierbar. Die Grundtatsache der Aufteilung der Welt

(und die Herausforderung für die Spätkommer) kann ... nicht ... monokausal mit dem Modell Sozialimperialismus erklärt werden."[26]

(2) Aber dabei ist die Kritik nicht stehengeblieben. Vielmehr haben namentlich Gilbert Ziebura[27] und Wolfgang J. Mommsen auf den „Eklektizismus" einer Theorie verwiesen, die „ihrer Natur nach durchaus verschiedene Erklärungsmodelle in einer nicht eindeutigen Weise" miteinander verbinde. Diese erlaube es, „je nach Argumentationszusammenhang jeweils eines dieser Erklärungsmodelle auf Kosten der anderen in den Vordergrund zu stellen".[28] Anstatt der versprochenen Theorie des Imperialismus erhalte der Leser mithin lediglich eine „Addition der verschiedensten Erklärungsmodelle, bei der eine höhere Summe herauskommt, als sich mit der Wirklichkeit verträgt".[29] Angesichts dieses Befundes hat dann auch der zitierte Anspruch nachdrücklichen Widerspruch erfahren, wonach die Theorie des Sozialimperialismus nicht nur für die Außenpolitik des Kaiserreichs im ganzen Geltung beanspruchen könne, sondern auch als Erklärungsmuster für den Imperialismus anderer europäischer Staaten wie Großbritannien, Frankreich oder Italien tauglich sei.[30]

(3) Schließlich aber ist im Rahmen dieser Debatte einmal mehr auch die wichtige Frage erörtert worden, ob und in welchem Maße der Wirtschaft, d.h. den Banken und Industrieunternehmen, die Rolle einer treibenden Kraft der deutschen Außenpolitik und insbesondere des deutschen Imperialismus zugesprochen werden könne.[31] Dabei ist vor allem die im Zuge der Theorie des Sozialimperialismus entwickelte These widerlegt worden, wonach die Aussicht auf Absatz und Investitionschancen, mithin auf die „Wiedergewinnung oder Erhaltung der wirtschaftlichen Prosperität" im Innern[32] – in Kombination mit einer sozialen Sicherungsstrategie der Eliten – das primäre Motiv für die Entscheidung eben dieser Eliten gewesen sei, sich am Wettlauf um die überseeischen Gebiete und Märkte zu beteiligen.

Zum einen ist auf die gänzlich zweitrangige Bedeutung der Kolonien für die deutsche Wirtschaft hingewiesen worden: "Germany's colonial policy had a very narrow economic basis. Its advocats were professors, school-teachers and clergymen rather than businessmen ..."[33] Zum andern waren es gerade bei großen

Unternehmen und Projekten in der Regel die Politiker, welche die eher zögernden Finanzleute zu einem solchen Engagement drängten. Dazu ließen sich diese jedoch in vielen Fällen nur dann bewegen, wenn entsprechende Staatsgarantien bereitgestellt wurden, wie sich besonders eindrucksvoll am wohl wichtigsten Prestigeprojekt deutscher „Weltpolitik“ vor 1914, der Bagdadbahn, zeigen läßt.[34]

V

Auf eben diese deutsche „Weltpolitik“ hat sich nun das besondere Interesse „struktur“- bzw. sozialgeschichtlich arbeitender deutscher Historiker gerichtet. Das gilt insbesondere für zwei Aspekte, und zwar zum einen für die Rüstungspolitik und zum anderen für die Frage, ob der deutschen „Weltpolitik“ ein stringentes und ausformuliertes Konzept zugrunde gelegen habe.

In diesem Zusammenhang hat insbesondere Volker R. Berghahn, in Weiterführung der bereits 1930 von Eckart Kehr vorgelegten Interpretation,[35] auf die innenpolitische Bedeutung des deutschen Flottenbaus hingewiesen, durch den bekanntlich die Spannungen zu Großbritannien erheblich verschärft wurden. Nicht zuletzt dank der Arbeiten Berghahns[36] darf der deutsche Flottenbau inzwischen zu den am besten erforschten Kapiteln der Geschichte des Kaiserreichs zählen. Berghahn ging in seinen Studien von einer „sozialimperialistisch verstandenen Flottenpolitik“ aus, die eine relativ breite „Integrationsbasis“ besessen habe. Nur auf dieser Basis hätten „industriewirtschaftliche und agrarisch-konservative Interessen“, und zwar gegen den „Vierten Stand“, zusammenfinden können.[37] Mit anderen Worten: Die Rüstungs- und namentlich die Flottenpolitik des kaiserlichen Deutschland wurde, so Berghahn, in erster Linie wegen ihres „systemnotwendigen“ Charakters, d.h. „sozial integrativen“ Effektes betrieben.[38] Für ihre Realisierung aber hätte es des Aufbaus eines künstlichen Feindbildes, eben des Gegners Großbritannien, bedurft. Folglich sei dann auch die internationale Lage seit 1904/07 „vom Kaiser und seinen Beratern ... in einer die Realität auf den Kopf stellenden Weise“ gesehen worden, habe das Reich doch die sich in der sogenannten

Tripel-Entente offenbarende „Isolierung“ mit dem Flottenbau „selbst ausgelöst“.[39]

Eng mit dieser Interpretation deutscher Rüstungspolitik verknüpft war die These, daß der deutschen Außenpolitik zumindest in dieser Zeit, also in der Ära des Staatssekretärs des Auswärtigen Amtes und späteren Reichskanzlers Bernhard von Bülow (1897–1909), ein stringentes Konzept zugrunde gelegen habe. Dieser Ansatz wurde während der 70er Jahre insbesondere von Volker R. Berghahn, Peter Winzen und Barbara Vogel vertreten.[40] Danach hat namentlich Bülow ein gegen Großbritannien gerichtetes, ja, auf die Niederringung des britischen Weltreiches abzielendes „Weltmachtkonzept“ (Winzen) besessen, das überdies den deutschen Flottenbau forcieren und durch die unsichere Aufbauphase führen sollte (Berghahn) und auf der Idee einer „deutschen Hegemonie in Europa“ aufgebaut habe (Vogel).

Natürlich haben auch diese Thesen zu Widerspruch herausgefordert. Ganz unbeschadet neuer Aspekte, Argumente und Materialien, um welche die Diskussion durch die Arbeiten Berghahns und Winzens bereichert wurde, hat sich die Kritik vor allem an drei grundsätzlichen Fragen entzündet, wobei die Debatten z. T. über den unmittelbaren Anlaß der Kritik hinausführten.

(1) Vor allem wurde die Frage aufgeworfen, ob sich die „Kozeption“ deutscher „Weltpolitik“ um die Jahrhundertwende nicht in dem in seinen Konsequenzen verhängnisvollen Entschluß dokumentierte und zugleich erschöpfte, mit den anderen Großmächten auf dem Gebiet imperialistischer Betätigung gleichzuziehen, wie und wo auch immer. Die sich eben darin offenbarende relative Plan- und Konzeptionslosigkeit, ihr „Tasten auf den verschiedensten Schauplätzen und in verschiedensten Spannungszonen“[41] habe sich zudem besonders kraß von der Außenpolitik der Bismarck-Zeit abgehoben. Mit dem Abtritt des ersten Kanzlers sei die deutsche Außenpolitik vor allem jenes Elementes verlustig gegangen, das in den Jahren 1875–1890 beispielsweise im deutsch-englischen Verhältnis so etwas wie eine „bilaterale Normalität“ garantiert habe, nämlich ihrer Berechenbarkeit.[42]

Überdies seien die Konzepte der politisch führenden Männer der Zeit, also Bülows, Wilhelms II., Holsteins oder Tirpitz’, keineswegs in allen Punkten deckungsgleich gewesen. Immerhin mußte Winzen feststellen, daß selbst „Bülows Weltmachtkonzept“ in der von ihm rekonstruierten Form „niemals aktenkundig“ geworden sei.[43] Erst für die Zeit nach der Jahrhundertwende vermochte dann auch Hillgruber eine „allmähliche Konzentration auf die Gewinnung eines starken wirtschaftlichen, militärischen und politischen Einflusses im Orient, speziell im Türkischen Reich“ auszumachen.[44] Dieser Befund deckt sich im übrigen durchaus mit den Forschungsergebnissen z. B. George W. F. Hallgartens oder Fritz Fischers.

In diesem Zusammenhang ist die weitere Beobachtung gemacht worden, daß sich die deutsche Außenpolitik nach 1890 durch ein eigentümliches Oszillieren zwischen zwei Extremen politischen Auftretens auszeichnete, welches naturgemäß kaum das Verfolgen einer klaren Linie zuließ. Bereits Ludwig Dehio hatte 1948 auf das „zugleich laute und unsichere Auftreten Deutschlands und der Deutschen“ hingewiesen.[45] In Fortführung dieses Gedankens und unter Einbeziehung neuerer amerikanischer Forschungen wurde dann in der deutschen Außenpolitik der Jahrhundertwende das Produkt einer brisanten Mischung aus Ignoranz und Unerfahrenheit bzw. Anmaßung und Angst gesehen.[46]

(2) Daß dieses Schwanken der Politik zwischen zwei Polen gerade im deutschen Falle so extrem ausgeprägt war, ist in der jüngeren Forschung nicht zuletzt auch mit der exponierten geostrategischen Lage des Reiches erklärt worden: Auf deren in der Geschichtswissenschaft lange Zeit unterschätzte, den Zeitgenossen hingegen sehr vertraute Bedeutung hat (auch in diesem Falle unter Einbeziehung amerikanischer Denkanstöße[47]) Klaus Hildebrand hingewiesen. Er gab damit der sich in der Bundesrepublik rasch verbreitenden Diskussion dieses Problems[48] den wohl entscheidenden wissenschaftlichen Anstoß: Der „Zwang“ des internationalen, von diesen geographischen Gegebenheiten wiederum nicht unabhängigen „Systems“ erforderte gerade im Falle des in der kontinentalen Mittellage befindlichen Deutschen Reiches ein besonders Maß an Staatskunst.[49]

Der schon vielen Zeitgenossen als radikal erscheinende Kurswechsel deutscher Außenpolitik nach 1890/97 erklärt sich danach nicht zuletzt aus dem gerade im Falle der deutschen Politik folgenreichen Umstand, daß die Nachfolger Bismarcks nicht

Polyl. 4

dessen „geistige und aus langer politischer Erfahrung erwachsene staatsmännische Überlegenheit“ besaßen.[50] Die Folgen bestanden zum einen, wie insbesondere die Publikation der sogenannten ›Eulenburg-Papiere‹ gezeigt hat,[51] in einer Verflüssigung der politischen Gewalt in Deutschland,[52] also in einem Neben- und Gegeneinander politischer und militärischer Bereiche und Kompetenzen. Diese Entwicklung fand ihren Ausdruck vor allem in der Aufgabe der für Bismarck verbindlichen Grundeinsicht, wonach „Weltpolitik“ mit der für eine reine Kontinentalmacht vorrangigen Sicherungspolitik unvereinbar sei.

An deren Stelle trat die Vorstellung, „‚jetzt oder nie‘ den Grundstein legen zu müssen“, um so rasch als möglich dem „exklusiven Klub“ der Weltmächte angehören zu können.[53] Mit dieser „weltweite[n] Orientierung und expansive[n] Zielrichtung“ aber tat das Deutsche Reich den entscheidenden Schritt „von der begrenzten Interessensphärenpolitik Bismarcks zu der von diesem verworfenen Macht- und Prestigepolitik“ seiner Nachfolger.[54] Die Frage, ob die deutsche Politik nach Bismarck und im Zeitalter des Imperialismus überhaupt eine Alternative besaß, wenn „die in Europa gerade erstrittene Gleichrangigkeit in dem nun geltenden Weltmaßstab“ nicht „wieder aufgehoben“ werden sollte,[55] steht bis heute im Zentrum der Forschung[56] und damit natürlich auch der entsprechenden Beiträge dieses Bandes.

Daß diese deutsche „Weltpolitik“ vergleichsweise erfolglos bzw. „lächerlich bescheiden“ (Max Weber) war, daß sie insbesondere die durch die Schwäche des britischen Empire bedingte „einmalige Gunst der internationalen Konstellation“ 1897/98 nicht nutzte, sondern „überreizte“,[57] lag mithin möglicherweise gerade am Mangel eines stringenten, für alle beteiligten Personen und Institutionen verbindlichen Konzepts.

(3) Das zeigt sich schließlich auch an jenen Verständigungsbemühungen, welche seit 1898 *einen* von mehreren Strängen deutscher Außen- bzw. „Weltpolitik“ markierten. Auf diesen in „strukturgeschichtlichen“ Analysen deutscher Außenpolitik in der Regel ausgeklammerten Aspekt hat sich das Interesse in den vergangenen Jahren wieder verstärkt gerichtet.

So ist beispielsweise jüngst gezeigt worden, daß sich das von der Forschung lange vernachlässigte deutsch-amerikanische Verhältnis nach 1890, jedenfalls auf der Regierungsebene und als

Grundtendenz, durch „freundschaftliche Kooperation" auszeichnete.[58] Vergleichbares ist auch für einige kurze Phasen der deutsch-englischen Beziehungen zu registrieren. Immerhin ist es sowohl 1898–1900 als auch 1911–1914 zu einer Reihe von Abmachungen auf weltpolitischem Gebiet zwischen Deutschland und Großbritannien gekommen. Daß sich das Deutsche Reich in der letztgenannten Phase mit England, aber auch mit Rußland und Frankreich, in der besonders sensiblen orientalischen Frage verständigte, ist bemerkenswert[59] und zeigt überdies recht deutlich, wie unterschiedlich die „weltpolitischen Konzepte" waren, die in den verschiedenen Bereichen der politischen und militärischen Führung parallel zur Realisierung anstanden.

Daß diese Vielzahl von Plänen und Konzepten – Flottenbauprogramm, Primat der Heeresrüstung, „Mitteleuropa", „Mittelafrika", Verständigungspolitik in „peripheren" Fragen etc. – ihrerseits nicht gerade dazu beitrug, die Berechenbarkeit deutscher Außenpolitik zu steigern bzw. wiederherzustellen, liegt auf der Hand. Mit der Entente-Bildung suchten daher Rußland, Frankreich und allen voran Großbritannien ihrerseits das zu installieren, was durch die deutsche Politik ständig bedroht schien: Stabilität im internationalen Bereich. Insofern hat also das Deutsche Reich, darüber besteht heute in der deutschen Forschung weitgehend Einvernehmen, seine eigene Isolierung tatsächlich „selbst ausgelöst".

In diesem Zusammenhang ist dann auch noch einmal im einzelnen nachgezeichnet worden, in welchem Maße diese Isolierung durch den inneren Zerfall des Dreibundes[60] sowie die dadurch mitbedingte kompromißlose Unterstützung des einzigen noch zuverlässigen Bundesgenossen Österreich-Ungarn seit 1908/09[61] weiter verschärft wurde. Die verschiedenen Versuche Deutschlands, diese Isolierung zu durchbrechen und den als „Einkreisung" perzipierten „Ring" der sogenannten Tripel-Entente zu sprengen, gehören zu den am besten erforschten Kapiteln der Außenpolitik des Kaiserreiches. Die Frage aber, welche Ziele sie dabei tatsächlich verfolgte, führt zurück zu jener Kontroverse, die sich im Anschluß an die eingangs erläuterten Thesen Fritz Fischers entwickelte.

Die resümierende Analyse Fritz Fischers, mit dessen Namen sich ja die Erforschung des Themas seit mehr als 30 Jahren verbindet, bildet dann auch den ersten Beitrag dieses Bandes. Sie vereinigt erstmals beide Schwerpunkte seiner entsprechenden Forschungen in einer Studie, also die Außenpolitik des kaiserlichen Deutschland seit den ausgehenden 90er Jahren *und* den Ausbruch des Ersten Weltkrieges.

Allerdings versteht sich der Band nicht als Beitrag zur sogenannten Fischer-Kontroverse. Der Rahmen ist bewußt weiter gesteckt: Die Fallstudien sollen ein repräsentatives Bild deutscher Außenpolitik in den Jahren 1871–1914, aber auch ihrer Voraussetzungen und ihrer Folgen zeichnen. Diese Repräsentanz dokumentiert sich auf drei Ebenen, und zwar zum einen in der Auswahl und Zusammenstellung der Themen und zum anderen im Spektrum der Autoren, die sich unterschiedlichen Ansätzen und Methoden verpflichtet fühlen. Schließlich aber sollen die Beiträge den jüngsten Stand der deutschen Forschung widerspiegeln. Nicht zuletzt deshalb ist es zu begrüßen, daß mit Willibald Gutsche auch ein Experte aus der damaligen DDR gewonnen werden konnte. Gutsche analysiert die Außenpolitik des Kaiserreichs und den Kriegsausbruch im Spiegel der DDR-Geschichtswissenschaft.

Mit den Ausgangs- und Rahmenbedingungen deutscher Politik befaßt sich der Essay von Michael Stürmer. Danach waren es im wesentlichen drei Dilemmata, mit denen sich der deutsche Nationalstaat *ex origine* konfrontiert sah und welche eine jede Außenpolitik in Rechnung zu stellen hatte: die Geschichte, die Geographie und die Dynamik einer modernen Massendemokratie. Wie der erste Kanzler des Deutschen Reiches mit diesen Vorgaben umging, zeigt sodann Klaus Hildebrand in seiner Analyse der Chancen und Grenzen deutscher Außenpolitik im Zeitalter Bismarcks. Indem Hildebrand auf das Grundproblem eines Auseinanderklaffens von innerer und äußerer Staatsraison verweist, spricht er zugleich die auch für andere Autoren dieses Bandes zentrale Frage an, ob unter den sich wandelnden Bedingungen im Innern wie im Rahmen des europäischen Staatensystems nicht spätestens mit dem Abgang Bismarcks ein anderer Kurs eingeschlagen werden mußte.

Dieser Frage geht Reiner Pommerin nach, der Deutschlands Reaktion auf den neuen imperialistischen Schub, insbesondere aber auf den Eintritt Japans und der USA in das Weltstaatensystem während der 90er Jahre beleuchtet. Im Zentrum seiner Untersuchung steht die Frage, ob die Reichsleitung diese neue Dimension einer Globalisierung der internationalen Beziehungen überhaupt angemessen erfaßt hat und wie sich für sie das neue Verhältnis von Kontinental- und „Weltpolitik" darstellte.

Mit dieser deutschen „Weltpolitik", die – wie gezeigt – zu den in der Forschung am heftigsten umstrittenen Kapiteln der Geschichte des kaiserlichen Deutschland zählt, befassen sich Imanuel Geiss und der Herausgeber. Für Geiss steht außer Frage, daß die deutsche Variante des Imperialismus, die „Weltpolitik" des Deutschen Reiches, an ihrem rüstungspolitischen Kern, insbesondere am Bau der Schlachtflotte sowie an Deutschlands Weigerung gescheitert ist, mit Großbritannien über ein entsprechendes Abkommen zu verhandeln. Dadurch vor allem habe der deutsche Imperialismus die ihm eigene und zugleich unheilvolle Qualität bekommen. Der Herausgeber geht der Frage nach, ob eine Großmacht wie das Deutsche Reich im Zeitalter des Imperialismus und im Selbstverständnis der Zeitgenossen überhaupt eine andere Möglichkeit hatte, als „Weltpolitik" zu treiben, wenn sie nicht den in Europa soeben errungenen Status wieder einbüßen wollte.

Auf die unmittelbaren Folgen und langfristigen Konsequenzen dieser deutschen „Weltpolitik" konzentrieren sich die beiden abschließenden Beiträge. Gustav Schmidt fragt in seiner Analyse der Julikrise insbesondere nach den Faktoren, an denen schließlich die Lokalisierung des Konflikts gescheitert ist: In dem Maße, in welchem die an festliegenden Plänen orientierten Militärs auf beiden Seiten zu den eigentlichen Akteuren der Krise avancierten, gerieten die militärischen Vorbereitungen vor allem auch zur Pflichterfüllung gegenüber den eigenen Alliierten. Bündnismechanismus und Konfliktlokalisierung aber schlossen sich zwangsläufig aus. Die langfristigen Folgen der sich aus dieser Situation entwickelnden „Urkatastrophe" des 20. Jahrhunderts stehen im Zentrum des abschließenden Beitrages von Andreas Hillgruber: Als amerikanische und sowjetische Streitkräfte am

25. April 1945 im Zentrum Deutschlands und damit des Kontinents zusammentrafen, setzten sie gleichsam symbolisch der eigenständigen politischen Rolle jenes Europa ein Ende, das im August 1914 selbst den entscheidenden Schritt auf dem Weg zu seiner eigenen Zerstörung getan hatte und sich nach 1918 außerstande sah, den Weg eines friedlichen und dauerhaften Arrangements zu gehen. Dieses friedliche Dauer-Arrangement aber bleibt die wichtigste politische Forderung, auch und gerade im Rahmen des Weltstaatensystems, in welchem das bis 1914 so dominante europäische Staatensystem seit 1945 endgültig aufgegangen ist.

Versucht man eine gemeinsame Grundtendenz der folgenden Beiträge zu identifizieren, so ist diese wohl vor allem in einer Globalisierung der historischen Perspektive zu sehen. Gewiß, namentlich die Frage nach den inneren Antriebskräften auswärtiger Politik ist in allen Beiträgen präsent. Aber ebenso deutlich ist sie für die Mehrzahl der Autoren nicht bzw. nicht mehr die leitende. Vielmehr richtet sich der Blick auf den weiteren Rahmen des europäischen bzw. Weltstaatensystems und damit auch auf die von außen vorgegebenen Möglichkeiten und Grenzen deutscher Außenpolitik in den Jahrzehnten vor Ausbruch des Ersten Weltkrieges. Damit ist auch die grundsätzliche Frage nach der Vereinbarkeit deutscher Groß- bzw. Weltmachtpolitik mit dem Gleichgewichtsprinzip des europäischen bzw. Weltstaatensystems angesprochen. Die folgenden Beiträge bieten einige neue Antworten auf diese Fragen an.

Anmerkungen

[1] Vgl. zuletzt: R. J. W. Evans/Hartmut Pogge von Strandmann (Hrsg.), The Coming of the First World War, Oxford 1988, S. V.

[2] Vgl. dazu z. B. auch: Der Spiegel, 10. März 1980 (Nr. 17, S. 21 ff.), der seine Titelgeschichte dieser Frage widmete: ›Wie im August 1914? Angst vor dem großen Krieg‹. Einen Anstoß für das Wiederaufleben der Debatte hatte die relativ breit rezipierte Analyse von Miles Kahler gebildet: Rumors of War: The 1914 Analogy, in: Foreign Affairs 58 (1979/80), S. 374 ff.

[3] Im Zentrum der vorerst letzten Runde dieser Debatte stand die Frage nach dem Quellenwert der Tagebücher des Vertrauten Bethmann Hollwegs, Kurt Riezler, insbesondere aus der Zeit der Julikrise (Kurt

Riezler, Tagebücher, Aufsätze, Dokumente, hrsg. von K. D. Erdmann, Göttingen 1972). Vgl. dazu: Fritz Fischer, Wir sind nicht hineingeschlittert. Das Staatsgeheimnis der Riezler-Tagebücher. Eine Streitschrift, Reinbek 1983; Bernd Sösemann, Die Tagebücher Kurt Riezlers. Untersuchungen zu ihrer Echtheit und Edition, in: HZ 236 (1983), S. 327 ff.; Karl Dietrich Erdmann, Zur Echtheit der Tagebücher Kurt Riezlers. Eine Antikritik, ebd., S. 371 ff.; Agnes Blänsdorf, Der Weg der Riezler-Tagebücher. Zur Kontroverse über die Echtheit der Tagebücher Kurt Riezlers, in: GWU 35 (1984), S. 651 ff.; Bernd F. Schulte, Die Verfälschung der Riezler-Tagebücher. Ein Beitrag zur Wissenschaftsgeschichte der 50er und 60er Jahre, Frankfurt a. M. - Bern - New York 1985.

[4] Klaus Hildebrand, Das Dritte Reich, München [3]1987, S. 225.

[5] Vgl. ergänzend: Andreas Dorpalen, German History in Marxist Perspective. The East German Approach, London 1985, bes. S. 271 ff.

[6] Fritz Fischer, Griff nach der Weltmacht. Die Kriegszielpolitik des kaiserlichen Deutschland 1914/18, Düsseldorf 1961; Sonderausgabe 1967, zuletzt - mit einem Begleitwort des Verfassers - Kronberg/Ts. 1977 (englische Ausgabe: Germany's Aims in the First World War, London 1967); ders., Krieg der Illusionen. Die deutsche Politik von 1911 bis 1914, Düsseldorf 1969 ([2]1970), zuletzt Kronberg/Ts. 1978 (englische Ausgabe: War of Illusions: German Policies from 1911 to 1914, London - New York 1975). Vgl. die in dieser Tradition stehenden Studien zur Außenpolitik des Kaiserreichs von Imanuel Geiss (Hrsg.), Julikrise und Kriegsausbruch 1914. Eine Dokumentation, 2 Bde., Hannover 1963/64; ders., German Foreign Policy, 1871-1914, London - Boston 1976; ders., Das Deutsche Reich und die Vorgeschichte des Ersten Weltkriegs, München 1983.

[7] Fischer selbst sprach 1977 von mehr als 300 Rezensionen und Aufsätzen! Vgl. zuletzt: Gregor Schöllgen, Griff nach der Weltmacht? 25 Jahre Fischer-Kontroverse, in: Historisches Jahrbuch 106 (1986), S. 386ff. Dort (Anm. 33) auch weiterführende Literaturhinweise.

[8] Die ersten Ergebnisse seiner Forschungen hatte Fritz Fischer bereits 1959 vorgelegt: Deutsche Kriegsziele, Revolutionierung und Separatfrieden im Osten, in: HZ 188 (1959), S. 249 ff.

[9] Vgl. zuletzt die Beiträge von Egmont Zechlin und Karl Dietrich Erdmann, in: Politik und Geschichte. Europa 1914 - Krieg oder Frieden, Kiel 1985.

[10] Andreas Hillgruber, Riezlers Theorie des kalkulierten Risikos und Bethmann Hollwegs politische Konzeption in der Julikrise 1914, in: Ders., Deutsche Großmacht- und Weltpolitik im 19. und 20. Jahrhundert, Düsseldorf 1977, S. 91 ff., Zitat S. 92.

[11] Vgl. dazu Gregor Schöllgen, Das Zeitalter des Imperialismus, München [2]1991, Teil II, S. 91 ff.

[12] James Joll, The Origins of the First World War, London – New York 1984, S. 201.

[13] George W. F. Hallgarten, Imperialismus vor 1914. Die soziologischen Grundlagen der Außenpolitik europäischer Großmächte vor dem Ersten Weltkrieg, 2 Bde., München ²1963.

[14] Jürgen Kocka, Klassengesellschaft im Krieg. Deutsche Sozialgeschichte 1914–1918, Göttingen 1973, S. 138. Grundlegend für diesen Ansatz auch Hans-Ulrich Wehler, Das Deutsche Kaiserreich 1871–1918, Göttingen ⁵1983, bes. S. 11 ff.; ders., Moderne Politikgeschichte oder „Große Politik der Kabinette"?, in: Geschichte und Gesellschaft 1 (1975), S. 344 ff.

[15] Lothar Gall, Deutsche Gesellschaftsgeschichte, in: HZ 248 (1989), S. 365 ff., bes. S. 371 und 374; vgl. z. B. auch Harold James, Die Nemesis der Einfallslosigkeit, in: Frankfurter Allgemeine Zeitung, 17. September 1990, S. 36.

[16] Andreas Hillgruber, Die Diskussion über den „Primat der Außenpolitik" und die Geschichte der internationalen Beziehungen in der westdeutschen Geschichtswissenschaft seit 1945, in: Ders., Die Zerstörung Europas. Beiträge zur Weltkriegsepoche 1914 bis 1945, Berlin 1988, S. 32 ff.

[17] Gordon A. Craig, The Historian and the Study of International Relations, in: American Historical Review 88 (1983), S. 1 ff., Zitat S. 3, Klaus Hildebrand, Deutsche Außenpolitik 1871–1918, München 1989, S. 1.

[18] Hillgruber, Die Diskussion (wie Anm. 16), S. 39.

[19] Vgl. z. B. Jost Dülffer, Regeln gegen den Krieg? Die Haager Friedenskonferenzen von 1899 und 1907 in der internationalen Politik, Frankfurt a. M. – Berlin – Wien 1981; Ragnhild Fiebig-von Hase, Lateinamerika als Konfliktherd der deutsch-amerikanischen Beziehungen 1890–1903. Vom Beginn der Panamerikapolitik bis zur Venezuelakrise von 1902/03, 2 Teile, Göttingen 1986; Imanuel Geiss, Der lange Weg in die Katastrophe. Die Vorgeschichte des Ersten Weltkriegs 1815–1914, München – Zürich 1990; Klaus Hildebrand, Deutsche Außenpolitik 1871–1918 (wie Anm. 17); Rainer Lahme, Deutsche Außenpolitik 1890–1894. Von der Gleichgewichtspolitik Bismarcks zur Allianzstrategie Caprivis, Göttingen 1990; Ulrich Lappenküper, Die Mission Radowitz. Untersuchungen zur Rußlandpolitik Otto von Bismarcks 1871–1875, Göttingen 1990; Emily Oncken, Panthersprung nach Agadir. Die deutsche Politik während der Zweiten Marokkokrise 1911, Düsseldorf 1981; Reiner Pommerin, Der Kaiser und Amerika. Die USA in der Politik der Reichsleitung 1890–1917, Köln – Wien 1986; Gregor Schöllgen, Imperialismus und Gleichgewicht. Deutschland, England und die orientalische Frage 1871–1914, Müchen 1984; Michael Stürmer, Die Reichsgründung. Deutscher Nationalstaat und europäisches Gleichgewicht im Zeitalter Bismarcks, München ³1990; Rolf-Harald Wippich, Japan und die deut-

sche Fernostpolitik 1894–1898. Vom Ausbruch des Chinesisch-Japanischen Krieges bis zur Besetzung der Kiautschou-Bucht. Ein Beitrag zur Wilhelminischen Weltpolitik, Wiesbaden 1987; Wilhelm Ernst Winterhager, Mission für den Frieden. Europäische Mächtepolitik und dänische Friedensvermittlung im Ersten Weltkrieg. Vom August 1914 bis zum italienischen Kriegseintritt Mai 1915, Wiesbaden – Stuttgart 1984. Auch die DDR-Geschichtswissenschaft hat in den 80er Jahren einige im methodischen Ansatz zwar problematische, in der Sache jedoch beachtenswerte Monographien zur Außenpolitik des Kaiserreichs vorgelegt. Vgl. z. B.: Konrad Canis, Bismarck und Waldersee. Die außenpolitischen Krisenerscheinungen und das Verhalten des Generalstabes 1882 bis 1890, Berlin [Ost] 1980; Willibald Gutsche, Monopole, Staat und Expansion vor 1914. Zum Funktionsmechanismus zwischen Industriemonopolen, Großbanken und Staatsorganen in der Außenpolitik des Deutschen Reiches 1897 bis Sommer 1914, Berlin [Ost] 1986; Heinz Wolter, Bismarcks Außenpolitik 1871–1881. Außenpolitische Grundlinien von der Reichsgründung bis zum Dreikaiserbündnis, Berlin [Ost] 1983.

[20] Hans-Ulrich Wehler, Sozialimperialismus, in: Ders. (Hrsg.), Imperialismus, Köln [3]1976, S. 83 ff., Zitat S. 86.

[21] Vgl. ders., Bismarck und der Imperialismus, Köln – Berlin 1969.

[22] Ders., Das Deutsche Kaiserreich (wie Anm. 14), S. 197 f.

[23] Vgl. dazu Gustav Schmidt, Der europäische Imperialismus, München 1985, S. 132 ff.

[24] George W. F. Hallgarten, War Bismarck ein Imperialist? Die Außenpolitik des Reichsgründers im Lichte der Gegenwart, in: GWU 22 (1971), S. 257 ff., Zitat S. 264.

[25] Ebd., S. 260 bzw. 263. Eine Berücksichtigung dieser Faktoren anstelle der „verhältnismäßig wenig wichtigen Kolonialpolitik“, so Hallgarten, hätte Wehlers „Bismarckbild geradezu umdrehen“ müssen.

[26] Thomas Nipperdey, Wehlers „Kaiserreich“. Eine kritische Auseinandersetzung, in: Geschichte und Gesellschaft 1 (1975), S. 539 ff., Zitat S. 549.

[27] Vgl. Gilbert Ziebura, Sozialökonomische Grundfragen des deutschen Imperialismus vor 1914, in: H.-U. Wehler (Hrsg.), Sozialgeschichte heute. Festschrift für Hans Rosenberg zum 70. Geburtstag, Göttingen 1974, S. 495 ff., bes. S. 501 ff.

[28] Wolfgang J. Mommsen, Imperialismustheorien. Ein Überblick über die neueren Imperialismusinterpretationen, Göttingen 1977, S. 79.

[29] Wolfgang J. Mommsen, Bismarck und der Imperialismus. Zu Hans-Ulrich Wehlers gleichnamigem Buch, in: Ders., Der europäische Imperialismus. Aufsätze und Abhandlungen, Göttingen 1979, S. 77 ff., Zitat S. 83.

[30] Vgl. z. B. die Beiträge von Karl Rohe, Wolfgang Schieder und Gil-

bert Ziebura in: W.J. Mommsen (Hrsg.), Der moderne Imperialismus, Stuttgart u.a. 1971.

[31] Vgl. z. B. schon Wolfgang Zorn, Wirtschaft und Politik im deutschen Imperialismus, in: W. Abel u. a. (Hrsg.), Wirtschaft, Geschichte und Wirtschaftsgeschichte. Festschrift zum 65. Geburtstag von F. Lütge, Stuttgart 1966, S. 340 ff.; vgl. auch Ziebura, Sozialökonomische Grundfragen (wie Anm. 27).

[32] Wehler, Das Deutsche Kaiserreich (wie Anm. 14), S. 173.

[33] Wolfram Fischer, Germany and the World Economy during the Nineteenth Century, London 1984, S. 26.

[34] Vgl. zuletzt Schöllgen, Imperialismus und Gleichgewicht (wie Anm. 19). Winfried Baumgart hat in diesem Sinne darauf hingewiesen, daß der Versuch, eine „Primat des Sozialökonomischen bzw. der Innenpolitik in Bismarcks formellen Imperialismus ... für die gesamte Bismarckzeit um 1862–1890 zu postulieren und ihn im wesentlichen auf die informelle Spielart des Außenhandels zu reduzieren ... grotesk übertrieben“ erscheine (Der Imperialismus. Idee und Wirklichkeit der englischen und französischen Kolonialexpansion 1880–1914, Wiesbaden 1975, S. 108).

[35] Eckart Kehr, Schlachtflottenbau und Parteipolitik 1898–1901. Versuch eines Querschnitts durch die innenpolitischen, sozialen und ideologischen Voraussetzungen des deutschen Imperialismus, Berlin 1930.

[36] Vgl. vor allem Volker R. Berghahn, Der Tirpitz-Plan. Genesis und Verfall einer innenpolitischen Krisenstrategie unter Wilhelm II., Düsseldorf 1971. Seit 1985 liegt auch eine entsprechende Studie zur deutschen Heeresrüstung vor: Stig Förster, Der doppelte Militarismus. Die deutsche Heeresrüstungspolitik zwischen Status-Quo-Sicherung und Aggression 1890–1913, Stuttgart 1985.

[37] Volker R. Berghahn, Flottenrüstung und Machtgefüge, in: M. Stürmer (Hrsg.), Das kaiserliche Deutschland. Politik und Gesellschaft 1870–1918, Düsseldorf 1970; zuletzt Kronberg/Ts. 1977, S. 378 ff., Zitate S. 381 bzw. 383.

[38] Ders., Rüstung und Machtpolitik. Zur Anatomie des „Kalten Krieges“ vor 1914, Düsseldorf 1973, S. 79.

[39] Ebd., S. 84 f.

[40] Berghahn, Der Tirpitz-Plan (wie Anm. 38); Barbara Vogel, Deutsche Rußlandpolitik. Das Scheitern der deutschen Weltpolitik unter Bülow 1900–1906, Düsseldorf 1973; Peter Winzen, Die Englandpolitik Friedrich von Holsteins 1895–1901, Diss. (Teil 2), Köln 1975; ders., Bülows Weltmachtkonzept. Untersuchungen zur Frühphase seiner Außenpolitik 1897–1901, Boppard a. Rh. 1977.

[41] Andreas Hillgruber, Deutschlands Rolle in der Vorgeschichte der beiden Weltkriege, Göttingen [2]1979, S. 20 f.

[42] Vgl. Klaus Hildebrand, Zwischen Allianz und Antagonismus. Das Problem bilateraler Normalität in den britisch-deutschen Beziehungen des 19. Jahrhunderts (1870–1914), in: H. Dollinger u. a. (Hrsg.), Weltpolitik, Europagedanke, Regionalismus. Festschrift für Heinz Gollwitzer zum 65. Geburtstag, Münster 1982, S. 305 ff.; ders., Julikrise 1914: Das europäische Sicherheitsdilemma. Betrachtungen über den Ausbruch des Ersten Weltkrieges, in: GWU 36 (1985), S. 469 ff.; Schöllgen, Imperialismus und Gleichgewicht (wie Anm. 19), bes. S. 177 ff. und 417 ff.

[43] Winzen, Bülows Weltmachtkonzept (wie Anm. 40), S. 431 f.

[44] Hillgruber, Deutschlands Rolle (wie Anm. 41), S. 21.

[45] Ludwig Dehio, Gleichgewicht oder Hegemonie. Betrachtungen über ein Grundproblem der neueren Staatengeschichte, Krefeld 1948, S. 201.

[46] L. Farrar, Jr., Arrogance and Anxiety. The Ambivalence of German Power, 1848–1914, Iowa City 1981; Schöllgen, Imperialismus und Gleichgewicht (wie Anm. 19), bes. S. 177 ff.

[47] Vgl. insbesondere David Calleo, The German Problem Reconsidered. Germany and the World Order, 1870 to the Present, Cambridge u. a. 1978.

[48] Vgl. insbesondere Michael Stürmer, Das ruhelose Reich. Deutschland 1866–1918, Berlin 1983; ders., Die Reichsgründung (wie Anm. 19).

[49] Klaus Hildebrand, Staatskunst oder Systemzwang? Die „Deutsche Frage“ als Problem der Weltpolitik, in: HZ 228 (1979), S. 624 ff.

[50] Hillgruber, Deutschlands Rolle (wie Anm. 41), S. 15.

[51] Philipp Eulenburg, Politische Korrespondenz, hrsg. v. J. C. G. Röhl, 3 Bde., Boppard a. Rh. 1976–83.

[52] Vgl. Gregor Schöllgen, Wer machte im Kaiserreich Politik? Zwischen „persönlichem Regiment“ und „polykratischem Chaos“, in: Neue Politische Literatur 25 (1980), S. 79 ff.

[53] Schmidt, Der europäische Imperialismus (wie Anm. 23), S. 90 f.

[54] Willibald Gutsche, Außenpolitische Ziele, Rüstungspolitik und Kriegsdisposition der deutschen Reichsleitung vor 1914, in: ZfG 36 (1988), S. 963 ff., Zitat S. 970; vgl. ders., Monopole (wie Anm. 19), S. 230 f.

[55] Andreas Hillgruber, Die gescheiterte Großmacht. Eine Skizze des Deutschen Reiches 1871–1945, Düsseldorf [4]1984, S. 21.

[56] Vgl. zuletzt Gregor Schöllgen, Die Großmacht als Weltmacht. Idee, Wirklichkeit und Perzeption deutscher Weltpolitik im Zeitalter des Imperialismus, in: HZ 248 (1989), S. 79 ff. Es handelt sich dabei um die erweiterte Fassung des in diesem Bande veröffentlichten Vortrages.

[57] Gustav Schmidt, Der deutsch-englische Gegensatz im Zeitalter des Imperialismus, in: H. Köhler (Hrsg.), Deutschland und der Westen. Vorträge und Diskussionsbeiträge des Symposions zu Ehren von Gordon A. Craig, Berlin 1984, S. 59 ff., Zitat S. 81.

[58] Pommerin, Der Kaiser und Amerika (wie Anm. 19), Zitat S. 379.

[59] Allerdings wird die Frage nach den Motiven dieser Verständigungspolitik kontrovers diskutiert: Handelte es sich dabei um den Versuch, England „im letzten Moment noch zum Stillhalten bei einem Kontinentalkrieg“ zu bewegen (Geiss, Das Deutsche Reich [wie Anm. 6], S. 74), oder sollte durch diese Verständigung in „peripheren“ Fragen zunächst einmal das tiefsitzende Mißtrauen abgebaut werden, um auf diesem Umweg zu einer Lösung der „zentralen“ Fragen (Flotten- bzw. politisches Abkommen) zu gelangen (vgl. Schöllgen, Das Zeitalter des Imperialismus [wie Anm. 11], S. 146).

[60] Vgl. zuletzt Michael Behnen, Rüstung – Bündnis – Sicherheit. Dreibund und informeller Imperialismus 1900–1908, Tübingen 1985.

[61] Vgl. z. B. Heinz Alfred Gemeinhardt, Deutsche und österreichische Pressepolitik während der Bosnischen Krise 1908/09, Hamburg 1980.

DIE AUSSENPOLITIK DES KAISERLICHEN DEUTSCHLAND UND DER AUSBRUCH DES ERSTEN WELTKRIEGS

Von Fritz Fischer

I. Die Außenpolitik des kaiserlichen Deutschland

Machtpolitisch-strategische, ökonomische und ideologische Antriebe in vielfacher Mischung haben, z. T. unter Einwirkung von öffentlicher Meinung, "Pressure groups" und Parteien, die Regierungen der sechs europäischen Großmächte, Japans und der USA im Zeitalter des Imperialismus in den 80er Jahren des 19. Jahrhunderts zu expansiver Politik geführt. Dies geschah durch Vergrößerung ihres älteren Kolonialbesitzes, wobei Frankreich und England im Übergang vom 'informal' zum 'formal empire' besonders erfolgreich waren, oder durch den Neugewinn von Kolonien, wie durch das 1871 gegründete Deutsche Reich in den Jahren 1884/85. Diese Politik konnte aber auch in der Schaffung von Einflußsphären in wirtschaftlich abhängigen Gebieten wie Südamerika oder in schwach gewordenen Großreichen wie China und dem Osmanischen Reich ihren Niederschlag finden. Die 'partition of Africa', die Aufteilung der Inselgebiete im Pazifik sowie Chinas und eine Reihe von Kriegen – der japanisch-chinesische 1894/95, der amerikanisch-spanische 1898 (mit dem Erwerb von Kuba, Puerto Rico und der Philippinen, später der Panamakanalzone durch die USA), der (zweite) Burenkrieg 1899–1902, der russisch-japanische Krieg 1904–1905 – führten zu einem Aufschwung des 'Navalismus'. Unter dem Eindruck dieser Entwicklungen und beeinflußt von den Lehren des amerikanischen Admirals Mahan über den Einfluß der Seemacht auf die Weltmachtstellung begannen ältere Seemächte ihre Flotten zu vergrößeren und neu aufsteigende Staaten wie Japan, die USA und das Deutsche Reich neue Flotten aufzubauen.

Während nun von den neuen Flotten die ersten beiden für Großbritannien zwar eine unwillkommene Konkurrenz, doch durch den englisch-amerikanischen Ausgleich seit etwa 1900 und durch das englisch-japanische Bündnis von 1902 keine Gefahr für das Britische Reich bedeuteten, stellte der deutsche Flottenbau durch die geographische Nähe – der Operationsradius der deutschen Flotte war nicht größer als die innere Nordsee – und in der Form einer Schlachtschiff-Flotte eine unmittelbare Bedrohung des englischen Mutterlandes dar. Zu nennen sind hier das erste Flottengesetz 1898, das zweite Flottengesetz 1900 und die Flotten-Novellen 1906, 1908 und 1912. England antwortete seit 1901 mit der Verstärkung seiner Flotte durch Neubauten, wobei es 1905 den Übergang zum Bau des überschweren Linienschiffs, des Dreadnought-Typs, vollzog und damit ein Wettrüsten zur See einleitete, das finanziell nur England durchhalten konnte, indem es Geschwader aus Ostasien, Westindien und dem Mittelmeer zurückholte („Heimholen der Legionen") und – besonders folgenreich – „Ententen" mit Frankreich 1904 und mit Rußland 1907 abschloß, d.h. den Ausgleich mit seinen Weltmachtgegnern aus dem 18. und 19. Jahrhundert zunächst in kolonialen Fragen, wie Marokko und Ägypten bzw. Persien, Afghanistan und Tibet, suchte. Schließlich begann England mit dem Aufbau einer kleinen, aber schlagkräftigen Berufsarmee, die bestimmt war, im Falle eines Krieges als "British Expeditionary Force" in Frankreich eingesetzt zu werden. Deutschland wiederum fühlte sich durch diese Entwicklung „eingekreist", und die deutsche Öffentlichkeit empfand einen tiefen Machtverlust des Deutschen Reichs im Vergleich zu der Stellung, die es unter Bismarck in der Staatengesellschaft eingenommen hatte.

Wie war das gekommen? Das Deutsche Reich war nach Bismarcks Entlassung (1890) durch die russisch-französische Militärallianz von 1894 im Falle eines Konfliktes durch einen Zweifrontenkrieg mit seinen Nachbargroßmächten bedroht. Dennoch ging Wilhelm II., seit 1888 (29jährig) Kaiser und seit 1897 beraten durch den neuen Staatssekretär der Marine, von Tirpitz, und den neuen Staatssekretär des Auswärtigen und späteren Reichskanzler, von Bülow, zum Flottenbau und zur „Weltpolitik“ über und forderte damit Großbritannien, eine dritte Großmacht und damals die stärkste Seemacht der Epoche, heraus. Tirpitz[1] mag auch durch „Sozialimperialismus“ motiviert gewesen sein, durch das Kalkül nämlich, mit dem neuen nationalen Symbol der Flotte die Nation gegen die Sozialdemokratie einigen zu können und, mehr noch, die Position des Reichstags im deutschen Regierungssystem durch das sog. „Aeternat“ des Marinebudgets dauerhaft zu schwächen. Tatsächlich stimmten nach ernsten Bedenken und anfänglichem Widerstand am Ende fast alle bürgerlichen Parteien im Reichstag für den Flottenbau. Die konservativen Agrarier wurden durch hohe Schutzzölle dafür geradezu gekauft. Diese Unterstützung war zum Teil durch die direkten ökonomischen Interessen der Schwerindustrie verursacht, insbesondere durch langfristige Aufträge für Panzerplatten und Schiffsgeschütze. Ihr Erfolg war aber in erster Linie der durchorganisierten Propaganda des Reichsmarineamtes zu danken, das behauptete, nur durch eine Flotte könne auf lange Sicht die Zukunft Deutschlands als Industrie- und Handelsmacht gesichert werden und nur durch dieses Machtmittel würde es möglich sein, den Widerstand Englands gegen weitere Kolonialforderungen des Reichs zu überwinden.

In einem jüngst erschienenen Buch über die Rüstungspolitik des Wilhelminischen Deutschland[2] heißt es lapidar: „Wir haben hier die einseitige und verhüllte Rüstung der Seestreitkräfte des Deutschen Reichs seit 1897, die nicht durch irgendeine akute Bedrohung begründet war.“ Die deutsche Schlachtflotte, die nach ihrer Vollendung um etwa 1920 aus 60 Dreadnoughts bestehen sollte, war konzipiert als ein machtpolitischer und, wenn notwendig, als ein militärischer Hebel, der in der Lage sein würde, Großbritannien, die erste Seemacht jener Zeit, aus ihrer maritimen und kolonialen Vormachtstellung zu verdrängen.

Aber welche kolonialen und Handelsinteressen bzw. -besorgnisse auch immer bestanden haben mögen, die instinktive Triebkraft für eine antibritische Politik kam von Kaiser Wilhelm II. persönlich, von seiner Haß-Liebe-Beziehung zu Großbritannien, die sich von Kindheitseindrücken während seiner dortigen Besuche sowie durch seinen kindlichen Wunsch nährte, eine Flotte zu besitzen, die stärker sein sollte als die machtvolle British Navy. Schon sehr früh, 1895, informierte seine Mutter[3] ihre eigene Mutter, die Queen Victoria, wie entsetzt sie über Wilhelms antibritische Pläne war. Und im nächsten Jahr, im Februar 1896, einen Monat nach dem Krüger-Telegramm des Kaisers, machte der damalige Korvettenkapitän Müller, der spätere Admiral und Chef des Kaiserlichen Marinekabinetts, die folgende Feststellung in einem Memorandum[4]: „Der Krieg, der aus diesem Kampfzustand entstehen kann, und, wie viele behaupten, entstehen muß, hat nach einer bei uns landläufigen Ansicht das Ziel des Brechens der englischen Weltherrschaft und damit das Freilegen des notwendigen Kolonialbesitzes für die ausdehnungbedürftigen mitteleuropäischen Staaten.“ 1903 schließlich, nachdem das erste Flottengesetz von 1898 und das zweite von 1900 angenommen worden waren, stellte Theobald von Bethmann Hollweg,[5] der spätere Reichskanzler, ein enger Freund, aber kein blinder Bewunderer des Kaisers, fest: „Danach täten die dem Kaiser Unrecht, die seine Politik eine schwankende nannten. Seine erste und Grundidee sei, Englands Weltstellung zugunsten von Deutschland zu brechen. [Man beachte das ominöse Wort ‚brechen‘, das hier wieder erscheint! F. F.] Dazu bedarf es einer Flotte; um sie zu haben, vielen Geldes, und da nur ein reiches Land dies geben kann, soll Deutschland reich werden. Daher die Bevorzugung der Industrie, und die Wut auf die Landwirte, die, um nicht zu Grunde zu gehen, sich gegen diese Politik wehren.“

Der Kaiser hielt an seiner antibritischen Politik mit drei Flotten-Novellen (1906, 1908, 1912) fest, die zu den beiden Flottengesetzen hinzukamen, und vernachlässigte die Armee.[6] Vor allem wurde das Heer fast 20 Jahre lang, von 1893 bis 1913, nicht wesentlich vergrößert, obwohl doch die Planung des Generalstabs, der sog. Schlieffenplan, seit 1905 eine numerische Überlegenheit der deutschen Armee für den ersten entscheidenden Schlag gegen Frankreich erforderte. Diese Politik der relativen Kleinhaltung der Armee[7] war aber nicht allein durch die finanziellen Anforderungen des Flottenbaus veranlaßt, sondern es waren innenpolitische Gründe, wie der Einspruch des preußischen Kriegsministers, der von einer Vergrößerung der Armee einen relativen Rückgang des Adels im Offizierskorps, ja eine Demokratisierung der Armee (auch im Unteroffizierskorps und bei den Mannschaften) befürchtete, die solchermaßen ihre Funktion als “Corps royal”[8] zur Erhaltung des preußisch-deutschen Systems im Innern verlieren könnte. Diese langjährige Vernachlässigung der Armee führte dann in der außenpolitischen Krise des Winters 1912/13, veranlaßt durch den Ersten Balkankrieg, zu einer überstürzten außerordentlichen Vermehrung des Heeres,[9] was Europa, und insbesondere die Nachbarn Frankreich und Rußland, irritierte und veranlaßte, mit der Vergrößerung ihrer Armeen zu antworten. Das wiederum führte neben dem See- nun auch zu einem Landwettrüsten. Im Juli 1914 erklärte Großadmiral Tirpitz[10] gegenüber dem Prinzen Heinrich, dem Bruder des Kaisers: „Die Flotte sei noch nicht so weit, ihr Auf- und Ausbau noch nicht abgeschlossen." Für einen Krieg, der für einen nahe bevorstehenden Zeitpunkt erwartet wurde, war die (kostspielige) Flotte nur von einem sehr begrenzten Wert.

2. Das Wiederaufleben der „Erbfeindschaft" zu Frankreich

Inzwischen war ein zweiter Gegensatz, der deutsch-französische, der seit 1871 infolge der Annexion von Elsaß-Lothringen durch das Deutsche Reich bestand, durch die deutsche Marokkopolitik neu belebt worden. Deutschland machte 1905 unter Ausnutzung der durch den russisch-japanischen Krieg und die Revolution bedingten Schwäche Rußlands den Versuch, durch Drohung gegen Frankreich (Tanger-Landung) die Entente Cordiale zu sprengen. Der Kaiser folgte nur sehr widerwillig dem Rat Bülows zu dieser dramatischen Aktion, da dies vorzeitig zu einem Krieg mit Frankreich und mit England führen konnte, das seinen Ententepartner in dieser Krise unterstützte. Noch war die deutsche Flotte ja nicht fertig. In dieser Krise von 1905 begannen die ersten militärischen Absprachen[11] zwischen den beiden Partnern der Entente Cordiale. Die deutschen Bemühungen um Marokko wiederholten sich 1911 mit dem „Panthersprung" nach Agadir.

Beide Male ging das Deutsche Reich bis an den Rand des Krieges, mit dem einzigen Resultat, daß sich die englisch-französische Entente konsolidierte und durch erneute militärische Besprechungen[12] sowie einen Notenaustausch verstärkt wurde. Wie bei der Flottenpolitik waren reale oder angebliche ökonomische Interessen – man hoffte, Eisenerz in Marokko zu finden –, Prestige- und Machtpolitik, aber auch territoriale Tauschobjekte im

Spiel: Deutschland wollte ein deutsches 'Mittelafrika' aus Teilen von Französisch- und Belgisch-Kongo erwerben gegen Verzicht auf umstrittene Rechte oder Ansprüche in Marokko. 1911 verfolgte die deutsche öffentliche Meinung,[13] vor allem die Alldeutschen und die Rechtspresse, die der deutsche Außenminister von Kiderlen-Waechter in seinen Dienst nahm, die Verhandlungen erregt und mit großen Erwartungen. Eben diese Gruppen äußerten dann aber größte Enttäuschung, ja Bitterkeit über die dürftigen Ergebnisse dieser Politik, nämlich den Erwerb der sog. 'Entenschnäbel' von Kamerun zum Kongofluß, großenteils Sumpfgebiete. Man sah nun in Frankreich wieder den „Erbfeind", der dem aufstrebenden Deutschland überall in den Weg trat.

Die Animosität gegen Frankreich verstärkte sich noch, als 1914 die Türkei[14] den Platz von Marokko als Feld deutscher ökonomischer und politischer Interessen einnahm. Hier konkurrierten diese mit den Interessen Frankreichs, einer finanziell stärkeren Macht als Deutschland, sowie mit denjenigen Großbritanniens und Rußlands. Die Rüstungspolitik ging allmählich in ihren Prioritäten von der Flotte zur Armee über.[15] England sah sich nun außer durch die deutsche Flotte auch durch den „Schlieffenplan" bedroht, dessen Ziel im Kriegsfall die rasche Vernichtung der französischen Feldarmee und die politische Ausschaltung Frankreichs als Machtfaktor war.

3. Der neue Gegensatz zu Rußland, der slawischen Großmacht

Inzwischen war ein dritter Gegensatz sichtbar geworden, der den Osten und Südosten Europas betraf und Österreich-Ungarn einschloß, den einzigen noch sicheren Bundesgenossen des Deutschen Reichs, nachdem sich Italien unter Einwirkung des deutsch-englischen und des deutsch-französischen Gegensatzes der Entente genähert hatte: das war der deutsch-russische Antagonismus, der unmittelbar zum Weltkrieg führte. Der Gegensatz zwischen dem Zarenreich und der Donaumonarchie über den vorherrschenden Einfluß auf die Balkanvölker ging ins 18. und 19. Jahrhundert zurück. Der Zar konnte, auch als Beschützer der griechisch-orthodoxen Kirche, die Nationalitätenbewegung, die im 19. Jahrhundert die Balkanvölker erfaßte, für seine Politik ausnutzen. Die Annexion der bis 1878 türkischen Provinzen Bosnien und Herzegowina, die seit dem Berliner Kongreß von 1878 und in dessen Auftrag von Wien verwaltet worden waren, durch Österreich-Ungarn im Jahre 1908 erbitterte das stammverwandte Serbien. Dort herrscht seit 1903, nach einem Fürstenmord, eine Österreich feindliche Dynastie. Serbien diente nun als Basis für eine bosnische irredentistische Bewegung. Da Rußland erst durch eine Kriegsdrohung Berlins am 22. März 1909, durch den Einsatz der „Schimmernden Wehr", zur Anerkennung der Annexion gebracht wurde, richtete sich die russische öffentliche Meinung verstärkt feindselig gegen Deutschland, mit dem es schon seit der Spät-Bismarckzeit, und besonders seit dem im Juli 1904 Rußland aufgezwungenen deutsch-russischen Handelsvertrag, ökonomische Friktionen gab: Deutsche Großagrarier agitierten gegen die Einfuhr russischen Getreides nach Deutschland, während sie selbst forderten, Getreide in die russischen Westgebiete einführen zu können. Mehr noch, Rußland war, wie auch England und Frankreich, irritiert durch die deutsche Türkeipolitik, den Bau der Bagdadbahn und die Aufrüstung der türkischen Armee, da diese Politik ein vitales Interesse Rußlands an der freien Ausfuhr von Getreide durch die Dardanellen (Konstantinopel!) bedrohte und die russischen Fernziele an den Meerengen blokkieren konnte.

Die unerwartete und rasche Niederlage der türkischen Armee im Ersten Balkankrieg im Oktober 1912, in dem die Türkei durch Serbien, Montenegro, Griechenland und Bulgarien aus ihren europäischen Besitzungen vertrieben wurde, löste die letzte große Kriegskrise vor dem Ersten Weltkrieg aus. Denn Österreich-Ungarn betrachtete eine Festsetzung Serbiens an der Adria (zwischen den österreichisch-ungarischen Kriegshäfen Pola und Cattaro, heute Pula und Kotor) als eine Verletzung seiner vitalen Interessen und wollte militärisch eingreifen, selbst auf die Gefahr eines Kriegs mit Rußland hin. Der Krieg wurde durch das Zusammenspiel Englands und Deutschlands auf der Londoner Botschafterkonferenz vermieden, die im Dezember 1912 u.a. durch die Gründung des Staates Albanien zugunsten Wiens entschied, eine Entscheidung, die von Serbien wie von seinem Protektor Rußland angenommen wurde.

Doch der Schock über den (wenigstens zeitweisen) Ausfall der als Bundesgenossen betrachteten Türkei und über die Vergrößerung Serbiens, das in Zukunft im Falle eines großen Krieges österreichisch-ungarische Truppen binden würde, die dann gegen Rußland fehlten, war groß. Nicht weniger groß war der Schock über die Warnung Englands,[16] daß es im Falle eines deutschen Angriffs auf das mit Rußland verbündete Frankreich auf dessen Seite treten werde, um nicht am Ende dem Deutschen Reich als der den Kontinent allein beherrschenden Macht gegenüberzustehen. Diese Schocks führten zu der massiven deutschen Heeresvermehrung von 1913, die wiederum französische (Einführung der dreijährigen Dienstzeit) und russische Heeresvermehrungen nach sich zog. Die letztere, deren Ausmaß erst 1913/14 voll erkennbar wurde, ließ eine zahlenmäßige Unterlegenheit der beiden kontinentalen Nachbarstaaten Deutschland und Österreich-Ungarn für die Zeit um 1916/17 erwarten.

Während der Diskussionen über das Ausmaß der deutschen Heeresvermehrung wurde der Gegensatz der „Slawen und Germanen“ das zentrale Propagandaschlagwort. Wilhelm II. und Moltke sprachen vom „Entscheidungskampf“ oder vom „Endkampf“ zwischen „Slawen und den Teutonnen“.[17] In den Jahren 1913/14 vollzog sich mithin ein tiefgreifender Wandel in den Vorstellungen des deutschen Volkes und in seinen Gefühlen gegenüber Rußland, das noch unter der Kanzlerschaft Bülows bis 1909 (trotz des bestehenden russisch-französischen Bündnisses) als eine befreundete Macht betrachtet worden war. Jetzt aber entstand erneut das Bild des russischen Kolosses, der Deutschland bedrohe, und des Moskauer Geistes, der beherrscht sei vom Haß gegen alles Deutsche, angetrieben von einem expansionistischen Pan- und Neoslawismus. Demgegenüber bedeuteten die dynastischen Verbindungen mit deutschen Fürstenhäusern nicht mehr viel, eine Überzeugung, der Wilhelm II. selbst betont Ausdruck verlieh: Der russische Geist sei beherrscht vom Nationalismus, vor allem der neuen industriellen russischen Bourgeoisie. Dieser Wandel des Rußlandbildes war von epochemachender Bedeutung und ebnete den Weg zu Hitler.

Es waren vor allen Dingen die Baltendeutschen, die in den 80er und 90er Jahren aus Protest gegen die damals einsetzende Russifizierung der baltischen Provinzen nach Deutschland kamen. Sie waren erfüllt von tiefem Haß gegen Rußland, aber auch von Furcht gegenüber der wachsenden Macht des Slawentums. Unter ihnen waren so einflußreiche Männer wie der Professor für Osteuropäische Geschichte an der Universität Berlin, Theodor Schiemann, der auch an der Kriegsakademie unterrichtete und durch seine Ideen vom multinationalen Charakter des Zarenreiches und damit dessen Verwundbarkeit im Kriegsfalle das preußisch-deutsche Offizierkorps stark beeinflußte. Schiemann hatte an der Berliner Universität einen Gegenspieler, auch Professor für Osteuropäische Geschichte, Otto Hoetzsch, der die Idee von der in Jahrhunderten gewordenen staatlichen Einheit des Zarenreiches vertrat, sich aber gegen jenen nicht durchsetzen konnte.

Da die Bevölkerung Rußlands von 150 Millionen Menschen gegenüber 65 Millionen Deutschen um jährlich 3 Millionen zunahm, die deutsche hingegen nur um ca. 750000, und zugleich seine Industrialisierung und seine Eisenbahnbauten mit französischer Finanzhilfe sichtbar fortschritten, erneuerte sich, angeheizt durch große Teile der Presse, die Vorstellung der „russischen Gefahr“,[18] die schon im 19. Jahrhundert lebendig war, in der deutschen Öffentlichkeit, bei den auf einen „Präventivkrieg“ drängenden Militärs und in der Regierung. Gleichzeitig sah sich Österreich-Ungarn nicht nur von außen, durch den Panslawismus oder Neoslawismus, sondern auch im Innern von der „slawischen Gefahr“ bedroht. Unter anderem tobte 1908–1914 ein Sprachen- und Machtkampf zwischen Deutschen und Tschechen in Böhmen und im Wiener Reichsrat, dem Parlament der österreichischen Reichshälfte.

4. Die Hochspannung im letzten Jahr vor dem Kriege

Während der Balkankriege (November/Dezember 1912 und im Februar und Juli 1913) hielt Berlin die Wiener Regierung nachdrücklich von einem militärischen Vorgehen gegen Serbien zurück, weil dies unvermeidlich die Intervention Rußlands nach sich gezogen und so den Weltkrieg verursacht haben würde. Der deutsche Kanzler Bethmann Hollweg[19] hat deshalb im Februar 1913 den österreichisch-ungarischen Außenminister Berchtold dahin gedrängt, sorgfältig die Konsequenzen eines österreichischen Krieges gegen Serbien und Montenegro zu überdenken:

Die Vertreter einer friedfertigen Politik in Rußland, d. h. der Ministerpräsident und Finanzminister Kokowzow und der Außenminister Sasonow, würden „vom Sturm der öffentlichen Meinung einfach fortgeweht werden, falls sie versuchen sollten, sich ihm entgegenzustellen". Und der Kanzler fuhr fort: Eine „objektive Prüfung" der Situation müsse zu dem Ergebnis kommen, „daß es für Rußland bei seinen traditionellen Beziehungen zu den Balkanstaaten beinahe unmöglich ist, ohne einen ungeheueren Verlust an Prestige einem militärischen Vorgehen Österreich-Ungarns gegen Serbien tatenlos zuzusehen". Konnte Bethmann Hollweg dies im Juli 1914 vergessen haben? Nein, er hatte es nicht vergessen, sondern zu dieser Zeit wollte er, wie wir sehen werden, den Krieg mit Rußland.

Seit September 1913, als die Vergrößerung der deutschen Armee wirksam zu werden begann, fand eine Wende[20] im Denken der deutschen politischen und militärischen Führung statt. Die Bundesgenossenschaft des enttäuschten Österreich-Ungarn wurde jetzt erneut gesichert: Wien war enttäuscht über den Bukarester Frieden, der die Balkankriege im August 1913 abschloß, weil das mit ihm befreundete Bulgarien der Verlierer war, und es drängte auf Revision, gerade weil es nicht selbst militärisch eingreifen konnte und durfte. In dieser Situation war der Kaiser – im Einvernehmen mit dem Auswärtigen Amt – im Oktober 1913 besonders aktiv, indem er nach Konopischt und Wien reiste, um mit Erzherzog Franz Ferdinand und Außenminister Berchtold zu sprechen, wobei er beiden Gesprächspartnern weitgehende Hilfszusagen für künftige Krisen machte.[21]

Im November 1913 versuchten Kaiser Wilhelm und Moltke den König der Belgier, Albert, zu überreden, daß er im Falle eines Krieges den deutschen Truppen freien Durchmarsch durch sein Land gestatten würde.[22] Denn der „Krieg mit Frankreich ist unvermeidlich und nahe bevorstehend", sagte der Kaiser. Und Moltke wiederholte: „Der Krieg mit Frankreich ist unvermeidlich", und, mehr noch, fügte er hinzu, „viel näher als Sie glauben". Die Belgier erkannten die Motive[23] für die kriegerische Haltung der deutschen Generale. Wie so viele ihrer Landsleute, so resümierten sie, seien die Militärs „müde zu sehen, daß Frankreich Deutschland gegenüber sich in den schwierigsten politischen Fragen behauptet, ihm beständig entgegentritt, es in Mißerfolge verwickelt, sich seiner Vorherrschaft widersetzt, sich seinen kolonialen Wünschen widersetzt ... seine Armee ständig verzweifelt vermehrt, um das Gleichgewicht der Kräfte aufrechtzuerhalten, das seit langem, wie sie glauben, in Wirklichkeit nicht mehr existiert".

Das war auch die Meinung des Kanzlers Bethmann Hollweg.[24] Am Geburtstag des Kaisers, am 27. Januar 1914, nannte er gegenüber dem französischen Botschafter Jules Cambon die gleichen Gründe für die Erbitterung Deutschlands. Deutschland brauche ein Betätigungsfeld für seine unaufhörlich wachsende Wirtschaft: „Deutschland sieht ... seine Bevölkerung jeden Tag wachsen ohne Maßen; seine Marine, seine Industrie, sein Handel nehmen eine Entwicklung ohne Parallele ... es ist verdammt dazu, sich in irgendeiner Weise nach außen auszudehnen." Während Frankreich sich in den letzten 40 Jahren ein immenses koloniales Imperium in der Welt gesichert habe, habe Deutschland noch nicht den „Platz an der Sonne" gefunden, der ihm gebühre. Bethmann Hollweg benutzte also das Schlagwort, mit dem Bülow die deutsche „Weltpolitik" eingeleitet hatte. « Si vous refusez ce qui est la part légitime de tout être qui grandit, vous n'arreterez pas sa croissance, mais se n'est pas seulement en Asie Mineure que vous pourriez vous heurter à sa concurrence, vous vous exposer à le retrouver partout. Croyez-moi, rendons-nous compte des faits et écartons ce qui nous divise. Sinon, ce serait dangereux. » Das war die Drohung eines Mannes, der, wie Friedrich Naumann und Theodor Wolff[25] gleicherweise bezeugen, den Krieg mit Frankreich und Rußland seit dem Dezember 1913 oder spätestens seit dem Februar 1914, also nach der Entlassung des prodeutsch gestimmten russischen Premierministers Kokowzow, als unvermeidlich betrachtet hatte und der von da an die günstigste Gelegenheit suchte, bei der alle Voraussetzungen für einen siegreichen großen Krieg erfüllt sein würden: Österreich-Ungarn unmittelbar betroffen, Rußland der Angreifer und England neutral.

Im Dezember 1913 verursachte die neue deutsche Militärmission in der Türkei unter dem General Liman von Sanders,[26] der der Kommandeur des Ersten Türkischen Armeekorps in Konstantinopel werden sollte, einen direkten Zusammenstoß mit Rußland, weil diese deutsche politische Aktion eine Verletzung vitaler russischer Interessen bedeutete. Denn der für das Zarenreich lebensnotwendige Export von Getreide ging durch die Meerengen und durfte nicht durch eine andere Großmacht gefährdet werden. Obwohl die Krise sich durch deutsches Nachgeben löste, erregte sie doch in der Gesellschaft und in den Regierungskreisen Rußlands ein Gefühl von tiefem Mißtrauen und von Feindschaft gegenüber Deutschland. Dieser antideutsche Trend wurde noch intensiviert durch eine deutsche Pressekampagne und einen antirussischen Artikel vom 2. März 1914 in der ›Kölnischen Zeitung‹, dem Sprachrohr des Auswärtigen Amtes. Dort wurde behauptet, daß Rußland sich auf einen Krieg mit Deutschland vorbereite, der so geplant sei, daß er in kurzer Frist stattfinden könne. Dieser Artikel bewirkte in der gesamten deutschen Presse eine Sensation. Er wurde aber noch durch einen anonymen Artikel vom 9. März 1914 im liberalen ›Berliner Tageblatt‹ überboten.[27] In diesem wurde öffentlich ein Präventivkrieg gegen Rußland gefordert. Die Klimax solcher Erörterungen wurde in einem Gespräch zwischen Moltke und Jagow während einer gemeinsamen Rückfahrt von Potsdam Ende Mai oder Anfang Juni 1914 erreicht, in dem der erstere, der höchstrangige Offizier der Armee, der Chef des Generalstabs, den letzteren, den Staatssekretär des Äußern, Chef des Auswärtigen Amtes, aufforderte, die deutsche Politik so zu führen, daß sie die Auslösung eines „Präventivkriegs" möglich mache.[28]

Hier wird ein Exkurs notwendig über die deutsche Politik, England für den Fall eines kontinentalen Krieges neutral zu halten. In einer Studie[29] ›The Miscalculation of English Neutrality. An Aspect of German Foreign Policy on the Eve of World War I‹ habe ich gezeigt, wie der Nachfolger Bülows, der Reichskanzler Bethmann Hollweg, trotz des fortgehenden Flottenwettrüstens für den Fall eines kontinentalen Krieges die Neutralisierung Großbritanniens zum zentralen Punkt seiner Politik gegenüber London machte und an dieser seiner Politik bis zum Ausbruch des Weltkrieges hartnäckig festhielt. In der Balkankrise des Dezember 1912 bestätigte der Kaiser[30] wörtlich, daß es die Aufgabe der beiden Botschafter Marschall und Lichnowsky, die er nacheinander nach London geschickt hatte, war, „die englische Neutralität zu sichern im Falle eines offenen Konflikts mit Rußland und Frankreich". Und fast zur gleichen Zeit hat der damalige Staatssekretär des Auswärtigen, Kiderlen-Waechter,[31] zu Helfferich, dem Direktor der Deutschen Bank, folgendes gesagt: „Er fürchte sich nicht vor dem Krieg [mit Rußland und Frankreich, F. F.]; aber gerade für diesen Fall sei es ein enormer Vorteil, England draußen zu halten." Je mehr sich der Konflikt mit Rußland in den Jahren 1913 und 1914 entwickelte, desto beharrlicher verfolgte Bethmann Hollweg sein Ziel. Das tat er vor allem durch monatelange geduldige Verhandlungen mit der britischen Regierung über koloniale und Nahost-Fragen, in denen er auch Nachteile für Deutschland in Kauf nahm, wie die deutsche Wirtschaft kritisierte. Damit wollte er eine Annäherung zwischen Berlin und London zustande bringen und auf diese Weise eine Trennung Großbritanniens von der Triple-Entente erreichen.

Selbst die geheimen Nachrichten über englisch-russische Marineverhandlungen[32] im Mai und Juni 1914 haben Bethmann Hollweg nicht entmutigt, nicht abgeschreckt. Er benutzte sie, um Druck auf London auszuüben, damit England eine Politik der Neutralität annehme. Am 16. Juni 1914 gab er Lichnowsky den Auftrag, dem englischen Außenminister Grey zu erklären, daß in der gegenwärtigen Spannung Deutschland möglicherweise gezwungen sein könnte, seine Armee und seine Flotte (!) zu vermehren. Nur wenn Großbritannien und Deutschland ihre Politik wie im Dezember 1912 koordinieren würden, könnten sie die Gefahr eines europäischen Konfliktes abwehren, der durch eine neue Balkankrise verursacht werden könne. Denn es gab zahlreiche aktuelle Konflikte auf dem Balkan.

Nach dem Attentat von Sarajewo am 28. Juni 1914 instruierte Bethmann Hollweg am 29. Juni Lichnowsky,[33] der zur Kieler Woche mit Blick auf das dort anwesende englische Geschwader einberufen worden war, Grey zu sagen, daß die österreichisch-ungarische Regierung nicht getadelt werden sollte, wenn sie die Provokation des Mordes von Sarajewo mit scharfen Maßnahmen beantworten würde, zumal nachgewiesenermaßen, wie er behauptete, diese Mordtat von Belgrad unterstützt worden sei. Zwar hat der Reichskanzler in der Woche nach dem Attentat den Kaiser in Potsdam viermal besucht und bei dieser Gelegenheit das Problem auch mit den Generalen diskutiert. Auch machte in dieser Zeit, am 3. Juli, der Kaiser seine berühmte Randbemerkung[34] auf einen Bericht des deutschen Botschafters in Wien, von Tschirschky, „Jetzt oder nie!", „Mit den Serben muß aufgeräumt werden, und zwar bald!", was von den deutschen Beamten als ein Befehl verstanden wurde. Dennoch war die Entscheidung, Sarajewo als Anlaß zu benutzen, um einen größeren militärischen Konflikt auszulösen, in keiner Weise primär durch den Wunsch motiviert, Österreich-Ungarn gegen Serbien zu unterstützen. Denn die serbische Frage, die für Österreich-Ungarn die alles überragende war, war für Berlin nur von zweitrangiger Bedeutung und nur das Mittel, um Rußland in den Konflikt zwischen Wien und Belgrad hineinzuziehen und damit den großen Krieg mit Rußland und Frankreich auszulösen. Eben das hoffte Wien aber mit Hilfe Berlins zu vermeiden. Bethmann Hollweg war dabei sicher, die Neutralität von Großbritannien erreichen zu können, wenn er Rußland als den „Angreifer" und Deutschland als die „angegriffene Partei" hinstellen würde, so wie es vor dem Krieg oftmals in den führenden deutschen Zirkeln als Vorbedingung für die Auslösung des allgemeinen Krieges diskutiert worden war.[35] Das war ein erneuter Versuch, die Triple-Entente zu spalten und die zwei kontinentalen Nachbarn Deutschlands für alle Zukunft zu schwächen.

Bei alledem dürfen wir die in Deutschland in den Jahren 1912/1914 vorherrschende Stimmung nicht vergessen: In einer halboffiziellen Publikation des Vertreters des Wolffschen Telegraphenbüros in London vom Mai 1913 mit dem Titel ›„Deutsche Weltpolitik" und kein Krieg‹, die bestimmt war, die europäische öffentliche Meinung zu beruhigen, stellte der Autor Hans Plehn fest[36]: „In den Jahren nach der letzten Marokkokrise ist die Stimmung nahezu *Allgemeingut der deutschen Nation* geworden, daß wir uns nur durch einen großen europäischen Krieg die Freiheit zu unserer weltpolitischen Betätigung erkämpfen könnten."

Plehn
lav
ger.

II. Die deutsche Politik in der Julikrise 1914

Nach Sarajewo war die Regierung in Wien in zwei Gruppen gespalten, die Militärs und die Zivilisten. Deshalb war sie zögernd und schwankend, was zu tun sei. Die Entscheidung zu handeln kam von deutscher Seite. Unmittelbar in der Woche nach Sarajewo begann deutscher Druck mit drohenden Untertönen in Wien dahingehend zu wirken, daß man den günstigen Moment für eine „Aktion“ gegen Serbien nutzen solle. Dies geschah z. B. durch Viktor Naumann,[37] einen persönlichen Freund von Wilhelm von Stumm, den Direktor der Politischen Abteilung des Auswärtigen Amtes in Berlin, und durch Hugo Ganz,[38] den Korrespondenten der ›Frankfurter Zeitung‹ in Wien, und natürlich am Ende dieser Woche durch die Mission des Grafen Hoyos in Potsdam und Berlin bzw. dessen Berichterstattung nach seiner Rückkehr in Wien. Auf der entscheidenden Sitzung des Gemeinsamen Ministerrats beider Reichsteile am 7. Juli in Wien warnte der österreichische Ministerpräsident Graf Stürgkh seine Kollegen, daß, wenn Österreich-Ungarn fortfahre zu zögern und sich nicht entscheide zu handeln, die Gefahr bestehen könnte, daß Deutschland das Bündnis Berlin – Wien aufkündige, die Deutschen zu einem Abkommen mit Rußland kommen könnten und Österreich-Ungarn dann alleingelassen sein würde.[39]

Daß am 5. und 6. Juli 1914 Kaiser Wilhelm und der deutsche Reichskanzler Wien den sog. „Blanco-Scheck“ gaben, Serbien militärisch anzugreifen, ja sogar Wien jetzt und in den folgenden Wochen trotz der Gefahr einer russischen militärischen Intervention und damit eines großen Krieges zu einer solchen Aktion drängten, mag als ein „kalkuliertes Risiko“ (Andreas Hillgruber) interpretiert werden. Auf jeden Fall hat der damals als Außenminister amtierende Unterstaatssekretär Zimmermann (der Staatssekretär des Auswärtigen Jagow war auf Hochzeitsurlaub) in einer Unterredung mit dem österreichischen Sondergesandten Graf Hoyos am 5. Juli in Berlin auf dessen Frage nach dem Risiko geantwortet, das „Risiko“, wenn man das noch so nennen kann, bedeute zu 90% Krieg mit Rußland,[40] was doch nicht anders verstanden werden kann, als daß sicher mit einem großen Krieg gerechnet wurde. Im übrigen: Graf Hoyos[41] war einer der jungen „Falken“ am „Ballhausplatz“ und ein großer Bewunderer der deutschen Armee.

Am 6. Juli abends in Kiel hat der Kaiser,[42] bevor er seine Norwegenreise antrat, dem ihm befreundeten Industriellen Krupp von Bohlen und Halbach versichert: „Er werde sofort den Krieg erklären, wenn Rußland mobilmache. Diesmal werde man sehen, daß er nicht umfalle“ – so wie er 1905, 1909, 1911 „umgefallen“, d. h. vor dem Krieg zurückgeschreckt war. Mitte Juli berichtete Dr. Helfferich, Direktor der Deutschen Bank, nach Informationen aus dem Auswärtigen Amt, dem Krupp-Direktor Muehlon, daß der Kaiser „keinem anderen Staat eine Einmischung [in den Konflikt Wien – Belgrad] erlauben werde. Wenn Rußland mobil mache, dann mache auch er mobil. Bei ihm aber bedeute Mobilmachung den sofortigen Krieg. Diesmal gäbe es kein Schwanken".

Am 12. Juli schrieb Szögyéni,[43] Wiens langjähriger Botschafter in Berlin, daß das „absolute" Drängen des Kaisers und des Reichskanzlers auf den Krieg gegen Serbien sich auf zwei Überzeugungen gründe: erstens, daß Rußland und Frankreich „noch nicht fertig" seien, und zweitens, daß Großbritannien „zu diesem Zeitpunkt nicht in einem Krieg intervenieren werde, der über einen Balkan-Staat ausbricht, *selbst wenn dies zu einem Konflikt mit Rußland, möglicherweise auch mit Frankreich führen würde* ..." [Hervorhebung von mir, F. F.]. Und er faßte zusammen: „Im allgemeinen also erscheint es von all diesem, daß die politische Konstellation so vorteilhaft für uns ist, wie sie nur sein könnte", und deshalb würde dieser Moment von Deutschland jetzt benutzt werden.

Was ist mit diesem Satz, den Moment jetzt zu „nutzen", gemeint, einem Satz, der doch beweist, daß die Mittelmächte in keiner Weise in den Krieg „hineingeschlittert" sind? Josef Baernreither,[44] früherer Handelsminister in Österreich, machte im Dezember 1914 die folgende Eintragung über die Julikrise in sein Tagebuch: „In Deutschland bestand die Befürchtung, daß *wir* [Hervorhebung von mir, F. F.] nicht mitgehen würden, wenn uns der Anlaß des Krieges ferner liegen würde. In Algeciras waren wir noch Sekundanten, später nicht mehr, sondern in der Marokkokrise [1911] nicht standhaft zu Deutschland. Krieg mußte aber, wie die Dinge sich durch die Schuld der deutschen und österreichisch-ungarischen Diplomatie entwickelt hatten, kommen. Deshalb ergriff Deutschland nach dem Mord von Sarajewo die Gelegenheit beim Schopfe und benutzte den Anlaß, der sich auf der österreichischen Seite ergeben hatte. Das ist die Geschichte des Krieges." Die Eintragung in Baernreithers Tagebuch geht weiter: „Der Kaiser fuhr dann nach Norwegen, genau wissend, daß der Krieg ausbrechen würde. Das alles war von Deutschland sehr geschickt arrangiert, und der Moment mit sicherem Blick benutzt, mit dem sicher mitgehenden Österreich einen Krieg zu führen, der sich in den letzten Jahren als unausweichlich herausgestellt hatte."

Von einem „Fatalismus" des deutschen Reichskanzlers kann keine Rede sein. Bethmann Hollweg unterbrach seinen „Urlaub" auf seinem Gut in Hohenfinow, den er am Nachmittag des 4. Juli begonnen hatte, nicht nur am 5. und 6. Juli für den österreichischen Sondergesandten Graf Hoyos, sondern noch an drei weiteren Tagen,[45] nämlich am 10., 15. und 18. Juli, für Besuche in Berlin. Dort konferierte er mit den Chefs der Reichsämter, der preußischen Ministerien und der Militärbehörden, auch der Reichsbank, um im einzelnen – denn Krieg wurde nun als sicher betrachtet – die Fragen der Mobilmachung, der Versorgung und der zukünftigen Zusammenarbeit zwischen den zivilen und den militärischen Behörden zu erörtern. All dieses ist aktenkundlich aufgezeichnet. Der Kanzler war in Wahrheit ein Bündel von Energie und Aktivität.

Nach dem von vornherein als unannehmbar konzipierten Ultimatum an Serbien vom 23. Juli änderte sich die Atmosphäre in Europa, die bis dahin für Österreich günstig war, drastisch. Grey versuchte zu vermitteln und machte vier verschiedene Vorschläge, um die Krise zu mildern, die aber alle von Berlin sabotiert wurden, das nur *vorgab*, mit dem britischen Foreign Office zu kooperieren. Am 25. Juli, dem Tag, an dem das Ultimatum ablief und Wien die Beziehungen zu Serbien abbrach und mobilisierte, wurde Theodor Wolff,[46] der Chefredakteur des ›Berliner Tageblatts‹, ins Auswärtige Amt gerufen. Er sprach dort Jagow, den Staatssekretär des Auswärtigen, und fragte ihn: „Ob wir aber nicht in einen Weltkrieg verwickelt werden könnten? Wenn Rußland nun nicht zurückweiche ...?" Darauf antwortete Jagow: „Er glaube das nicht, die diplomatische Situation sei sehr günstig. *Weder Rußland, noch Frankreich, noch England wollten den Krieg* [Hervorhebung von mir, F. F.]. Und wenn es sein müsse [lächelnd] – einmal werde der Krieg ja doch kommen, wenn wir die Dinge gehen ließen, und in zwei Jahren sei Rußland stärker als jetzt." Dieser Jagow war der Mann, an den Albert Ballin,[47] der Direktor der HAPAG, aus intimer Kenntnis von dem, was im Juli 1914 in Berlin getan worden war, 1915 schrieb: „Ich habe Nachsicht für einen Mann, der, wie Euere Exzellenz, so schwer belastet ist, und die entsetzliche Verantwortung zu tragen hat für die Inscenierung dieses Krieges, der Deutschland Generationen prächtiger Menschen kostet und es für 100 Jahre zurückwirft." In der Frage, ob

Deutschland wirklich den Krieg *wollte*, haben wir Jagows unzweideutige Antwort: Ja, wir „wollten" ihn.[48] Deshalb konnte er nicht mehr schlafen, wie er im November 1918 der Gräfin Treuberg sagte.

Der Unterstaatssekretär Wilhelm von Stumm,[49] Chef der Politischen Abteilung des Auswärtigen Amtes, sagte am gleichen Tag wie Jagow, also am 25. Juli 1914, zu Theodor Wolff: „daß in zwei Jahren der Krieg unvermeidlich sei, wenn wir uns jetzt nicht aus dieser Situation befreiten" (!). Dieser „Herr v. Stumm im Auswärtigen Amt" wurde Ende August 1914 von Arthur von Gwinner,[50] Direktor der Deutschen Bank, namentlich als „die zum Konflikt treibende Kraft" genannt, oder vielleicht, so fügt Gwinner hinzu, war es eine ganze Gruppe im Auswärtigen Amt. In einer späteren Diskussion mit Theodor Wolff, am 17. Februar 1915, antwortete Stumm,[51] als er gefragt wurde, ob Deutschland im Juli 1914 „geblufft" habe: „Wieso? Wir haben nicht geblufft. Wir waren darauf gefaßt, daß wir den Krieg mit Rußland haben würden." Übrigens behauptete Stumm: „Wenn der Krieg nicht jetzt gekommen wäre, hätten wir ihn unter weit schlechteren Bedingungen in zwei Jahren gehabt."[52] Diese Behauptung hat Theodor Wolff aber nicht akzeptiert.[53]

Es ist die historische Wahrheit: *Zwei oder drei Leute entschieden das Schicksal Europas: Bethmann Hollweg, Jagow, Stumm.*[54] Eine Bestätigung findet mein Ergebnis durch Bülow, der in einem Gespräch mit Theodor Wolff am 12. Juni 1915 über die deutsche Politik im Juli/August 1914 folgendes sagt: „Es ist ja etwas eigentümlich, ... wenn man sich sagen muß, daß da ein Gremium von vier Männern die Entscheidung über das Schicksal Deutschlands und Europas in der Hand gehabt hat. Von vier Männern: *Bethmann*, der doch keine Ahnung von auswärtiger Politik hat, gar nicht das savoir faire hat ... – *Jagow*, nicht ganz dumm, aber doch ein Diplomat dritten Ranges – *Stumm*, entschieden begabt, aber etwas merkwürdig, man kann wohl sagen pathologisch – dann *Zimmermann*, noch der Beste, forsch, optimistisch, ein vorzüglicher Arbeiter, aber doch ... ohne die nötige Kenntnis der Höfe, der Personen."[55] Statt „zwei oder drei Leute" könnte es also zutreffender heißen „drei bis vier".

Nach seiner Rückkehr nach Berlin, am Sonntag, dem 26. Juli 1914 (am gleichen Tag kehrten auch Moltke und die anderen Militärs dorthin zurück), erläuterte der Kanzler dem Kaiser seine Politik wie folgt: Die Aufrechterhaltung des Friedens in Europa hänge nun von Rußland ab. Deutschland müsse sich „ruhig" verhalten; Deutschland könne sich die englische Neutralität und die Unterstützung des eigenen Volkes nur sichern, wenn es als das Opfer eines Angriffs *erscheine* (!). Der deutsche Kaiser kam am nächsten Tag, Montag, dem 27. Juli, von Norwegen nach Potsdam zurück. Admiral von Müller, der Chef des Kaiserlichen Marinekabinetts, notierte bei dieser Gelegenheit in seinem Tagebuch: „Unsere Politik muß sein, ruhig zu bleiben, Rußland ins Unrecht setzen, und dann nicht sich vor dem Krieg scheuen."[56] Am Sonntag, dem 26. Juli, und am Montag, dem 27. Juli, hätte der Friede in Europa noch bewahrt werden können – wenn Deutschland es gewollt hätte. Aber der deutsche Reichskanzler wollte es nicht.

Wir wissen aus den Eintragungen in den originalen Tagebüchern Kurt Riezlers, des persönlichen Sekretärs Bethmann Hollwegs 1909–1917, für die Monate Juli und August 1914, daß der Kanzler in diesen entscheidenden Tagen „kriegswillig", „kriegslustig" war, ja, daß er den Krieg mit Rußland „herbeigesehnt" hat. Riezler las in der Emigration in den USA um 1940 Freunden aus seinem Tagebuch vor, unter denen auch der Historiker Hans Rothfels war, ein großer Bismarck-Kenner und -Verehrer, der bis 1939 in Königsberg in Ostpreußen, dann in Chicago, nach dem Krieg in Tübingen lehrte. Um eben jener Eintragung zum Juli 1914 willen riet Rothfels 1945 Kurt Riezler von der von ihm geplanten Veröffentlichung seiner Tagebücher ab, wie er später sagte „aus politischen Gründen". Inzwischen hatte ja 1939 bis 1945 ein zweiter Krieg stattgefunden, dessen Verursacher ohne Zweifel Deutschland unter seinem „Führer" Adolf Hitler war. Nun sollte keinesfalls eine Schuld oder auch nur Mitschuld am Ersten Weltkrieg auf die damalige deutsche Regierung fallen.

Doch 22 Jahre nach der genannten Lesung aus dem Tagebuch wird sein originaler Inhalt noch einmal eben durch Hans Rothfels bestätigt, der am 23. März 1962, fünf Monate nach Erscheinen meines Buches ›Griff nach der Weltmacht‹, einen Brief an seinen Freiburger Kollegen Gerhard Ritter schrieb, der diesen aufs tiefste erregte. Ritter arbeitete gerade an einem Artikel für die ›Historische Zeitschrift‹, der sich unter dem Titel ›Eine neue

Kriegsschuldthese?‹ mit dem zweiten Kapitel meines Buches befaßte, *einem* Kapitel von 23. Ritter[57] schrieb an Rothfels: „Sehr erschreckt und bestürzt hat mich Ihr Brief vom 21. 3. Wenn Bethmann, wie Sie schreiben, im Juli 1914 den ‚Wunsch' hatte, den Krieg mit Rußland herbeizuführen, dann hat er [so fährt Ritter in seiner moralisierenden Sprache fort, F. F.] entweder mit dem Schicksal des deutschen Volkes gewissenlos gespielt oder sich in geradezu unglaublichen Illusionen über unsere militärischen Leistungsfähigkeit bewegt. Auf alle Fälle hätte dann Fischer völlig recht, wenn er bestreitet, daß Bethmann Hollweg ernsthaft den Krieg zu vermeiden wünschte, als er die englischen Vermittlungsvorschläge ... mit größerem Nachdruck als vorher nach Wien weitergab." Der nun seinerseits erschrockene Rothfels hat dann übrigens im folgenden seine Aussage etwas abgemildert, und Ritter konnte seinen Artikel, ebenfalls gemildert, veröffentlichen.[58] Es ist absurd, einem Manne wie Bethmann Hollweg leichtsinniges Handeln zuzutrauen. Es war vielmehr ein wohlüberlegtes diplomatisch-politisches und militärisches Kalkül, das freilich nicht aufging. Damit zurück zur Julikrise, zu Montag, dem 27. Juli.

An diesem Tage adressierte Grey seinen fünften dringenden Vermittlungsvorschlag an Berlin und drängte darauf, an Wien zu appellieren, daß es die serbische Antwort auf das Ultimatum annehme, weil er andernfalls nicht in der Lage wäre, Petersburg zu überzeugen, daß es seine Position mäßigen müsse. Da Bethmann Hollweg am gleichen Tag einen englischen Plan – es war Greys vierter – abgelehnt hatte, der die Einberufung einer Konferenz der vier nicht direkt in den Konflikt verwickelten Großmächte vorschlug, erkannte er, wie er dem Kaiser erklärte[59]: Wenn Deutschland jede Rolle als ein Vermittler à limine ablehnen würde, dann „würden wir", so sagt er, „von England und von der ganzen Welt als verantwortlich für die Konflagration angesehen und als eigentliche Kriegstreiber dastehen". Dies würde es aber einerseits unmöglich machen, fährt der Kanzler fort, „die jetzige gute Stimmung (der deutschen Bevölkerung, die so begeistert war über die österreichische Mobilmachung, als ob es unsere eigene gewesen wäre) aufrecht zu erhalten, andererseits aber auch England von seiner Neutralität abbringen". In seiner Instruktion an Tschirschky, den deutschen Botschafter in Wien, vom gleichen

Tage betonte der Kanzler mit Nachdruck[60]: „Deutschland müsse den Eindruck erwecken, als sei es in den Krieg gezwungen worden." Am 1. August, dem Tag, an dem Berlin Rußland den Krieg erklärte, schrieb Admiral von Müller in sein Tagebuch[61]: „Stimmung glänzend. Die Regierung hat eine glückliche Hand gehabt, uns als die Angegriffenen hinzustellen." Dies überzeugte die deutsche Sozialdemokratie, nicht aber Großbritannien.

Bethmann Hollwegs Politik war nicht darauf gerichtet, einen Kontinentalkrieg zu verhüten, sondern darauf, eine möglichst günstige Ausgangsposition für Deutschland zu gewinnen für den großen Krieg, von dem angenommen wurde, daß er unmittelbar bevorstehe. Nachdem er Österreich vom 25. Juli an immer weiter gedrängt hatte, war ihm sehr wohl bewußt, daß Wien am Dienstag, dem 28. Juli, Serbien den Krieg erklären würde, obwohl die österreichische Mobilmachung nicht vor dem 4. August beendet sein konnte, so daß also genug Zeit für Verhandlungen geblieben wäre, die nun abgeschnitten wurden, und daß Wien am folgenden Tag, Mittwoch, dem 29. Juli, Belgrad bombardieren würde. Bethmann Hollweg erkannte ganz genau, welche Wirkung diese beiden Aktionen auf die russische öffentliche Meinung und die russische Regierung haben mußten.

An diesem Dienstag, dem 28. Juli, „fiel" der Kaiser wieder „um", als er aussprach, daß die serbische Antwort, die man ihm erst an diesem Morgen vorgelegt hatte, auf das österreichische Ultimatum ausreichend sei, und seinen „Halt-in-Belgrad"-Vorschlag machte. Doch schon am nächsten Tag, dem 29. Juli, wurde er, auch mit Hilfe der Kaiserin und des Kronprinzen, wieder auf die Pro-Krieg-Linie gebracht. An diesem Tage wurde in den Besprechungen in Potsdam zwischen Kaiser, Kanzler und den Militärs die Entscheidung für die unmittelbare Auslösung des Krieges getroffen. Der Kanzler hatte nun seinen wichtigsten Beitrag zu dem bevorstehenden kontinentalen Krieg zu leisten, nämlich die britische Neutralität durch einen förmlichen Vertrag zu sichern. Er besprach dies spät am Abend des gleichen Tages mit Goschen, dem britischen Botschafter in Berlin. Die britische Regierung erfuhr durch dieses Gespräch, daß die deutsche Regierung sich für den Krieg entschieden hatte und entschlossen war, ihn entsprechend dem „Schlieffenplan" mit dem Angriff auf Belgien zu beginnen und damit die belgische Neutralität zu verletzen. London wies den Vorschlag Berlins für einen Neutralitätsvertrag am 30. Juli zurück.

Es ist bekannt, daß, unmittelbar nachdem Goschen am 29. Juli nachts den Kanzler verlassen hatte, ein Telegramm von Lichnowsky eintraf, das nochmals die britischen Vermittlungsvorschläge wiederholte, aber auch die Warnung enthielt, Großbritannien könnte kein Zuschauer bleiben, falls Deutschland Frankreich angreifen sollte. Der Kanzler wurde einen Moment unsicher und sandte dann die zwei sog. „Weltbrand"-Telegramme an Wien, aber nur halbherzig, denn was ihn wirklich beschäftigte, das war das Abwarten der russischen Generalmobilmachung; und er hatte die Nerven und die Energie, auf diesem Abwarten trotz stärksten Drängens der deutschen Militärs auf die sofortige eigene Mobilmachung zu bestehen. Als dann am Mittag des 31. Juli die Nachricht von der russischen Generalmobilmachung offiziell bestätigt wurde, proklamierte man sofort den „Zustand drohender Kriegsgefahr" in Berlin, auf den binnen 24 Stunden die Mobilmachung folgen mußte. An diesem Mittag übersiedelte der Kaiser mit seiner gesamten Familie, vom Volk jubelnd begrüßt, von Potsdam nach Berlin und hielt dort seine erste Rede an das Volk. An diesem Nachmittag wurden je ein Ultimatum an Rußland (auf 12 Stunden befristet) und an Frankreich (auf 18 Stunden befristet) abgesandt. Diese Ultimaten, von denen das erste die sofortige Rücknahme der russischen Generalmobilmachung forderte, machten den großen Krieg unvermeidlich.

Wir erhalten eine tiefere Einsicht in die deutschen Motive und Aktionen durch das Telegramm Bethmann Hollwegs an Berchtold, das Telegramm Moltkes an Conrad („Will Österreich-Ungarn uns im Stiche lassen?!") und das Telegramm Wilhelms II.[62] an Kaiser Franz Joseph. Alle drei Telegramme wurden am 31. Juli, nachmittags, abgesandt. Wilhelm telegraphierte: „Ich bin bereit, die Verpflichtungen unseres Bündnisses zu erfüllen und unmittelbar zum Krieg gegen Rußland und Frankreich zu schreiten. In diesem schwierigen Kampf ist es von äußerster Bedeutung, daß Österreich seine Hauptstreitkräfte gegen Rußland wirft und sie nicht verbraucht in einer Offensive gegen Serbien ... *Serbien spielt nur eine untergeordnete Rolle in diesem gewaltigen Kampf* [Hervorhebung von mir, F. F.] und erfordert deshalb nur jene Defensivmaßnahmen, die absolut notwendig sind."

Österreich indessen war primär daran interessiert, mit Serbien „abzurechnen" und großserbische Aspirationen durch eine militärische Strafaktion abzuwehren. Wien hatte die Möglichkeit einer Ausdehnung des Konflikts in einen großen Krieg nicht in Betracht gezogen. Die österreichischen Hoffnungen auf eine nur begrenzte militärische Aktion waren noch genährt worden durch die prinzipielle Bereitschaft Englands, das Recht Wiens auf eine von Serbien zu leistende Satisfaktion anzuerkennen. Als aber ein Bericht des österreichischen Botschafters in London, Graf Mensdorff,[63] Wien erreichte (abgesandt am 29. Juli, 16.32 Uhr, angekommen am 30. Juli, 9.00 Uhr), daß England intervenieren würde, wenn aus der österreichischen Aktion ein großer Krieg entstünde, da beschloß Wien, seine Aktion gegen Serbien nur so weit auszuführen, daß Rußland nicht intervenieren würde. Österreich wurde dazu noch durch den russischen Außenminister Sergei Sasonow und durch Nikolai N. Schebeko, den russischen Botschafter in Wien, ermutigt, die mündlich sein Recht anerkannten, Serbien eine „Lektion" zu erteilen. Die Besprechungen zwischen Wien, St. Petersburg und Paris über eine angemessene „Lektion" für Serbien hatten am 30. Juli begonnen, wurden aber am 31. Juli durch die blitzartigen Entscheidungen Berlins abgebrochen.

Charakteristisch für diese Situation ist das Faktum, daß Wien erst am 6. August den Krieg an Rußland erklärte (Deutschlands Kriegserklärung an Rußland war am 1. August erfolgt), und das erst nach dringenden deutschen Mahnungen. Diese Verzögerung hat Berlin außerordentlich beunruhigt, wie auch Tirpitz[64] bezeugt. Wenn Österreich Deutschland im Stiche gelassen hätte oder ganz aus dem Kriege ausgeschieden wäre, so würde Deutschland nicht in der Lage gewesen sein, den Krieg zu führen. Denn der Angriff auf Frankreich würde unmöglich gewesen sein, wenn die österreichisch-ungarische Armee nicht fünf von sieben russischen Armeen auf sich gezogen hätte, um sie sechs Wochen lang zu binden, bis die deutsche Armee von Frankreich nach Rußland geworfen werden konnte. Auf jeden Fall ist das souveräne Österreich-Ungarn vom 6. August an eine Hilfsmacht Deutschlands geworden in einem großen Krieg, den es zu vermeiden gehofft hatte und der seine Möglichkeiten überstieg ...

Wir brauchen nicht in nähere Einzelheiten zu gehen über die angeblichen Fakten, in Wahrheit die vollkommen erfundenen

Fakten von französischen Bomben auf Eisenbahnlinien in der Nähe von Karlsruhe und Nürnberg, die man erfand, um die deutsche Kriegserklärung an Frankreich am 3. August zu rechtfertigen. Wir wollen auch nicht näher den letzten Versuch des Reichskanzlers Bethmann Hollweg in seiner Rede vor dem Deutschen Reichstag am Mittag des 4. August 1914 behandeln, die britische Neutralität doch noch durch Konzessionen zu gewinnen, die er für die Kriegführung zur See in dem Krieg Deutschlands gegen Frankreich anbot, der jetzt bereits begonnen hatte. Gleichzeitig bezichtigte er Rußland, für den Krieg verantwortlich zu sein: „Rußland hat den Feuerbrand in unser Haus geworfen. Ein Krieg mit Rußland und Frankreich ist uns aufgezwungen worden!“[65] Aber die britische Regierung akzeptierte diesen erneuten Vorschlag für einen Neutralitätsvertrag nicht. Sie ließ durch ihren Botschafter Goschen erklären, daß sie sich als im Kriegszustand mit Deutschland befindlich betrachte, wenn Deutschland seine Truppen nicht aus Belgien – sie waren dort am Morgen des 4. August einmarschiert – vor Mitternacht des 4. August zurückziehen würde. Das tat Deutschland nicht.

Glaubte Bethmann Hollweg wirklich, daß er, selbst nach Verletzung der belgischen Neutralität, Englands Neutralität durch das Angebot einer gewissen Zurückhaltung im Seekrieg gegen Frankreich, verbunden mit schweren verbalen Angriffen gegen Rußland als dem alleinigen Angreifer, erzwingen konnte? Wenn das so war, so gab er sich hier der größten Illusion hin, und es war die größte Fehlkalkulation seiner ganzen Karriere. Manche nennen es seine ‘idée fixe’. Denn dabei hat er vollkommen die Logik mißverstanden, die hinter der britischen Außenpolitik stand und darauf zielte, die Unabhängigkeit Frankreichs ebenso aufrechtzuerhalten wie auch die Entente mit Rußland, letztere vielleicht auch im Blick auf die Verteidigung der indischen Nordwestgrenze. Überdies unterschätzte er den moralischen Effekt der deutschen Verletzung der belgischen Neutralität. Darauf wartete Grey. Diese Neutralitätsverletzung befähigte ihn, Kabinett, Parlament und öffentliche Meinung gegen Preußen-Deutschland zu einen und die Sympathie der internationalen öffentlichen Meinung für die Triple-Entente zu gewinnen. Bethmann Hollwegs Politik war nach seinen eigenen Worten zusammengebrochen „wie ein Kartenhaus“.[66]

Aus einem kontinentalen Krieg gegen Frankreich und Rußland, so wie er im Juli/August 1914 vorgestellt worden war, hatte sich ein Weltkrieg entwickelt. An Stelle des „kurzen Krieges“,[67] wie er allgemein, auch auf seiten der Gegner, erwartet worden war, entwickelte sich ein Krieg der Aushilfen, der Erschöpfung, ein ökonomischer Krieg, ein Krieg der Ressourcen, der Materialschlachten, der an Stelle von vier Monaten vom November 1914 an noch vier Jahre dauerte, ein Krieg, auf den Deutschland nicht vorbereitet war. Deutschland hatte alles auf eine Karte gesetzt, und auch die Zivilisten hatten sich dem militärischen Konzept unterworfen. Aber schon bald, Anfang September, hatte man die Entscheidungsschlacht gegen Frankreich an der Marne und, Anfang November 1914, nach langen unentschiedenen Kämpfen auch die Schlacht gegen die Engländer bei Ypern und Langemark mit entsetzlichen Menschenverlusten verloren, so daß Falkenhayn, der Nachfolger Moltkes, die deutsche Armee ein „zerbrochenes Werkzeug“ nannte.[68] Das Preußisch-Deutsche Reich hatte den Zenit seiner Macht überschritten.

War dies nun ein „Präventivkrieg“, wie Egmont Zechlin und Karl Dietrich Erdmann[69] noch vor einiger Zeit behaupteten? War dies ein „Präventivkrieg“, wie Andreas Hillgruber ihn interpretierte, der aus der deutschen militärischen Doktrin des 19. Jahrhunderts erwuchs und sich von der klassischen Theorie des Präventivkrieges unterschied? Die deutsche Doktrin betrachtete es als das Recht oder sogar als die Pflicht eines Staatsmannes, die eventuelle Formierung einer überlegenen feindlichen Koalition, die in zwei bis drei Jahren drohte, durch präventives militärisches Handeln zu verhindern, um die „Handlungsfreiheit“ des eigenen Staates im voraus zu sichern, und dies ohne Rücksicht auf eventuelle politische oder diplomatische Entwicklungen, die während dieser Zeit eintreten bzw. erreicht werden könnten. Bestand aber eine solche Bedrohung in der Vergrößerung der russischen Armee und Flotte sowie im Bau von Eisenbahnen und Befestigungen zu einer außerordentlichen Friedensstärke im Jahr 1917? Bestand denn eine wirkliche Gefahr, daß Rußland und Frankreich zusammen Deutschland im Jahre 1917 angreifen würden?[70] Und würde Großbritannien, der stärkste Partner in der Triple-Entente, seine Zustimmung zu und seine Unterstützung bei einem solchen Angriffskrieg Rußlands und Frankreichs gegen Deutschland gegeben haben? Oder war es nicht vielmehr die Sorge, daß Deutschland vom Jahre 1917 an einen Angriffskrieg für eigene Zwecke nicht mehr mit Erfolg würde führen können, den viele, wie wir sahen, für notwendig hielten?

War es dann ein „Verteidigungskrieg"? Aber wer bedrohte oder griff denn Deutschland im Sommer 1914 an? Die Verantwortlichen des deutschen Auswärtigen Amtes bestätigten ja selbst, daß damals weder Frankreich noch England, noch Rußland einen solchen Krieg wollten.

Auf jeden Fall war es für die deutsche Regierung unter Bethmann Hollweg klar, daß *Frankreich* (wodurch auch immer) als eine Großmacht für eine voraussehbare Zukunft ausgeschaltet werden müsse und nur noch als Verbündeter, wenn nicht als ein Vasallenstaat Deutschlands fortbestehen dürfe. Die Gründe dafür waren Frankreichs Bündnis mit Rußland und seine andauernden Konflikte mit Deutschland in der Türkei und auf dem Balkan, die es vor allem mit Hilfe seiner «arme financière» führte. Französisches, aber auch belgisches Territorium sollte möglichst nicht annektiert werden,[71] mit Ausnahme des Erzbeckens von Longwy-Briey, das die deutsche Industrie forderte, und einiger militärisch bedeutsamer Punkte wie Belfort und der Westhänge der Vogesen, ferner der belgischen Festung Lüttich (August 1914!), des belgischen Hafens Antwerpen und, wenn die Marine es forderte, der französischen Häfen Dünkirchen, Calais, Boulogne, die an den Vasallenstaat Belgien gegeben werden sollten. Aber Frankreichs Heer sollte verkleinert, seine Festungen geschleift werden, es sollte eine hohe „Kriegsentschädigung" zahlen und in „Mitteleuropa", einen ökonomischen Block, eingeschlossen werden, der bei äußerer Gleichstellung der Mitglieder von Deutschland dominiert sein würde. Frankreich hätte alle seine Kapitalreserven zur Verfügung Deutschlands, das an Kapitalmangel litt, stellen müssen, und ganz Frankreich würde Markt für deutsche Güter geworden sein, nicht behindert durch französische Einfuhrzölle.

Was nun *Rußland* betrifft, so hatte der deutsche Reichskanzler bereits zwei Tage nach seiner Rede im Reichstag vom 4. August ein klares Ziel für den Krieg an der Ostfront[72] formuliert, das *nach* der Niederwerfung Frankreichs zu realisieren war. Er beschrieb sein Ziel als „die Befreiung und Sicherung der von Rußland unterworfenen Völker“, als „die Zurückwerfung der russischen Grenze auf Moskau“ und als die Errichtung einer Kette von Pufferstaaten zwischen Deutschland bzw. Österreich-Ungarn und Rußland. Ausdrücklich nannte er Finnland, Polen, die Ukraine, Georgien. Die baltischen Provinzen mit etwa 7 % baltendeutschem Bevölkerungsanteil, also die späteren Länder Estland, Lettland, Litauen, wurden im August 1914 noch nicht genannt, sie spielten aber während des ganzen Krieges, insbesondere seit 1917, als Kriegsziel eine große Rolle. Sie sollten mit Preußen-Deutschland eng verbunden werden. Die Zielsetzungen vom 6. bzw. 11. August 1914 wurden einen Monat vor dem vieldiskutierten sog. Septemberprogramm[73] Bethmann Hollwegs formuliert, welches eingangs feststellt, daß „Rußland von der deutschen Grenze nach Möglichkeit abgedrängt und seine Herrschaft über die nichtrussischen Vasallenvölker gebrochen werden“ müsse.

Von *Großbritannien* wurde erwartet, daß es diese Veränderungen auf dem Kontinent hinnehmen und überdies die Erwerbung von portugiesischen, belgischen und französischen Kolonien erlauben würde. Diese sollten dem Aufbau eines verteidigungsfähigen deutschen „Mittelafrikas“ dienen und dies zu einer Zeit, als die Idee von Kolonien aus ökonomischen wie moralischen Motiven bereits fraglich geworden war.

Aber wie immer man die Ausdehnung der deutschen Einflußsphäre beurteilen mag (Belgien und Polen galten als der Kern je eines „Glacis“ nach Westen und nach Osten)[74] und verhüllt wie sie war durch den Plan eines „Mitteleuropäischen Wirtschaftsverbandes“,[75] der im Westen Frankreich und Belgien, die Niederlande und Dänemark, eventuell auch Norwegen und Italien und im Osten Österreich-Ungarn und Polen einschließen und sich über Rumänien und Bulgarien bis zur Türkei und der Hamburg-Bagdad-Linie ausdehnen sollte – sicher ist, daß dieses Ziel nicht erst im Ersten Weltkrieg entstand und daß seine Realisierung, ob nun der Intention nach oder nicht, zu einer deutschen Hegemonie über den Kontinent geführt hätte.

Wie kurzatmig oder kurzfristig die deutschen Militärs dachten, zeigt sich darin, daß sie zwar schlimmstenfalls mit England als Gegner und damit mit sechs zusätzlichen Divisionen auf der

Seite des Feindes, nicht aber mit dem britischen Empire rechneten, dessen vier weiße Dominions und Indien jedoch vom ersten Kriegstag an mit ihren Armeen an die Seite des Mutterlandes traten und zu seiner Verteidigung große Opfer brachten. Diese Kurzsichtigkeit offenbart sich auch darin, daß sie, nachdem Italien und Rumänien an die Seite der Ententeländer getreten waren, das beinahe unerschöpfliche Potential der Vereinigten Staaten von Amerika an Menschen und materiellen Ressourcen unterschätzten und eine U-Boot-Kriegführung zuließen, ja förderten und forderten, die diese Großmacht in den Krieg gegen Deutschland führte. Dadurch aber wurde das Ausscheiden Rußlands voll aufgewogen und der Krieg endgültig gegen die Mittelmächte entschieden; gar nicht zu reden von England als größter Seemacht mit der Fähigkeit zur Blockade, von seiner Verfügung über die Nachrichtenmittel der Erde und nicht zu reden von dem moralischen Gewicht der angelsächsischen Welt in dieser Epoche.

In diesem Zusammenhang ist wohl ein Exkurs über die Frage angemessen, welche Rolle der „ökonomische Faktor" für die Entscheidung der Regierungen zum Krieg gespielt hat. Nach dem umfänglichen Werk von Georges-Henri Soutou,[76] das vor allem die Politik Frankreichs neu und kritisch behandelt, kann kein Zweifel mehr daran bestehen, daß ökonomische Faktoren eine große Rolle gespielt haben, vor 1914 ebenso wie in den Jahren 1914–18 und im ganzen Zeitalter des Imperialismus. Auch James Joll[77] berücksichtigt in seinem Buch über ›The Origins of the First World War‹ diese Faktoren, setzt sie aber an Bedeutung gegenüber den machtpolitischen und gegenüber dem Faktor der Mentalität der Nationen erheblich zurück, vielleicht (in Abwehr marxistischer Dogmatik) zu weit.

Betrachten wir nun nacheinander die drei späteren Gegner des Deutschen Reichs. Paul M. Kennedy hat in seinem Werk ›The Rise of the Anglo-German Antagonism 1864–1914‹ sehr sorgfältig alle jene Regionen und Wirtschaftszweige in *England*, die seit etwa 1895 unter der deutschen Konkurrenz litten und die deshalb in steigendem Maße antideutsch eingestellt waren, gegen jene Industrien abgewogen, die vom deutschen Markt und vom Handel mit Deutschland profitierten und deshalb prodeutsch eingestellt waren und die erstgenannten aufwogen. Dazu zählten z. B. das

Bank- und Versicherungswesen, das Maklergeschäft oder die Textilindustrie. Erst auf dem Umweg über geschichtsphilosophische Theorien[78] über alte und junge Völker, über den Auf- und Abstieg großer Mächte usw. nahm der ökonomische Faktor einen den Antagonismus fördernden Charakter an.

In den Beziehungen zu *Frankreich* hat es neben dem traditionellen Handelsaustausch, besonders durch den Import französischer Weine, seit der Jahrhundertwende auch gemeinsame, z. T. sehr risikoreiche, sogar dubiose Unternehmen zur Finanzierung von Eisenbahnen und Plantagen in Afrika gegeben, in denen Namen wie Tardieu und Caillaux auftauchen, Beziehungen, die aber durch die Zweite Marokkokrise und den daraus erwachsenden neuen Nationalismus in Frankreich abrupt abbrachen und zu Kampagnen gegen jene Männer führten. Die Franzosen erinnerten sich jetzt wieder an Elsaß-Lothringen auch als wirtschaftlichen Faktor, dachten auch sehr bald an das Saarland mit seiner Kohle, woran es in Frankreich mangelte. Dagegen wollten die Deutschen, wie ihre Pläne zur Behandlung Frankreichs im August[79] und im September 1914 zeigen, die Ausschaltung Frankreichs als Großmacht vor allem wirtschaftlich zementieren: das französische Kapital zur Verfügung Deutschlands, ganz Frankreich als zollfreier Markt für deutsche Produkte, Zölle auf französische Importe usw. Das alles war auch eine Antwort auf die Konkurrenz des französischen Kapitals in der Türkei und auf dem Balkan und zielte nicht zuletzt auf die Zerstörung des russisch-französischen Bündnisses, das so viel französisches Kapital für Rüstung, Eisenbahnen, Festungsbau, Industrialisierung nach Rußland fließen ließ.

Im Verhältnis zu *Rußland* ist der ökonomische Faktor mit Händen greifbar. Deutschland hatte Rußland, das sich in einer Notlage befand, 1904 einen Handelsvertrag aufgezwungen, der im Interesse der deutschen Agrarier und der deutschen Industrie konzipiert war (möglichst geringe russische Agrarimporte, ganz Rußland als Markt für deutsche Industriegüter). Diesen Vertrag empfand Rußland als eine Vergewaltigung und forderte im Frühjahr 1914 für den Termin des Ablaufs dieses Vertrags (1914/16) lautstark seine Abänderung zugunsten russischer Interessen. Offiziöse Aufrufe forderten,[80] diesen „unmöglichen, ungerechten, für die Ehre beleidigenden und materiell schädlichen“ Handelsvertrag zu revidieren. Man sprach von der „Befreiung von fremden Fesseln“ und klagte: „Wir können nicht dulden, daß die russische Industrie von der deutschen vollständig erdrückt wird.“

In Deutschland hatte Ende Januar 1914 der für Wirtschaft zuständige Staatssekretär des Innern, Delbrück, in Abstimmung mit den preußischen Ressorts für Handel, Landwirtschaft und Finanzen das Festhalten an den bisherigen Zollsätzen verkündet, und zwar gerade im Blick auf Rußland und entgegen dem ausdrücklichen Wunsch etwa des Hansabundes. Die russische Reichsduma antwortete im April und Juni noch schärfer mit der Erhöhung ihrer Einfuhrzölle. Um so erregter und besorgter wurden die betroffenen deutschen Wirtschaftskreise: Die Agrarier, vor allem in Ostpreußen, hatten seit 1904 nicht nur die russischen Getreideimporte zu beschränken vermocht, sondern durch ein raffiniertes Zollsystem[81] – das sog. „Einfuhrscheinsystem“, das als Exportprämie wirkte – ihren Export in die russischen Westprovinzen, u. a. Finnland und Polen, sehr zum Ärger der russischen Agrarier, erheblich steigern können. Als Gegenmaßnahme verlagerte u. a. das russische Marineministerium Bauaufträge weg von deutschen Werften auf die anderer Nationen – zum Ärger der deutschen Industrie. Besonders alarmierend war die drohende Beschränkung des Zuzugs russischer, besonders russisch-polnischer Saisonarbeiter für die Güter der deutschen „Ostelbier“, da es nicht mehr genug deutsche Landarbeiter in dieser Region gab. Das war hochpolitisch, denn die agrarischen Interessen bestimmten die Haltung der konservativen Parteien, der Altkonservativen und der Freikonservativen, in hohem Maße. Diese waren unter Bismarck und noch unter Bülow, trotz der ökonomischen Friktionen, durchaus prorussisch gesinnt und blieben selbst unter Bethmann Hollweg noch bis 1913 gemäßigt. Aber jetzt, 1914, schwenkten sie angesichts des Zollkriegs auf eine schroff antirussische Linie und verstärkten damit, wie gezeigt, die seit 1909 steigende antirussische Haltung der deutschen Öffentlichkeit und der Regierung. In der Duma aber sprach man, im Blick auf Landwirtschaft und Industrie, „von dem bevorstehenden großen wirtschaftlichen Zweikampf zwischen Rußland und Deutschland“.

Im Krieg stand hinter dem Interesse der deutschen Agrarier an Kurland/Livland und am sog. Polnischen Grenzstreifen, der in einem mit Rußland ausgehandelten Friedensvertrag zu deutschen Gunsten festgelegt werden sollte, auch der Wunsch, den Landhunger deutscher Kleinbauern und Siedler und später der zurückkehrenden Soldaten von den eigenen Gütern weg auf jene grenznahen Landstriche abzulenken. Dabei darf nicht das Interesse der deutschen Industrie am Manganerz von Tschiaturi in Georgien und in der Ukraine vergessen werden, das dringend für die Stahlerzeugung gebraucht wurde. Dieses Interesse schlug sich ja ab August 1914 in zahlreichen Eingaben an die Reichsregierung nieder. In summa: Der „ökonomische Faktor" spielte gegenüber Rußland eine bedeutende Rolle.

Dennoch: War es nicht die größte Illusion, daß Deutschland glaubte, diesen Krieg führen zu müssen, daß dies notwendig sei für seine eigene Sicherheit? Bethmann Hollweg,[82] der Russophobe, behauptete noch nach dem Krieg in seinen Memoiren, daß der Krieg gegen Rußland zur Erhaltung der Unabhängigkeit des Deutschen Reiches und Österreich-Ungarns notwendig gewesen sei. Er hatte ja in den ersten Augusttagen 1914 gegenüber Bülow davon gesprochen,[83] er hoffe, daß es nach dem „heftigen, aber kurzen Gewitter" dieses Krieges – er rechne mit einer Kriegsdauer von drei, höchstens vier Monaten – zur Bildung eines „westeuropäischen Kulturblocks von Deutschland – England – Frankreich" kommen werde, gegen das moskowitische Rußland. Hier klingt die Erinnerung an den Krimkrieg an, als sein Großvater Moritz August von Bethmann Hollweg, der Führer der „Wochenblattpartei", Preußen an der Seite von Frankreich, England und Piemont-Sardinien in den Krieg gegen Rußland unter der despotischen Herrschaft Nikolaus I. hatte führen wollen.

Aber dies war doch das Rußland von 1914, das trotz mancher Fortschritte noch weit zurücklag in seiner Entwicklung und das bedroht war durch eine innere Revolution, für die im Kriegsfall Truppen zurückgehalten werden mußten. Deutschland aber war das reiche, blühende und industriell fortgeschrittenste Land in Europa.[84] Es hatte bereits Frankreich und in manchen Sektoren sogar England überholt. Dieses Deutschland mit seinen 67 Millionen Einwohnern war führend in der Wissenschaft, insbesondere in den Naturwissenschaften; es war führend in seinen Technischen Hochschulen und Universitäten und in der angewandten Forschung. Deutschland hatte einen erheblichen Anteil am Welthandel, eine bedeutende Schiffahrt und ein hochentwickeltes Bankensystem, das wiederum eng verzahnt war mit der Industrie, d. h. den alten Branchen Kohle, Eisen, Stahl und den neuen Industrien Maschinenbau, Elektronik, Chemie; und zu dieser Zeit waren Forschung und Industrie bereits von entscheidender Bedeutung für die Geltung eines Landes in der Welt.

So hoch wir aber auch die tatsächliche ökonomisch-kulturelle Potenz Deutschlands vor 1914 einschätzen mögen, es war gerade die Diskrepanz, so jedenfalls erschien es großen Teilen der führenden Schichten des Reichs, zwischen dieser Fähigkeit und Leistung einerseits und der unbefriedigenden Stellung des Deutschen Reichs im damaligen Staatensystem andererseits, die eine der stärksten Ursachen dafür bildete, daß in dem wohlhabenden Land ein Gefühl des Unbefriedigtseins herrschte, welches auch eine gewaltsame Änderung dieses Zustandes für wünschenswert, ja notwendig erscheinen ließ. Das Kraftgefühl, das die Nation erfüllte,[85] forderte – nunmehr mit dem Mittel des Krieges – die Sprengung des „Ringes der Einkreisung" und die Sicherung des Deutschen Reiches und seiner „Handlungsfreiheit" auf „erdenkliche Zeit". Dieses Kraftgefühl führte aber zu einer Verkennung der Realitäten, zu einer Fehleinschätzung der übrigen Welt. Zeuge dafür ist der deutsche Reichskanzler selbst, der diese im Oktober 1916 vor dem Hauptausschuß des Deutschen Reichstags aussprach[86]: „Seit Anfang des Krieges sind wir dem Fehler nicht entgangen, die Kraft unserer Feinde zu unterschätzen. Wir haben diesen Fehler aus der Friedenszeit übernommen. Bei der staunenswerten Entwicklung unseres Volkes in den letzten 20 Jahren erlagen weite Schichten der Versuchung, unsere gewiß gewaltigen Kräfte im Verhältnis zu den Kräften der übrigen Welt zu überschätzen."

Um nun abschließend nochmals auf die Gegnerschaft Deutschlands zu seinen drei Nachbar-Großmächten, von denen unsere Untersuchung ausging, zurückzukommen, sei abschließend zitiert, was der persönliche Sekretär Bethmann Hollwegs, Kurt Riezler, im gleichen Jahr 1916 als den „Sinn dieses Krieges" bezeichnet[87]:

1. „Verteidigungskrieg gegen das gegenwärtige Frankreich" (das 28 Millionen Einwohner weniger hatte als Deutschland, doch eine ihm gleichstarke Armee unterhielt und sich seiner Vorherrschaft widersetzte);

2. „Präventivkrieg gegen das zukünftige Rußland – als solcher zu spät“ (die wegen ihres demographischen, militärischen und selbst wirtschaftlichen Wachstums als bedrohlich empfundene oder in der Propaganda als Bedrohung aufgebaute Macht);
3. „Kampf mit England um die Weltherrschaft“ (der bis zuletzt bedeutendste Handelspartner Deutschlands, zu dem enge kulturelle, auch kirchliche Beziehungen, dynastische Verbindungen und Familienbindungen zu den Hansestädten bestanden; ein für Deutschland vorteilhafter kolonialer Ausgleich würde sicher möglich gewesen sein, hätte das Reich auf seine seit 1897 betriebene und noch forcierte See- und Weltmachtpolitik verzichtet oder sie wenigstens gemäßigt).

IV. Die „Kriegsschuldfrage“

Es ist nicht legitim, die Frage der Ursprünge des Ersten Weltkriegs und der Julikrise 1914 mit den Begriffen der „Kriegsschuld-These“ von 1919 und der damit verbundenen Frage der Reparationen anzugehen. Wie der verstorbene Schweizer Historiker Adolf Gasser[88] beobachtet und formuliert hat, war der Krieg, gesehen vom Standpunkt des *Völkerrechts*, 1914 noch ein anerkanntes Mittel der Politik, und so wurde er noch von allen großen Mächten der Zeit betrachtet. Auch die englischen Historiker Zara Steiner und James Joll teilen dieses Urteil.[89] Betrachtet vom Standpunkt der *Moral* ist unbestreitbar, daß alle großen Mächte expansionistische und Machtpolitik betrieben haben, selbst wenn einige es mehr mit der Absicht taten, ihre Besitzungen, also den Status quo, zu erhalten als ihn zu verändern. Betrachtet vom Standpunkt der *Politik* indessen entsteht die Frage, ob es im Falle von Preußen-Deutschland klug, weise und praktikabel war, in einer so kurzen Zeit, mit solcher Ungeduld und Vehemenz und mit dem Mittel hochgesteigerter See- und Landrüstungspolitik eine Änderung im internationalen System bewirken zu wollen, kurz, eine Politik zu verfolgen, die mehr oder weniger unvermeidlich zum Krieg führen mußte, weil sie eine gegnerische Koalition hervorrief und bestehende Spannungen nicht milderte, sondern erhöhte. In der Durchführung einer solchen Politik kann man sehr wohl ein schuldhaftes Verhalten sehen.

Nach 1914 und nach 1919 haben die Deutschen dann – selbst in ihren gebildeten Schichten – nicht erkannt und nicht anerkannt, daß die deutsche Regierung 1914 den entscheidenden Anteil an der Verantwortung für die Auslösung des Ersten Weltkriegs trug, und haben statt dessen eine 20jährige Apologie gegen die „Kriegsschuldlüge“, d. h. gegen die „Lüge“, daß Deutschland am Krieg schuld gewesen sei, durchgefochten. Darüber hinaus haben die Deutschen auch die Niederlage, die 1918 durch den Widerstand der französischen und englischen Armeen und durch das Eingreifen der frischen amerikanischen Truppen herbeigeführt worden war, nicht erkannt und nicht anerkannt und haben statt dessen Zuflucht zur sog. „Dolchstoßlegende“, d. h. zu der Lehre genommen, daß dem deutschen Heer durch Juden, Defätisten, Pazifisten, Sozialisten und Kommunisten ein Dolchstoß in den Rücken versetzt worden sei. Diese zweifache Weigerung der deutschen Nation, die Wahrheit zu sehen und anzuerkennen, hat es möglich gemacht, daß dieses Volk in eine neue Wiederaufrüstung, in eine neue expansionistische Politik und schließlich in einen Zweiten Weltkrieg geführt werden konnte.

Anmerkungen

[1] Volker R. Berghahn, Der Tirpitz-Plan. Genesis und Verfall einer innenpolitischen Krisenstrategie unter Wilhelm II., Düsseldorf 1971.

[2] Volker R. Berghahn/Wilhelm Deist (Hrsg.), Rüstung im Zeichen der Wilhelminischen Weltpolitik. Grundlegende Dokumente 1890–1914, Düsseldorf 1988, S. 11.

[3] Mitteilung von Professor John Röhl in einem öffentlichen Vortrag über Wilhelm II. in München (Historisches Kolleg) im Juni 1987.

[4] Berghahn/Deist (Hrsg.), Rüstung, S. 118–122: Kap. II, Dokument 9: „Aufzeichnungen des Korvettenkapitäns Müller ... aus dem Jahre 1896. Perspektiven einer künftigen deutschen Weltpolitik“, Zitat S. 118. Müller selbst fürchtete, daß ein Krieg mit England zu einer unerwünschten Stärkung Rußlands führen könne.

[5] Das Tagebuch der Baronin Spitzemberg, hrsg. v. Rudolf Vierhaus, Göttingen 1960, S. 427 f. (Eintragung vom 14. März 1903).

[6] Berghahn/Deist (Hrsg.), Rüstung, Kapitel I (Rüstungspolitik der Armee 1891–1909); Kapitel IX (Die Aufrüstung der Armee 1910–1914).

[7] Vgl. Fritz Fischer, Rezension von Berghahn/Deist, Rüstung, in:

1999, Zeitschrift für Sozialgeschichte des 20. und 21. Jahrhunderts 4 (1989), S. 130–134.

[8] Vgl. Bernd F. Schulte, Europäische Krise und Erster Weltkrieg. Beiträge zur Militärpolitik des Kaiserreichs 1871–1914, Frankfurt a. M.–Berlin 1983, S. 83 ff. (die Vorbereitung der Armee auf den inneren Kampf), S. 111 ff. (für die Jahre 1912–1914).

[9] Vgl. Bernd F. Schulte, Vor dem Kriegsausbruch 1914. Deutschland, die Türkei und der Balkan, Düsseldorf 1980, S. 108 ff. (Heeresvermehrung 1913); Berghahn/Deist (Hrsg.), Rüstung, Kapitel IX. (Erhöhung der Friedenspräsenzstärke um 132000 Unteroffiziere und 'Gemeine' sowie 4000 Offiziere).

[10] Baldur Kaulisch, Alfred von Tirpitz und die imperialistische deutsche Flottenrüstung, Berlin [Ost] 1982, S. 164 f. „Dabei wußte er [Tirpitz] doch, daß sich auf Grund des höheren englischen Bautempos das Kräfteverhältnis weiter zu Ungunsten der deutschen Flotte verschieben würde." Wenn Tirpitz wiederum (wie am 8. Dezember 1912, als er sagte, „daß die Marine gern das Hinausschieben des großen Kampfes um eineinhalb Jahre sehen würde") auf den „unfertigen" Zustand der Flotte hinwies, so verbarg sich dahinter kaum etwas anderes als die Befürchtung, der Krieg werde den Bankrott seiner Flottenpolitik offenkundig machen. – Auch strategisch-taktisch war er gescheitert. Vgl. Kaulisch, S. 163: Auf die Frage von Tirpitz im Mai 1914 an den Flottenchef von Ingenohl „Was machen Sie, wenn sie [die Engländer] nun nicht kommen?" (nämlich zur Entscheidungsschlacht auf der Höhe von Helgoland), wußte dieser keine Antwort zu geben.

[11] Samuel Williamson, Jr., The Politics of Grand Strategy. Britain and France Prepare for War, Cambridge/Mass. 1969, S. 59 ff.

[12] Ebd.

[13] Fritz Fischer, Krieg der Illusionen. Die deutsche Politik von 1911 bis 1914, Düsseldorf 1969 (2. Aufl. 1970, Taschenbuchausg. 1978/87), (abgekürzt zitiert als ›Krieg d. Illus.‹), S. 117 ff., Kapitel 5 (Die Marokkokrise 1911 – der Durchbruch der nationalen Opposition).

[14] Fischer, Krieg d. Illus., S. 424 ff., Kapitel 14 (Wachsende Schwierigkeiten für die deutsche Expansion, II. Die Türkei: Zentrum der deutschen wirtschaftlich-politischen Interessen im Orient).

[15] Maximilian Harden, der Herausgeber der ›Zukunft‹, drückte 1913 diese Neuorientierung wie folgt aus: „Unsere Zukunft liegt auf dem Festlande, dieses Bewußtsein ist in Deutschlands Volk zurückgekehrt" (Krieg d. Illus., S. 278).

[16] Wilhelm II. war von dieser Warnung so schockiert (er hatte auf ein Bündnis mit England gehofft), daß er seine militärischen Berater zu einer „militärpolitischen Lagebesprechung" am 8. Dezember 1912 zu dem später so genannten „Kriegsrat" zusammenrief. Vgl. Fischer, Krieg d. Illus.,

S. 232 ff.; John C. G. Röhl, An der Schwelle zum Weltkrieg, in: Militärgeschichtliche Mitteilungen 1977/1, S. 77–134; ders., Die Generalprobe. Zur Geschichte und Bedeutung des „Kriegsrats" vom 8. Dezember 1912, in: Dirk Stegmann/B.-J. Wendt/P.-Chr. Witt (Hrsg.), Industrielle Gesellschaft und politisches System. Festschrift für Fritz Fischer zum 70. Geburtstag, Bonn 1978, S. 357–374 (wiederabgedruckt in: Deutschlands Sonderung von Europa 1862–1945, hrsg. v. Wilhelm Alff, Frankfurt a. M. – Bern – New York 1984, S. 149–224).

[17] Fischer, Krieg d. Illus., S. 292 bzw. 298 (Wilhelm II.: „Der Kampf zwischen Slawen und Germanen ist nicht mehr zu umgehen, er kommt sicher. Wann? Das findet sich").

[18] Vgl. Fritz T. Epstein, Der Komplex „Die russische Gefahr" und sein Einfluß auf die deutsch-russischen Beziehungen im 19. Jahrhundert, in: Deutschland in der Weltpolitik des 19. und 20. Jahrhunderts. Festschrift für Fritz Fischer zum 65. Geburtstag, hrsg. v. I. Geiss und B.-J. Wendt, Düsseldorf 1973, S. 143–159.

[19] Fischer, Krieg d. Illus., S. 291: Bethmann Hollweg warnte, „eine gewaltsame Lösung ... in einem Augenblick herbeizuführen, in dem sich uns eine, wenn auch nur entfernte Aussicht eröffnet, den Konflikt unter für uns wesentlich günstigeren Bedingungen auszutragen" (d. h., wie der folgende Text zeigt, bei einer Neutralität Englands). Er würde das „für einen Fehler von unermeßlicher Tragweite halten".

[20] Vgl. Stefan T. Possony, Bewältigung der Kriegsschuldfrage. Völkerrecht und Strategie bei der Auslösung zweier Weltkriege, Köln – Opladen 1968, S. 180 f. Possony spricht von dem „Datum einer – wahrscheinlich konditionellen – deutschen Kriegsentscheidung" zwischen dem 16. Oktober 1913 (österreichisch-ungarisches Ultimatum an Serbien) und dem 18. Oktober 1913 (mit einer kaiserlichen Marginalie „Jetzt oder nie!"). Moltke sagte am gleichen Tag abends zu Conrad, der Rücktrittsabsichten hatte: „Jetzt, wo wir einem Konflikt entgegengehen, müssen Sie bleiben."

[21] Fischer, Krieg d. Illus., S. 310 ff.

[22] Ebd., S. 317 ff. (Der Kaiser sagte auch: „Man muß ein Ende machen!").

[23] Ebd., S. 321.

[24] Ebd., S. 642 ff.

[25] Theodor Heuss, Friedrich Naumann, Berlin 1937, S. 513; ‘Gespräch Theodor Wolff mit Bethmann Hollweg nach dessen Entlassung’, in: Bernd Sösemann, Die Erforderlichkeit des Unmöglichen. Kritische Bemerkungen zu der Edition [von K. D. Erdmann]: Kurt Riezler, Tagebücher usw., in: Blätter für deutsche Landesgeschichte 110 (1974) S. 272. – Vgl. Fritz Fischer, Juli 1914: Wir sind nicht hineingeschlittert, Hamburg 1983, S. 109.

[26] Fischer, Krieg d. Illus., S. 481 ff. (Die Liman Sanders Krise.

Deutsch-russische Konfrontation in Konstantinopel und an den Meerengen).

[27] Der Verfasser des (anonymen) Artikels im ›Berliner Tageblatt‹ war Graf Anton von Monts, früherer deutscher Botschafter in Rom.

[28] Fischer, Krieg d. Illus., S. 583 f.

[29] In der Festschrift für Fritz Fellner, Universität Salzburg: The Mirror of History, Santa Barbara/Calif.-Oxford 1988, S. 369–393.

[30] Fischer, Krieg d. Illus., S. 236 f. (12. Dezember 1912, Wilhelm II. an Eisendecher).

[31] Ernst Jäckh (Hrsg.), Kiderlen-Wächter der Staatsmann und Mensch. Briefwechsel und Nachlaß, 2 Bde., Berlin–Leipzig 1924, Bd. 2, S. 191 f. und Anmerkung 2: „Berlin Ende November 1912: Mit Wien hab' ich [Kiderlen-Wächter] wieder meine liebe Not [um die dortige Kriegslust zu dämpfen]!" ... Helfferich berichtet in seiner ‚Vorgeschichte des Weltkrieges' dazu: „Kiderlen sagte mir ... Graf Berchtold wisse nie, was er wolle ... Er [Kiderlen] fürchte sich nicht vor dem Krieg ... Diese Möglichkeit sei nicht ausgeschlossen; er wisse darüber mehr als die Wiener und mehr, als er diesen sagen könne!"

[32] Fischer, Krieg d. Illus. S. 634 f. (Bethmann Hollweg an Lichnowsky, 16. Juni 1914).

[33] Ebd., S. 684 ff.

[34] Ebd., S. 689 (Wilhelm II.), S. 688 und 689 (die Berichte des sächsischen Gesandten und des sächsischen Militärbevollmächtigten über die erste Juliwoche).

[35] So z. B. das Schreiben Tschirschkys in der Skutarikrise an Bethmann Hollweg vom 4. April 1913 (Krieg d. Illus., S. 295): „Mit besonderem Nachdruck führe ich den obersten leitenden Stellen [in Wien] die Notwendigkeit vor Augen, daß, je mehr sie wirklich von der Notwendigkeit einer Lösung der Balkanfrage mit Waffengewalt überzeugt sein sollten, um so dringender es erforderlich sei, die Dinge so zu gestalten, daß Rußland sich im Unrecht befinde und entweder dieses selbst oder seine Trabanten als die Angreifer erscheinen. Nur bei einer dieses Ziel im Auge behaltenden Politik ermögliche man es England, wenigstens anfangs eine neutrale Haltung zu bewahren."

[36] Fischer, Krieg d. Illus., S. 458. Selbst die am meisten probritische Gruppe unter den deutschen Diplomaten – Solf, Rosen, Lichnowsky, Kühlmann – war enttäuscht in ihren Hoffnungen auf ein deutsches Mittelafrika, das von Großbritannien konzediert werden sollte.

[37] Julikrise und Kriegsausbruch 1914. Eine Dokumentensammlung, hrsg. v. Imanuel Geiss, 2 Bde., Hannover 1963/64, Bd. 1, S. 60 ff.: Aufzeichnung Hoyos über Unterredung mit Viktor Naumann, Wien 1. 7. 1914, „Streng geheim!" (ÖU 9966); Fischer, Krieg d. Illus., S. 686 f.

[38] Geiss (Hrsg.), Julikrise, Bd. 1, S. 77 f.: Am 4. Juli sprach „der als Ver-

trauensmann der deutschen Botschaft bekannte Korrespondent der ›Frankfurter Zeitung‹, Ganz, im Pressedepartment des Ministeriums des Äußern vor, und teilte mit, er sei heute von Tschirschky empfangen worden, welcher ihm nachdrücklich und wiederholt erklärte, Deutschland würde die Monarchie durch Dick und Dünn unterstützen, was immer dieselbe auch gegen Serbien beschließen sollte ... Je früher Österreich losgehe, desto besser. Besser wäre gestern gewesen als heute, besser aber heute als morgen" (Memorandum von Forgach, Wien 4.7.1914, ÖÜ 10038). Vgl. Fischer, Krieg d. Illus., S. 689.

[39] Protokoll des Gemeinsamen Ministerrats unter dem Vorsitz Berchtolds vom 7.7.1914, in: Geiss (Hrsg.), Julikrise, Bd. 1, S. 104 ff., Stürgkh ebd., S. 107 f. (ÖÜ 10118). Vgl. den Brief Czernins an Tisza kurz vor Ausbruch des Krieges, aus dem hervorgeht, „wie sehr sich Deutschland damals bemüht habe, uns in strammer Haltung zu erhalten und das Bundesverhältnis [!] gefährdet werden könnte, wenn wir nachgäben". – Fischer, Griff nach der Weltmacht, 3. u. 4. Aufl., S. 105, Sonderausg. u. Taschenbuchausg., S. 83 (abgekürzt zitiert als „Griff"). Der ungarische Ministerpräsident Graf István Tisza leistete am 7. Juli noch Widerstand gegen den Beschluß für ein kriegerisches Vorgehen gegen Serbien, gab aber am 14. Juli nach. Dieser so folgenreiche Sinneswechsel wird von dem besten Kenner dieser Vorgänge in einem eben erschienenen Buch en détail enthüllt: József Galántai, Hungary in the First World War, Budapest 1989, S. 39 ff.

[40] Fritz Fellner, Die 'Mission Hoyos' (nach dem Hoyos-Nachlaß), in: Alff (Hrsg.), Deutschlands Sonderung von Europa, S. 283–316, Zitat S. 296; Andreas Hillgruber, Riezlers Theorie des kalkulierten Risikos und Bethmann Hollwegs politische Konzeption in der Julikrise 1914, in: HZ 202 (1966), S. 333 ff.

[41] Nach Fellner war Hoyos zunächst einer der einflußreichsten Antreiber zum Krieg. Doch nach Wien zurückgekehrt, durchschaute Hoyos den deutschen Plan, daß nämlich der deutsche Generalstab „eine imperialistische Eroberungspolitik über den Umweg über uns und Serbien einzuleiten und sich auf die Westmächte zu stürzen" wünschte. Ebd., S. 298.

[42] Fischer, Griff, 3. u. 4. Aufl., S. 65, Sonderausg. u. Taschenbuchausg., S. 51; ders., Krieg d. Illus., S. 692 (hier Quellenangabe in Anm. 26: Brief des ehemaligen Mitglieds des Direktoriums der Firma Krupp, Dr. Muehlon, DZA II, Rep. 90a, AVIII, 1c Nr. 4 [undatiert]). Beide obigen Zitate aus diesem Brief. – Vgl. jetzt: Wilhelm Muehlon, Ein Fremder im eigenen Land. Erinnerungen und Tagebuchaufzeichnungen eines Krupp-Direktors 1908–1914, hrsg. v. und eingeleitet von Wolfgang Benz, Bremen 1989.

[43] 12. Juli 1914, Szögyéni an Berchtold, in: Geiss (Hrsg.), Julikrise, Bd. 1, S. 150 ff. (ÖÜ 10215).

[44] Josef M. Baernreither, Dem Weltbrand entgegen, Berlin 1928; Fischer, Griff, 3. u. 4. Aufl., S. 105 f., Sonderausg. u. Taschenbuchausg., S. 83 f.; ders., Krieg d. Illus., S. 369; Am 14. März 1913 umschrieb Baernreither die Ziele der deutschen Expansion auf dem Balkan wie folgt: „Sicherung des Bestandes der Türkei, des Weges nach Kleinasien und Mesopotamien, der deutschen Expansion im nahen und fernen Orient“, und zwar, wie Baernreither sagt, in Konkurrenz mit Österreich-Ungarn, seinem Verbündeten.

[45] Willibald Gutsche, Aufstieg und Fall eines kaiserlichen Reichskanzlers. Theobald von Bethmann Hollweg 1856–1921, Berlin [Ost] 1972, S. 118 ff. (10. Juli), S. 119 ff. (15. Juli), S. 121 f. (18. Juli 1914). Alle Angaben sind aus den Archiven quellenmäßig belegt.

[46] Theodor Wolff, Tagebücher 1914–1919, hrsg. v. Bernd Sösemann (= Deutsche Geschichtsquellen des 19. und 20. Jahrhunderts, Bde. 54/I und II), Boppard a. Rh. 1984, Bd. I, S. 64 (25. Juli 1914).

[47] Fischer, Griff, 1. u. 2. Aufl., S. 98 f., 3. u. 4. Aufl., S. 107, Sonderausg. u. Taschenbuchausg., S. 84 f. (Brief A. Ballins an Jagow vom 3. Juli 1915).

[48] Sösemann (Hrsg.), Wolff, Tagebücher, Bd. II, S. 665 (27. November 1918); vgl. Anm. 1.

[49] Ebd., Bd. I, S. 64. Stumm fährt fort: „Es handele sich darum, festzustellen, ob Oesterreich bei uns noch als Bundesgenosse etwas wert sei. Es dürfe nicht zurückweichen.“

[50] Fischer, Griff, 3. u. 4. Aufl., S. 106, Sonderausg. u. Taschenbuchausg., S. 84.

[51] Sösemann (Hrsg.), Wolff, Tagebücher, Bd. I, S. 166 f.

[52] Der Kanzler Bethmann Hollweg hielt an dieser Überzeugung sogar noch nach seiner Entlassung 1917 fest. Er bemerkte gegenüber dem Reichstagsabgeordneten Conrad Haußmann: „Ja, Gott, in gewissem Sinne war es ein Präventivkrieg. Aber wenn der Krieg doch über uns hing, wenn er in zwei Jahren noch viel gefährlicher und unentrinnbarer gekommen wäre und wenn die Militärs sagen, jetzt ist es noch möglich, ohne zu unterliegen, in zwei Jahren nicht mehr! Ja, die Militärs! [ergänze: Was haben sie alles versprochen, F. F.]. Er war nur zu vermeiden durch die Verständigung mit England, das ist noch heute meine Meinung“ (aber eben diese vermochte der Kanzler nicht zu erreichen gegen den Widerstand von Wilhelm II. und von Tirpitz). Zitat nach Fischer, Krieg d. Illus., S. 671.

[53] Vgl. Sösemann (Hrsg.), Wolff, Tagebücher, Bd. I, S. 167: „Sie waren dann dazu da, das zu verhindern.“ Stumm: „Das war unmöglich.“ Wolff: „Das weiß man doch nie, was in zwei Jahren passiert.“

[54] Das war der Titel, den die hamburgische Wochenzeitung ›Die Zeit‹ für meine Besprechung der Wolff-Tagebücher am 13. April 1984, S. 17 f., wählte. Ich stimme dem voll zu und nenne die Namen der drei Hauptver-

antwortlichen (in Abstand noch Moltke wegen seiner Memoranden an die zivile Reichsleitung im Juli/August 1914).

55 Sösemann (Hrsg.), Wolff, Tagebücher, Bd. I, S. 234 f. [Hervorhebung von mir, F. F.]. Von den genannten vier war Zimmermann, 1914 Unterstaatssekretär, der einzige Bürgerliche, Korpsstudent, von August bis Dezember 1914 Chef des Auswärtigen Amtes in Berlin (da Bethmann Hollweg und Jagow sich im Großen Hauptquartier aufhielten), Vertrauensmann der OHL, 1916 bis zum Sturz Bethmann Hollwegs im Juli 1917 Staatssekretär des Auswärtigen, als solcher verantwortlich für das „Zimmermann-Telegramm" im Frühjahr 1917, das dazu beitrug, die USA in den Krieg gegen Deutschland zu bringen, au fond alldeutsch gesinnt. Vgl. Fischer, Juli 1914, S. 106 (auf S. 105 ff. werden dort die Mitarbeiter Bethmann Hollwegs vorgestellt).

56 Für den 26. und 27. Juli vgl.: The Mirror of History, S. 380.

57 In: Gerhard Ritter. Ein politischer Historiker in seinen Briefen, hrsg. v. Klaus Schwabe und Rolf Reichardt, Boppard a. Rh. 1984, S. 565 f.

58 Historische Zeitschrift 194 (1962), S. 646–668, bes. S. 663 f.

59 Fischer, Krieg d. Illus., S. 701 f.

60 Ebd., S. 702. Nach dem Krieg behauptete Jagow, daß es die Aufgabe der deutschen Diplomatie gewesen sei, „den Krieg in einer Form zu rechtfertigen, die uns als die ‚Angegriffenen' erscheinen lassen konnte". Vgl. Gutsche, Reichskanzler Bethmann Hollweg, S. 121.

61 Tagebuch des Chefs des kaiserlichen Marinekabinetts, Admiral von Müller, 1. August 1914; vgl. Fischer, Krieg d. Illus., S. 724 u. Anm. 152. Vgl. auch: The Mirror of History, S. 380 ff.

62 Wilhelm II. an Kaiser Franz Joseph, 31. Juli 1914, in: Geiss (Hrsg.), Julikrise, Bd. 2, S. 467 f.

63 Graf Mensdorff an Berchtold, 29. Juli 1914, abgesandt 29. Juli, 16.32 Uhr, angekommen 30. Juli, 9.00 Uhr, in: Geiss (Hrsg.), Julikrise, Bd. 2, S. 247 f.: „Sir E. Grey sei sehr beunruhigt [sagt Tyrell zu Mensdorff] und suche fort nach einem Ausweg, um Konflagration zu verhindern ... russische Interessen [so resümiert Mensdorff] lassen England kühl, *wenn es sich aber um ein vitales Interesse Frankreichs oder gar Machtstellung Frankreichs handelt*, so ist keine englische Regierung in der Lage, eine Beteiligung Englands an der Seite Frankreichs zu verhindern" (Hervorhebung von mir, F. F.).

64 Alfred von Tirpitz, Erinnerungen, Leipzig 1920, S. 243, Anm. 1: „Daß Österreich sich seine eigene Kriegserklärung an Rußland noch lange überlegen und uns dadurch vor schwere Stunden stellen würde, konnte ich damals nicht übersehen ... Moltke sagte mir zu meinem Entsetzen, wenn die Österreicher zurückzuckten, hätten wir Frieden um jeden Preis schließen müssen." Vgl. Hartmut Pogge von Strandmann, Germany and the Coming of War, in: R. I. W. Evans/H. Pogge von

Strandmann (Hrsg.), The Coming of the First World War, Oxford 1988, S. 116.

[65] Auch in den Ansprachen des Kaisers am 31. Juli und am 1. August sowie in der von Bethmann Hollweg entworfenen „Thronrede" am 4. August zur Eröffnung des Reichstags wird die alleinige Kriegsschuld Rußlands emphatisch ausgesprochen. In einer Verlautbarung des Pressechefs Hammann vom 1. August wie in dem von Riezler verfaßten deutschen Weißbuch vom 2. August, verteilt am 3. August, wird eine Zusammenarbeit mit England zur Erhaltung des Friedens behauptet. Im Bundesrat, dessen Zustimmung verfassungsrechtlich notwendig war, sprach der Kanzler am 1. August, 12 Uhr, ausschließlich vom Krieg mit Rußland und Frankreich. England erwähnt er nicht.

[66] British Blue Book, Doc. No. 160, Sir E. Goschen an Sir Edward Grey, London, 8. August 1914. Goschen bezieht sich hier auf sein Abschiedsgespräch mit dem Reichskanzler Bethmann Hollweg am 4. August 1914 um etwa 19.30 Uhr, in dessen Verlauf der Kanzler diesen verzweifelten Ausruf tat. (Die Verzweiflung bezieht sich auf den Kriegseintritt Englands, nicht auf den Kriegsausbruch.)

[67] Vgl. L. L. Farrar, Jr., The Short-War Illusion. German Policy, Strategy and Domestic Affairs August–December 1914, Santa Barbara/California–Oxford, 1973.

[68] Krieg d. Illus., S. 777 f.

[69] Karl Dietrich Erdmann, Hat Deutschland auch den Ersten Weltkrieg entfesselt? Kontroversen zur Politik der Mächte im Juli 1914; Egmont Zechlin, Julikrise und Kriegsausbruch 1914, in: Politik und Geschichte. Europa 1914 – Krieg oder Frieden, hrsg. v. der Landeszentrale für Politische Bildung Schleswig-Holstein, Kiel 1985, S. 19–48 und S. 51, sowie Zechlin, S. 90 ff., über die deutsche Tradition des Präventivkriegs. Vgl. für eine Kritik an Erdmanns und Zechlins Ansichten: Pogge von Strandmann, Germany and the Coming of War, S. 92–96 und S. 107–114.

[70] Egmont Zechlin veröffentlichte erstmals in einem Aufsatz ›Motive und Taktik der Reichsleitung‹ (in: Ders., Krieg und Kriegsrisiko. Zur deutschen Politik im Ersten Weltkrieg. Aufsätze, Düsseldorf 1979, S. 96) einen bis dahin unbekannten Bericht des bayerischen Gesandten in Berlin, Graf Lerchenfeld, vom 5. August 1914 über eine Aussage des Generalstabschefs vom selben Tage. Moltke erklärte, „auf das bestimmteste zu wissen, daß zwischen Rußland, Frankreich und England für 1917 ein Angriffskrieg gegen Deutschland beschlossen war. Als den Leiter der Machenschaft betrachtet Moltke Rußland ..." Ob allerdings diese Behauptung (für die Moltke keinerlei Quelle angibt) mehr ist als eine Verteidigung des eben beginnenden Krieges, für den, wie er sagt, „Rußland nicht fertig und Frankreichs Armee in einem Übergangsstadium begriffen ist", mag man bezweifeln. – Der italienische Generalstabschef Pollio (der

kurz vor Kriegsausbruch starb) machte dieselbe Behauptung im Mai 1914 verbunden mit einem Rat an Deutschland, einen Präventivkrieg zu führen, „ganz im Geiste Ihres großen Königs Friedrich, als er 1756 den eisernen Ring seiner Gegner durchbrach". Fischer, Krieg d. Illus., S. 583.

71 Luxemburg sollte deutscher Bundesstaat, Belgien ein deutscher Vasallenstaat werden.

72 Fritz Fischer, Der Erste Weltkrieg und das deutsche Geschichtsbild, Düsseldorf 1977, S. 151–206: Deutsche Kriegsziele, Revolutionierung und Separatfrieden im Osten 1914–1918, Zitat S. 158.

73 „Septemberprogramm", in: Fischer, Griff, 1. u. 2. Aufl., S. 107 ff., 3. u. 4. Aufl., S. 113 ff., Sonderausg. u. Taschenbuchausg., S. 90 ff.

74 Bethmann Hollweg an den Historiker Erich Marcks, 17. Juli 1916: „Ich ... konnte in meinen Reden über die Sicherung unserer Grenzen gegen jede Gefahr, für die Beseitigung der Einfallstore Belgien und Polen nicht hinausgehen. Meine Andeutungen schlossen die Einbeziehung Belgiens und Polens in den Machtbereich Mitteleuropas ein ..." (ebd., S. 107 bzw. 112 f. und S. 89).

75 Zum Mitteleuropäischen Wirtschaftsverband vgl. Anm. 73, „Programm", Nr. 4.

76 Georges-Henri Soutou, L'Or et le Sang. Les buts de guerre économiques de la Première Guerre mondiale, Paris 1989.

77 Englische Ausgabe London 1984; deutsche Ausgabe: Die Ursprünge des Ersten Weltkriegs, München 1988. Siehe bes. Kap. 6, S. 195 ff.

78 Dies geschah vor allem durch deutsche Nationalökonomen und Historiker. Vgl. Paul M. Kennedy, The Rise of the Anglo-German Antagonism 1860–1914, London–Boston–Sydney 1980, Kap. 16, S. 306 ff. "Rising and Declining Empires: Power-Political Interpretations of Global Economic Trends." Diese Ideen, auch unter eingehender Behandlung Deutschlands, wurden von Paul M. Kennedy wiederaufgenommen in seinem Werk: The Rise and Fall of the Great Powers. Economic Change and Military Conflict from 1500 to 2000, New York 1987; dt. Ausgabe: Aufstieg und Fall der Großen Mächte, Frankfurt a. M. 1989.

79 Fischer, Juli 1914, S. 17 f., über die wirtschaftliche Schwächung Frankreichs, nach dem „Septemberprogramm" (s. oben Anm. 73) und einem 1919 bekannt gewordenen Katalog von Forderungen (August 1914) gegenüber Frankreich, der für den deutschen Botschafter in Washington zur Weitergabe an Wilson bestimmt war. Vgl. Juli 1914, S. 115, Anm. 17. Die dort angekündigte Veröffentlichung kommt noch.

80 Fischer, Krieg d. Illus., S. 532 (Kapitel 16. II: Die Diskussion um die Erneuerung der Handelsverträge mit Rußland und Österreich, S. 527 ff.). Dort, S. 535, auch eine Resolution südrussischer Exporteure in Kiew von Anfang März 1914: „Rußland muß sich von der für eine Großmacht erniedrigenden wirtschaftlichen Abhängigkeit von Deutschland befreien."

[81] Über das „Einfuhrscheinsystem" vgl. ebd., S. 533 f.; über die russischen Gegenmaßnahmen ebd., S. 536 ff., bes. S. 539 f.

[82] Th. [Theobald] von Bethmann Hollweg, Betrachtungen zum Weltkriege, 1. Teil (= 1. Bd.: Vor dem Kriege, Berlin 1919) und 2. Teil (= 2. Bd.: Während des Krieges, Berlin 1921), Bd. 1, S. 188, 189; Bd. 2, S. 65 f., S. 67 ff. Vgl. jetzt die Neuausgabe der ›Betrachtungen‹ (hrsg. v. Jost Dülffer, mit Einleitung und Dokumentenanhang, Essen 1989).

[83] Fischer, Griff, 3. u. 4. Aufl., S. 108, nach den Bülow-Memoiren.

[84] Vgl. Fischer, Der Erste Weltkrieg und das deutsche Geschichtsbild, S. 337: Der Großindustrielle Hugo Stinnes äußerte 1911 gegenüber Claß, um den Führer der Alldeutschen vom Drängen auf den Krieg abzuhalten: „Lassen Sie noch 3–4 Jahre ruhiger Entwicklung und Deutschland ist der unbestrittene wirtschaftliche Herr in Europa. Die Franzosen sind hinter uns zurückgeblieben. Sie sind ein Volk der Kleinrentner ..."

[85] Vgl. Jost Dülffer/Karl Holl (Hrsg.), Bereit zum Krieg. Kriegsmentalität im wilhelminischen Deutschland 1890–1914, Göttingen 1986, und Heinz Lemmermann, Kriegserziehung im Kaiserreich, Studien zur politischen Funktion von Schule und Schulmusik 1890–1918, 2 Bde., Lilienthal/Bremen 1984.

[86] Fischer, Griff, 1. u. 2. Aufl., S. 99, 3. u. 4. Aufl. S. 108, Sonderausg. und Taschenbuchausg., S. 85.

[87] Kurt Riezler, Tagebücher [usw.], hrsg. v. K. D. Erdmann, Göttingen 1972, S. 368, Eintragung vom 1. August 1916. – Der Begriff „Weltherrschaft" wird von Riezler im gleichen Sinne noch mehrfach gebraucht. Kurz nach dem Kriege hat General W. Groener, der Nachfolger Ludendorffs, in einer Ansprache vor den Offizieren des Großen Hauptquartiers das Wort kritisch verwendet: „der unbewußte Versuch [Deutschlands] – ich sage ausdrücklich unbewußte Versuch – mit England um die Weltherrschaft zu ringen, [war] von vorneherein gescheitert ... Wir haben unbewußt nach der Weltherrschaft gestrebt ... ehe wir unsere Kontinentalstellung fest gemacht hatten ...", Fischer, Krieg d. Illus., S. 1, Motto.

[88] Adolf Gasser, Der deutsche Hegemonialkrieg von 1914, in: Deutschland in der Weltpolitik des 19. und 20. Jahrhunderts, S. 307–339, Zitat S. 338 (wiederabgedruckt in: Adolf Gasser, Ausgewählte historische Schriften, Basel-Frankfurt a. M. 1983, S. 47–82).

[89] Zara S. Steiner (Cambridge): "When war was considered, it was not thought of in modern terms. Except for a few sensitive observers, military action in the old style was a possible extension of diplomacy." Zit. nach: Zara S. Steiner, Britain and the Origins of the First World War, London 1977, S. 213–241. Vgl. James Joll, The Origins of the First World War, London 1984.

DIE AUSSENPOLITIK DES KAISERREICHS UND DER KRIEGSAUSBRUCH IN DER GESCHICHTSSCHREIBUNG DER DDR

Von Willibald Gutsche

Seit ihrer Konstituierung hat die Historiographie der ehemaligen DDR den Ursachen des ersten Weltkrieges und dabei der Außenpolitik des kaiserlichen Deutschland und ihrer Rolle bei der Entstehung dieses Krieges besondere Aufmerksamkeit geschenkt.[1]

Die Ergebnisse der methodisch von der Imperialismusanalyse Lenins sowie zeitgenössischen Erkenntnissen marxistischer Historiker und Politiker ausgehenden Forschungen der fünfziger und sechziger Jahre mündeten 1961 in die Gesamtdarstellung von Fritz Klein ›Deutschland von 1897/98 bis 1917‹[2] und 1968 in das dreibändige Werk ›Deutschland im ersten Weltkrieg‹.[3] Sie boten zugleich Ausgangspunkte für weiterführende Spezialuntersuchungen. Bereits in diesen Darstellungen bildeten der Anteil der deutschen Außenpolitik an der Entstehung des ersten Weltkrieges und die Gründe für seinen Ausbruch besondere Schwerpunkte. Anhand einer komplexen Analyse der wirtschaftlichen, sozialen, politischen, militärischen, kulturellen und ideologischen Entwicklungsprozesse suchten die Autoren zu verdeutlichen, daß der seitens der imperialistischen Hauptmächte allseitig imperialistische Eroberungskrieg vor allem aus den Interessengegensätzen zwischen den Großmächten, insbesondere aus dem Hauptgegensatz zwischen dem Deutschen Reich und Großbritannien, erwuchs. Und sie argumentierten, daß sich diese Gegensätze mit dem Übergang zum Imperialismus seit der Jahrhundertwende als Konsequenz des wachsenden Expansionsstrebens des Monopolkapitals herausbildeten. Dabei wurde herausgearbeitet, daß der deutsche Imperialismus und Militarismus an der Zuspitzung der internationalen Spannungen durch seinen besonders zügellosen Expansionsdrang spezifischen Anteil hatte und insofern die Hauptverantwortung nicht nur für die unmittelbare Entfesselung, sondern auch für die Entstehung des ersten Weltkrieges trug, ein Phänomen, das auf dem militaristischen, halbabsolutistischen Charakter des Deutschen Reiches, auf der ungleichmäßigen Entwicklung der kapitalistischen Länder und besonders auf dem stürmischen Monopolisierungsprozeß beruhe.

In den siebziger und achtziger Jahren blieb es eine vorrangige Aufgabe der Weltkriegshistoriker der DDR, die Ursachen des ersten Weltkrieges noch tiefgründiger und umfassender zu analysieren. Die Resultate dieser Forschungen wurden jetzt von einem Autorenkollektiv in Gestalt des Bandes 6 der ›Deutschen Geschichte in zwölf Bänden‹ zusammengefaßt. Er soll demnächst erscheinen und – wiederum komplex – die deutsche Geschichte von 1897 bis 1917 behandeln.[4] Band 5 der ›Deutschen Geschichte‹, der die deutsche Geschichte von 1871 bis 1897 darstellt, ist 1988 erschienen.[5]

Zur Intensivierung der einschlägigen Forschungen trugen die Auseinandersetzungen bei, die seit den sechziger Jahren innerhalb der westeuropäischen Historiographie, besonders der BRD, nicht zuletzt in Form der sogenannten Fischer-Kontroverse, um die Fragen nach den Kriegsursachen und der Verantwortung Deutschlands entbrannten. Im Ergebnis der Kontroverse wurde innerhalb der westdeutschen Historiographie eine besondere Aggressivität der deutschen Außenpolitik und ihr beträchtlicher Anteil an der Entstehung des ersten Weltkrieges in der Regel nicht mehr bestritten. Zunächst waren die Thesen Fritz Fischers scharf zurückgewiesen worden, daß das „Zusammenspiel von Wirtschaft und Politik“ ein Faktor gewesen sei, „der die diplomatischen Aktionen ebenso wie die Tendenz der inneren Politik ganz wesentlich mitbestimmte“, und daß hinter der auf gewaltsame Verwirklichung der Weltmachtpläne gerichteten Politik der Reichsregierung „ganz handgreifliche Interessen deutscher Industriegruppen“ gestanden hätten.[6] Nun räumten zahlreiche Historiker der Bundesrepublik ein, daß Imperialismus und erster Weltkrieg im Heraufkommen der „Industriegesellschaft“ wurzelten und auch „ökonomische Motivationen“[7] und „wirtschaftliche Gegensätze“[8] eine wichtige Rolle gespielt hätten. Sie konstatierten, daß das Deutsche Reich den „imperialen Wettbewerb“ aktiv vorangetrieben und schließlich im Krieg fatalistisch[9] eine „künftige Gewißheit"[10] gesehen hätte. Aber es blieb die Auffassung vorherrschend, daß die deutsche Außenpolitik „defensiven Charakter" getragen habe.[11] Sie sei – so zum Beispiel Andreas Hillgruber – lediglich der Konzeption eines „kalkulierten Risikos zur Durchsetzung begrenzter machtpolitischer Veränderungen unter Ausnutzung von internationalen Krisensituationen"[12] gefolgt. Die so bedingte „Mitschuld" des Deutschen Reiches, deren Ausmaß heftig umstritten geblieben ist,[13] wird weiter vorrangig in politischen und sozialstrukturellen Bedingungen sowie in ideologischen Phänomenen gesehen. Vor allem wird sie als „eine äußerste Zuspitzung des schon immer zwischen den souveränen Nationalstaaten bestehenden Konkurrenzverhältnisses", als „Verschärfung traditioneller zwischenstaatlicher Konflikte" – so zum Beispiel Gottfried Niedhart – im Ergebnis des Nationalismus[14] als „Fortsetzung des alten Kampfes innerhalb des überlieferten europäischen Staatensystems" – so Hillgruber[15] – gedeutet.

Solche Modelle liefen bei unterschiedlicher Gewichtung der verschiedenen Antriebskräfte der Außenpolitik auf den gemeinsamen Nenner hinaus, daß die deutsche „Weltpolitik" wie die erstmals zu einem weltweiten Krieg führenden Gegensätze zwischen den europäischen Großmächten lediglich als eine Fortschreibung bisheriger internationaler Mächterivalitäten zu sehen seien und mit dem Übergang vom Kapitalismus der freien Konkurrenz zum Monopolkapitalismus kaum etwas zu tun hätten. Deshalb wurde in der einschlägigen Historiographie der BRD vor allem in Überbauerscheinungen wie nationalistischer Ideologie, halbabsolutistischer Verfassungsstruktur und militaristischen Traditionen preußischer Provenienz oder in subjektiven Erscheinungen wie mangelnden diplomatischen Erfahrungen, Unverständnis der Politik der anderen Großmächte, Prestigedenken oder falscher Beurteilung internationaler Entwicklungsprozesse die Hauptursache für die zur Isolierung des Deutschen Reiches, zur Bildung der Triple-Entente und schließlich zu kriegerischen Konfrontation führende deutsche Außenpolitik gesehen.

Ohne jeden Zweifel trug eine solche Interpretation wesentlich dazu bei, wichtige Teilaspekte der Ursachen des Krieges aufzuhellen, blieb aber die Antwort auf die Frage nach den entscheidenden Triebkräften für eine Außenpolitik schuldig, die mehr als die anderer Großmächte zur Zuspitzung der internationalen

Spannungen beitrug und imperialistische Kompromisse verhinderte.

Kann, so ist zu fragen, Mangel an Erfahrung, Fehlen geeigneter Persönlichkeiten, Ignoranz gegenüber gegnerischen Drohungen hinreichend eine Außenpolitik erklären, die über zwei Jahrzehnte von verschiedenen Politikern betrieben wurde? Kommt man zu einem umfassenden Resultat, wenn man diese Außenpolitik weitgehend aus sich selbst heraus deutet? Reicht es aus, die außenpolitischen Entscheidungen der deutschen Reichsleitung vor allem an dem Kriterium zu messen, ob sie nicht klüger, weitsichtiger und verständigungsbereiter hätte handeln und auf ihre weitgespannten Expansionspläne hätte verzichten können? Natürlich sind solche Fragen legitim und ihre Beantwortung für die Gegenwart von Nutzen. Aber sie bleiben doch weitgehend akademischer Natur, denn das Fühlen, Denken und Handeln der vor 1914 für die Außenpolitik Verantwortlichen war letzten Endes nicht Illusionen oder Irrtümern geschuldet, sondern einem „Zeitgeist", der vom „Zug der Zeit", nämlich vom Macht- und Expansionsdrang jener Klassen geprägt war, welche die Gesellschaft beherrschten und als deren Willensvollstrecker die Politiker handelten, ja handeln mußten, wenn sie sich unter den gegebenen Bedingungen behaupten wollten. Beispiele mahnender Diplomaten wie zum Beispiel Lichnowskys zeigen, daß es kaum möglich war, gegen den Strom zu schwimmen, solange das Herrschaftssystem des junkerlich-bürgerlichen Imperialismus bestand.

Die Historiker der DDR sahen deshalb ihre entscheidende Aufgabe bei der Erforschung der Außenpolitik des kaiserlichen Deutschland und der Entstehung des ersten Weltkrieges darin, die Frage zu beantworten, welche Triebkräfte und Funktionsmechanismen die zum Krieg führende Außenpolitik bewirkten, obwohl es nicht nur von seiten der Arbeiterbewegung warnende Stimmen gab, sondern auch verantwortliche Politiker – zum Beispiel Bethmann Hollweg – Bedenken im Hinblick auf die Konsequenzen der abenteuerlichen Außenpolitik, auf einen Weltkrieg und seine unabsehbaren Folgen hegten. Um diese Kernfrage zu beantworten, reicht es nicht aus, nur den Zusammenhang von Außenpolitik und Kriegsausbruch zu analysieren. Eine befriedigende Antwort setzt vielmehr voraus, den Wechselbeziehungen und Wechselwirkungen zwischen ökonomischer, sozialer, rüstungspolitischer und ideologischer Entwicklung und dem Gang der deutschen Außenpolitik in ihren internationalen Beziehungen nachzugehen.

Da die Fakten der deutschen Außenpolitik zwischen 1897 und 1914 weitgehend bekannt sind, konzentriere ich mich auf die Erläuterung der methodologischen und methodischen Aspekte, unter denen sich die Historiker der früheren DDR mit der genannten Zielsetzung in den letzten Jahrzehnten der Erforschung der Außenpolitik und des Kriegsausbruchs gewidmet haben, sowie auf die Hauptresultate, zu denen sie dabei gelangt sind.

In Vorbereitung des Werkes ›Deutschland im ersten Weltkrieg‹ hatten vor allem Spezialuntersuchungen zur politischen und militärischen Inszenierung des Krieges, zum Einfluß der Monopole auf die unmittelbare Kriegszielkonzeption der Reichsregierung, zur Entwicklung einer staatsmonopolistischen Kriegswirtschaftsorganisation und zur Führung des Krieges im Mittelpunkt der Forschungen gestanden. Nun wandten sich die Weltkriegshistoriker der DDR verstärkt dem Zusammenhang von Vorkriegsexpansion und Kriegspolitik und der Frage nach den Kräften zu, die auf gewaltsame Expansion gedrängt und die zum Krieg führenden Entscheidungen der Reichsregierung beeinflußt hatten.[16]

Das bezog sich vor allem auf die entsprechend ökonomischen und politischen Sonderinteressen einflußreicher Gruppierungen von Großbourgeoisie und Junkern in Inhalt und Form unterschiedlichen, im Ziel einer weiträumigen deutschen Vorherrschaft aber übereinstimmenden Mitteleuropapläne,[17] die ihnen innewohnenden Widersprüche[18] und die Entwicklung der Mitteleuropavorstellungen der Reichsregierung,[19] auf die für den Entschluß, den Weltkrieg zu riskieren, gewichtige, mit der Nahostexpansion im Zusammenhang stehende Südosteuropaexpansion,[20] auf die koloniale Expansionspolitik, die schon seit der Jahrhundertwende auf die Errichtung eines großen deutschen Kolonialreiches in Zentralafrika zielte,[21] und auf die „kalte Invasion" nach Frankreich.[22]

Diese Spezialstudien zu wesentlichen Expansionsrichtungen und Expansionsobjekten waren methodisch in wachsendem Maße der Frage nach dem Verhältnis zwischen Ökonomie und Politik im allgemeinen und von Monopolkapital und Staatsapparat im besonderen zugeordnet. Gewicht und Formen dieser Bezüge gewannen durch die Ergebnisse solcher Untersuchungen deutlichere Konturen. Dabei galt die Aufmerksamkeit insbesondere der Entwicklung des Funktionsmechanismus der Wechselbeziehungen zwischen Ökonomie und Außenpolitik vom Ende des 19. Jahrhunderts bis 1914. In diesem Zusammenhang wurde erörtert, ob nicht bisher eine zu statische Sicht – das Ausgehen von einer einmal gegebenen Vorherrschaft der Monopole in der Wirtschaft, wie sie sich an der Jahrhundertwende herausgebildet hatte – den Blick für vertiefende Einsichten in die Wandlung der Ökonomie-Politik-Beziehungen im Vorfeld des ersten Weltkrieges in gewisser Weise verstellt habe.

Die Untersuchungsergebnisse zeigten, daß sich insbesondere im letzten Jahrzehnt vor dem Beginn des Krieges gravierende Veränderungen im Hinblick auf den objektiven und subjektiven Einfluß des Monopolkapitals auf den Staatsapparat vollzogen. Es konnte die Einsicht vertieft werden, daß in erster Linie diese Basis-Prozesse in ihren Wechselwirkungen mit politischen, sozialen und ideologischen Phänomenen das zunehmend stärkere Hinneigen der politischen und militärischen Führung zu einer immer aggressiveren außenpolitischen Disposition bedingten, die schließlich im Krieg die einzige Möglichkeit erblickte, die weitgespannten ökonomischen und politischen Vormachtansprüche durchzusetzen.

Mit dem Ziel, den Funktionsmechanismus zwischen Monopolkapital und Staatsapparat in seiner Bedeutung für die Herausbildung der Kriegsbereitschaft der deutschen Reichsleitung noch genauer zu analysieren, wurden die empirischen Untersuchungen zum wachsenden Expansionsdrang in den achtziger Jahren von neuen methodischen Ansätzen her fortgesetzt. Dabei rückten vor allem folgende übergreifende Problemstellungen in den Mittelpunkt der Forschungsarbeit:

1. Prozeßcharakter und neue Qualität des Verhältnisses zwischen Ökonomie und Außenpolitik im frühen deutschen Imperialismus;[23]
2. Wirkungswege des von den monopolkapitalistischen Produktionsverhältnissen ausgehenden Expansionsdrucks auf die staatliche Außenpolitik;[24]
3. Wandlungen im subjektiven Verständnis der Repräsentanten des Staates im Hinblick auf die Durchsetzung wirtschaftli-

cher Expansionsinteressen als vorrangige Aufgabe staatlicher Außenpolitik;[25]

4. Die Rolle der Herausbildung von Elementen des staatsmonopolistischen Kapitalismus für die wachsende Aggressivität des deutschen Imperialismus;[26]
5. Der Annäherungsprozeß zwischen Monopolbourgeoisie und Junkertum und die Herausbildung eines in den Grundfragen der Klassenauseinandersetzung übereinstimmenden, im Hinblick auf Motivationen und Formen der Durchsetzung des gemeinsamen Klasseninteresses jedoch nach wie vor widersprüchlichen Ausbeuterblocks;[27]
6. Gewicht und Wechselbeziehungen historischer und systemeigener Triebkräfte für die wachsende Aggressivität des deutschen Imperialismus;[28]
7. Wandlungen in der Kriegsdisposition der herrschenden Klassen und der Reichsregierung zwischen 1871 und 1914 und die Rolle ihres Einflusses auf die Außenpolitik;[29]
8. Die maßgeblichen Ursachen der Dominanz einer unmittelbaren Kriegsbereitschaft innerhalb der herrschenden Klassen am Vorabend des Krieges;[30]
9. Der Zusammenhang von Außenpolitik, Militarismus und Wettrüsten;[31]
10. Die Verantwortung des imperialistischen Herrschaftssystems insgesamt und des deutschen Imperialismus im besonderen für die Zuspitzung der Gegensätze und für die Kriegsentfesselung im Sommer 1914.[32]

Solche Analysen mit übergreifenden Aspekten wurden flankiert von empirischen Studien zu zahlreichen Teilaspekten der Außenpolitik und der Expansion, zum Beispiel zur deutschen Südafrikapolitik, zur Chinaexpansion, zu den Marokkokrisen, zur deutschen Expansion in Brasilien, zur Ukrainepolitik, zur Erdölpolitik, zu den deutsch-russischen Beziehungen, zum Verhältnis zwischen Deutschland und den USA, zur Nahostexpansion und zur deutschen Kolonialpolitik in Afrika.[33] Eine Monographie ›Monopole, Staat und Expansion vor 1914‹ faßte bisherige Resultate der Forschungen zum Funktionsmechanismus zwischen Industriemonopolen, Großbanken und Staatsorganen in der Außenpolitik des Deutschen Reiches von 1897 bis 1914 zusammen.[34]

Auf diese Weise konnte verdeutlicht werden, daß die historische Entwicklung des Kapitalismus in Deutschland (insbesondere seine verspätete Herausbildung, das Scheitern der bürgerlich-demokratischen Revolution von 1848/49, die nationalstaatliche Einigung von oben unter preußischer Führung und die frühe Herausbildung eines vor allem im preußischen Staat relativ umfangreichen staatlichen Eigentums) zwar wesentliche Voraussetzungen für die besondere Aggressivität schuf, daß jedoch deren Eskalation in Richtung auf eine Außenpolitik, die zunächst militärische Hochrüstung, dann das Risiko eines Krieges ins Kalkül stellte, primär systemimmanenten, das heißt den monopolistischen Tendenzen des Kapitalismus eigenen Triebkräften und nicht in erster Linie vorindustriellen, vorkapitalistischen oder vorbürgerlichen Elementen in der sozialen und politischen Struktur des Kaiserreiches[35] geschuldet war.[36]

Seit den neunziger Jahren des 19. Jahrhunderts vollzog sich ein markanter qualitativer Umbruch im außenpolitischen Kalkül der deutschen Reichsleitung, auf den auch Gregor Schöllgen in seinem Buch ›Imperialismus und Gleichgewicht‹[37] hingewiesen hat. Bismarck hatte nach 1871 noch eine relativ friedliche Außenpolitik betrieben. Sie ging von der Saturiertheit des Deutschen Reiches aus und betrachtete wirtschaftliche Expansionsinteressen noch primär als Privatangelegenheit der Interessenten. Demgegenüber proklamierte Bernhard von Bülow 1897 eine „Weltpolitik", die expansive Ziele verfolgte. Sie durchlief einen Prozeß. Zunächst wurden noch „rein wirtschaftliche" Expansionsinteressen von politischen Interessen abgehoben. Sie wurden aber zunehmend als „nationale Interessen" deklariert. Schließlich – 1910 – kennzeichnete sie Theobald von Bethmann Hollweg als „eine der wichtigsten Aufgaben unserer auswärtigen Politik" und sah dabei in England den „entscheidenden Rivalen Deutschlands in den Fragen der expansiven Wirtschaftspolitik".[38]

Dieser Wandlungsprozeß, der von verstärktem Wettrüsten, besonders im Hinblick auf die Flotte, begleitet war, führte die deutsche Außenpolitik von einem Kompromiß- zu einem Konfrontationskurs gegenüber den anderen imperialistischen Großmächten. Die unter der Losung „Weltpolitik" betriebene deutsche Außenpolitik zielte von Anfang an nicht auf politischen Machtzuwachs an sich. Die zu ihrer Begründung und Rechtfertigung vorgetragenen Argumente beweisen, daß mit ihrer Hilfe konkrete materielle ökonomische Machterweiterung in Gestalt von Kolonien und Halbkolonien, Absatzmärkten und Rohstoffvorkommen, Kapitalanlagesphären und Einflußzonen erstrebt wurde.[39] Solche Erwerbungen zu bewirken oder politisch zu sichern wurde in zunehmendem Maße als Aufgabe der Außenpolitik betrachtet.

Dieser mit dem Anspruch auf wirtschaftliche und politische Vorherrschaft gepaarte Expansionsdrang wurde nicht vorrangig durch subjektive Faktoren wie fehlerhafte politische Entscheidungen oder eine unrealistische Beurteilung der internationalen Situation bedingt, sondern vielmehr durch die mit dem Übergang zum Imperialismus sich in allen entwickelten kapitalistischen Staaten objektiv herausbildende neue Qualität des Verhältnisses zwischen Ökonomie und Außenpolitik. Angesichts der von monopolistischen Zügen geprägten neuen Dimensionen außenwirtschaftlicher Expansionsinteressen und der wachsenden Rivalität der Großmächte auf Grund der abgeschlossenen Aufteilung der Erde war nunmehr weder ökonomische Expansion ohne politische Unterstützung des Staates noch weltpolitische strategische Machterweiterung ohne ökonomische Unterstützung des Finanzkapitals möglich.[40] Diesen Zusammenhang erkannten übrigens auf ihre Weise bereits bürgerliche Zeitgenossen, zum Beispiel der Historiker Karl Lamprecht, wenn er zu Beginn des neuen Jahrhunderts schrieb: „Die Signatur der Zeit ist Expansion, Expansion wirtschaftlicher Natur, und dann zu deren Unterstützung und Vergrößerung politische Expansion. Der wirtschaftliche Machtinstinkt hat sich in den politischen umgesetzt und der Einheitsbewegung folgten die Zeiten der Weltpolitik.“[41]

Dieser der Außenpolitik aller imperialistischer Staaten zugrundeliegende Antrieb wirkte im Deutschen Reich besonders stark. Der bei der Aufteilung der Erde zu kurz gekommene, sich aber nun ökonomisch rascher und organisierter entfaltende deutsche Imperialismus war nämlich bestrebt, das sich verschärfende „Mißverhältnis zwischen der Entwicklung der Produktivkräfte und der Akkumulation des Kapitals einerseits und der Verteilung der Kolonien und Einflußsphären des Finanzkapitals andererseits“[42] auf Kosten der bereits „gesättigten“ Rivalen um jeden Preis zu überwinden.

Der vor allem so verursachten besonderen Aggressivität verliehen historische Faktoren wie die Konservierung starker Überreste des Feudalismus in der Klassenstruktur, militaristische Traditionen preußischer Prägung und der halbabsolutistische Charakter des Herrschaftssystems im Hinblick auf ihre Äußerungsformen zusätzliche Impulse.

Insbesondere ist der zunehmend aggressive Charakter der deutschen Außenpolitik nicht zu verstehen ohne Berücksichtigung des Zusammenhangs von Imperialismus und Militarismus. Allen außenpolitischen Aktivitäten lag mehr oder weniger eine militärstrategische Konzeption zugrunde, die über kurz oder lang mit einer militärischen Auseinandersetzung mit Frankreich und Rußland rechnete. Die deutsche Diplomatie erblickte eine ihrer Hauptaufgaben darin, für einen solchen Krieg die günstigsten Voraussetzungen zu schaffen, und sie operierte ständig mit dem Instrument militärischer Drohung und Erpressung. Zu Rüstungsbegrenzung oder einer Verpflichtung, auf dem Wege friedlicher Schlichtung ernste internationale Konflikte zu lösen, war sie – wie die beiden Haager Friedenskonferenzen zeigen – von allen Mächten am wenigsten bereit.

Die Resultate der vom ökonomischen Expansionsdrang bestimmten deutschen Außenpolitik waren keineswegs unerheblich. Aber gemessen an dem Anspruch blieben sie geringfügig. Daraus ergab sich eine wachsende Unzufriedenheit der herrschenden Klassen, die sich über die von ihnen geschürte chauvinistische und militaristische Propaganda in „öffentliche Meinung“ umsetzte. Diese gewann insofern Eigengewicht, als sie als zusätzlicher – ideologischer – Druck der bürgerlichen Parteien und anderen Interessenorganisationen der Bourgeoisie und des Junkertums auf die Reichsregierung einwirkte.

Dabei nahm die Reichsregierung nicht von Anfang an unbedingt Kurs auf einen europäischen Krieg. Zunächst hoffte sie noch, die weltpolitischen Ziele ohne Krieg durchsetzen zu können. Dem dienten Versuche der deutschen Außenpolitik, England und Rußland zu einer Annäherung an den Dreibund zu veranlassen. In der Annahme, die Widersprüche zwischen England, Frankreich und Rußland seien unüberbrückbar und Deutschland sei deshalb frei in seinen Entscheidungen, betrieb sie jedoch eine expansive Außenpolitik, die vitale Expansionsinteressen dieser

Staaten bedrohte, und bewirkte so einen grundlegenden Wandel in der internationalen Kräftekonstellation, der das Deutsche Reich isolierte. Nicht wenige Zeitgenossen haben vor den Folgen dieser Politik gewarnt, zum Beispiel Franz Mehring, der nach 1904 als Folge der deutschen Außenpolitik eine Entente zwischen England, Frankreich und Rußland kommen sah, weil für alle drei Staaten der deutsche Imperialismus der gefährlichste Rivale sei.

Nach der maßgeblich durch den deutschen Weltmachtanspruch bewirkten Herausbildung der Triple-Entente erblickte die deutsche Reichsregierung in deren Sprengung die entscheidende Voraussetzung für einen großen Durchbruch, suchte dieses Ziel aber zunächst weiter auf relativ „friedlichem" Wege, insbesondere durch ein Herausbrechen Großbritanniens, zu erreichen. Solche Versuche scheiterten jedoch nicht nur an der ebenfalls vom Expansionsdrang bestimmten Politik der Rivalen, sondern vor allem auch an der mangelnden Bereitschaft der deutschen Regierung zu Alternativen in Gestalt imperialistischer Kompromisse und an der immer wieder praktizierten Politik der Stärke und militärischer Drohungen, mit der die Reichsregierung die anderen Großmächte ihren Zielen gefügig zu machen hoffte, in Wirklichkeit aber nur zur Festigung der gegnerischen Koalition beitrug.

Der von ständigem Säbelrasseln begleitete aggressive außenpolitische Kurs hatte stets auch das Ziel im Visier, den Klassenkompromiß von Bourgeoisie und Junkern zu befestigen und soziale Spannungen durch außenpolitische Erfolge zu überbrükken. Aber sammlungspolitische und sozialimperialistische Motive, die von Historikern der Bundesrepublik besonders betont werden, blieben von sekundärem Gewicht, waren im Vergleich zu den wirtschaftsexpansionistischen Antrieben zusätzliche Triebkräfte. Das galt für das Flottenwettrüsten ebenso wie für Bagdadbahnbau und Marokkopolitik.

Auch die Kriegspläne des Generalstabes bildeten nicht die tiefste Ursache der schließlich zur Kriegsentscheidung führenden deutschen Außenpolitik. Vielmehr bewirkte die ökonomische Bewegung der fortschreitenden Konzentrations- und Zentralisationsprozesse und die sich enger gestaltende Beziehung von Ökonomie und Außenpolitik einen markanten Wandel in der Kriegsdisposition der Reichsregierung. Dieser Wandel entzog dem Bismarckschen Konzept des Krieges als Mittel zur Macht*behauptung* den Boden. Er bewirkte eine auf Macht*erweiterung* und *Eroberung* fremder Territorien und Einflußsphären zielendes Kriegsverständnis, das freilich von überkommenen Auffassungen vom Krieg als legitimes Mittel der Politik geprägt war und an preußisch-militaristische Traditionen anknüpfen konnte, die sich mit den dem Imperialismus eigenen Tendenzen des Militarismus verbanden.[43] Damit konnten die von militärischer Seite seit langem entwickelten Präventivkriegspläne in zunehmendem Maße Einfluß auf die außenpolitischen Erwägungen erlangen.

Schon vor 1897 hatte sich der Generalstab auf einen Zweifrontenkrieg gegen Frankreich und Rußland orientiert. Er hielt die rüstungsmäßigen Voraussetzungen für einen solchen Krieg bereits vor 1914 mehrfach für gegeben und auch ein Losschlagen für geboten und möglich. Ausschlaggebend dafür, daß solche Planungen politische Relevanz gewannen, waren jedoch Kriegsdisposition und Kriegsbereitschaft der zivilen Reichsleitung. Sie wandelten sich zwischen 1897 und 1914 unter dem Einfluß des wachsenden Expansionsdrucks der herrschenden Kreise und infolge der Veränderungen im internationalen Kräfteverhältnis wesentlich.

Mit dem Übergang zur „Weltpolitik“ gelangte zunächst die Auffassung zum Durchbruch, daß der Krieg als Instrument der Machterweiterung gegenüber den imperialistischen Rivalen unabdingbar sei, jedoch bis zur Vollendung der 1897 begonnenen Flottenrüstung aufgeschoben werden müsse. In Aufrüstung und Kriegsbereitschaft erblickte man jedoch von Anfang an ein notwendiges Druckmittel zur Durchsetzung einer relativ „friedlichen“ Expansion auf vorwiegend diplomatischem Wege, wobei man gleich den anderen Großmächten, zum Teil mit ihnen gemeinsam, Teilerfolge anstrebte.

Diese Disposition wurde zum einen durch den für ein höheres Risiko noch nicht ausreichenden Rüstungsstand, zum anderen durch die noch starke Hoffnung auf Erlangung entsprechender Anteile mit Hilfe einer Politik der „freien Hand“ bedingt. Sie wurzelte nicht nur in Illusionen über die Absichten anderer Mächte, insbesondere Englands und Rußlands, sondern auch in dem vom Macht- und Expansionsstreben bestimmten Willen, sich nicht mit geringfügigen Zugeständnissen zufriedenzugeben. Die Hoffnung auf eine Verwirklichung der Weltmachtpolitik auf friedlichem, diplomatischem Wege schwand jedoch. Ausdruck dafür war die resignierende Feststellung Bethmann Hollwegs an der Jahreswende 1910/11, daß „Erwerbungen kaum noch anders als auf dem Wege kriegerischer Eroberung oder als Folge des Zerfalls eines anderen Staatsgebildes denkbar" seien.[44]

Das Scheitern der Versuche, auf relativ „friedlichem" Wege voranzukommen, führte zu einer Politik der Kriegsdrohung bei tatsächlicher Kriegsbereitschaft, ein Konzept, das Bethmann Hollweg im nachhinein als „Politik des äußersten Risikos und zwar eines sich mit jeder Wiederholung steigernden Risikos"[45] kriegerischer Verwicklungen recht eindeutig charakterisiert hat. Auch jetzt wollte die Reichsregierung den Grat zum Krieg nach Möglichkeit noch nicht überschreiten. Aber in wachsendem Maße rechnete sie bereits – zum Beispiel während der zweiten Marokkokrise – mit einer solchen Möglichkeit. Alfred von Tirpitz hat diese Stufe der Kriegsdisposition mit Bezug auf die zweite Marokkokrise nicht unzutreffend mit der Bemerkung gekennzeichnet: „Man wollte eigentlich keinen Krieg, handelte aber so, daß man demselben oder einem Faschoda entgegentreiben mußte."[46]

Nach der Niederlage des „Panthersprungs" nach Agadir 1911 und dem Scheitern der diplomatischen Versuche, England zur bindenden Zusage seiner Neutralität im Falle eines Krieges zwischen Deutschland, Frankreich und Rußland zu bewegen, schwanden innerhalb der herrschenden Klassen die Hoffnungen auf eine Sprengung der Entente als Voraussetzung für eine durchgreifende Expansion allein durch Demonstration von Kriegsbereitschaft. Die Überzeugung von der Unausweichlichkeit eines Krieges verstärkte sich weiter durch die im Gefolge der Balkankriege 1912/13 sowie angesichts eines zunehmenden Mangels an freiem Kapital für auswärtige Anleihen wachsender Befürchtungen, auch bereits eroberte Einflußsphären im Vorderen Orient und auf dem Balkan einzubüßen und der österreichisch-ungarischen Monarchie angesichts ihres inneren Zerfalls als verläßlichem Bundesgenossen in einem europäischen Krieg bald nicht mehr sicher zu sein.

War bisher die Führung des Krieges als eventuelle Folge der

Politik der Kriegsdrohung einkalkuliert worden, so erfolgte nun eine Umkehrung im Verhältnis von Politik und Krieg. Der Gedanke des „äußersten Risikos" gewann eine neue Dimension. Man war nun gewillt, den Krieg tatsächlich zu provozieren, hoffte darauf, die anderen Mächte so zu einem Kompromiß erpressen und die Entente darüber auseinanderdividieren zu können. Damit wurde aber das Risiko eines weltweiten Krieges unkalkulierbar und der Krieg in absehbarer Zeit bewußt als Fortsetzung der Politik ins Auge gefaßt.

Rüstungsmäßiger Ausdruck dieser neuen Stufe der Kriegsdisposition waren die seit 1871 größten Heeresverstärkungen der Jahre 1912/13. Die forcierte Heeresrüstung zielte nun darauf ab, um jeden Preis einen zeitweiligen Rüstungsvorsprung zu erreichen, um den nach dem Schlieffenplan vorgesehenen Blitzkrieg gegen Frankreich und Rußland bei nächster Gelegenheit beginnen zu können. Der Generalstab begründete die Heeresverstärkung damit, es gelte „für eine Offensive nach Westen den erforderlichen Kräfteausgleich zu schaffen und gleichzeitig unseren Osten hinreichend zu schützen",[47] um den „großen Krieg" vorzubereiten, dessen „Entscheidung auf dem Lande liegt und von der Armee herbeigeführt werden muß".[48]

Immer wieder ist die Frage erörtert worden, warum die deutsche Außenpolitik die Möglichkeiten nicht nutzte, die sich seit dem Heraustreten Englands aus seiner "splendid isolation" 1898 für einen deutsch-britischen Interessenausgleich boten, sondern entsprechende britische Annäherungsversuche mehrfach ignorierte oder durch unakzeptable Bedingungen torpedierte. Damit wird ein Schlüsselproblem der deutschen Außenpolitik und der internationalen Beziehungen vor 1914 berührt. Für das Scheitern aller dieser Kontakte war nicht allein die deutsche Reichsregierung verantwortlich. Der britische Imperialismus wollte seine Vormachtstellung behaupten. So räumte der britische Außenminister Grey 1911 zwar ein, daß Deutschland in Afrika benachteiligt worden sei.[49] Aber auf die Forderung des deutschen Botschafters nach „mehr"[50] war er wiederum nur zu Zugeständnissen auf Kosten anderer Mächte oder in Gestalt unbedeutender Kompensationen bereit. Vor allem aber verhinderte die deutsche Seite eine Verständigung, weil sie nicht bereit war, den Preis dafür zu bezahlen. Er hätte im Verzicht auf das Flottenwettrüsten, auf die

Vormachtstellung beim Bau der Bagdadbahn und auf eine Unterstützung der österreichischen Balkanpolitik bestehen müssen. Solche Zugeständnisse aber waren angesichts des Expansionsdranges der herrschenden Kreise des Deutschen Reiches kaum denkbar. Zudem waren die deutschen Vorschläge nicht auf eine europäische Entspannung gerichtet. Sie zielten lediglich darauf, die Zusicherung britischer Neutralität für den über kurz oder lang erwarteten Kontinentalkrieg mit Frankreich und Rußland zu erlangen. Eine deutsch-britische Verständigung hätte also einen solchen Krieg nicht ausgeschlossen, wahrscheinlich sogar befördert, eine Konsequenz, die für England die Gefahr einer bedeutenden Machterweiterung des Deutschen Reiches auf dem Kontinent hätte heraufbeschwören können. Wie Paul M. Kennedy herausgearbeitet hat, beruhte der deutsch-britische Antagonismus vor allem auf ökonomischen Gegensätzen.[51]

Es scheint ein Widerspruch, daß die deutsche Reichsregierung den Krieg gerade zu einem Zeitpunkt maßgeblich entfesselte, als sie sich gerade zu einigen Kompromissen insbesondere mit England im Hinblick auf Bagdadbahnbau und mesopotamische Erdölvorkommen entschlossen hatte, die wesentliche deutsche Zugeständnisse bedeuteten. Es ist jedoch zu fragen, ob es sich hier wirklich – wie Gregor Schöllgen erwogen hat – um eine „erhebliche und nicht zuletzt der Verhinderung“ der Kriegskatastrophe dienende Kompromiß- und Verständigungsbereitschaft und um das stillschweigende Eingeständnis einer „Juniorpartner-Rolle“ gegenüber England gehandelt hat.[52] Die Umstände, unter denen diese Kompromisse paraphiert wurden, und die Äußerungen der Beteiligten deuten mehr darauf hin, daß es sich – worauf bereits Fritz Fischer hingewiesen hat – ökonomisch um notgedrungene Zugeständnisse handelte, um an einer Hauptachse deutscher Expansionspolitik zu retten, was zu retten war, und politisch um einen letzten Versuch, die britische Neutralität im bevorstehenden Krieg zu erkaufen.[53]

Diese Niederlagen, denn um solche handelte es sich, dürften den Willen zu gewaltsamem Vorgehen in Berlin nur bestärkt haben. Darauf deutet ein bisher nicht beachtetes, vom Auswärtigen Amt in den ›Berliner Lokal-Anzeiger‹ lanciertes fingiertes Interview mit einem anonymen Entente-Diplomaten hin, das am 20. Juni 1914, also acht Tage vor dem Attentat in Sarajevo, erschien und bei den Regierungen der Entente-Mächte großes Aufsehen erregte. Mit Hinweis auf die politische Lage im Südosten Europas, die Zukunft Österreich-Ungarns, hinreichende Absatzgebiete für die mächtig aufstrebende deutsche Industrie und das zunehmende Mißverhältnis zwischen dem deutschen Expansionsbedürfnis und den immer enger werdenden Grenzen für seine Betätigung wurde den Entente-Staaten gedroht. „Alle diese Fragen werden früher oder später Probleme zeitigen, die mit bloßer Friedensliebe nicht aus der Welt zu schaffen sind.“[54] Von Verständigungsbereitschaft zeugte diese versteckte Drohung nicht. Und die alldeutsch-schwerindustrielle Zeitung ›Die Post‹ kommentierte noch am gleichen Abend: „Verweigert man ... unserem naturnotwendigen Drang nach Ausdehnung selbst die geringste Möglichkeit, sich zu betätigen, so wird man uns das Schwert dereinst unfehlbar in die Hand drücken. Dann aber ‚Vae victis‘!“[55]

Insbesondere im Zusammenhang mit dem Antagonismus zwischen Deutschland und England wird in jüngster Zeit häufig die Frage einer berechenbaren Großmachtpolitik zur Kriegsverhütung unter dem Aspekt des Gleichgewichts der Mächte erörtert. Antworten auf diese Frage sind als historische Lehren für unsere Zeit von großer Bedeutung. Jedoch waren die Voraussetzungen für entsprechende Einsichten und Konsequenzen vor 1914 offenbar nicht gegeben. Die vorherrschenden Vorstellungen von Sicherheit und Gleichgewicht waren dem Macht- und Expansionsstreben untergeordnet. Daraus resultierten gegensätzliche, vom eigenen Vorteil bestimmte Auffassungen. So verstand England unter Gleichgewicht die Bewahrung des Status quo auf dem Kontinent. Deutschland erblickte in seiner „Weltpolitik“ einen legitimen Vorstoß, sich „gleich anderen Mächten“ einen „Platz an der Sonne“ zu erobern. Und Rußland sah das Gleichgewicht gestört, wenn Österreich auf dem Balkan seine Hegemonie errichtete. Diese Konzepte wären nur auf einen gemeinsamen Nenner zu bringen gewesen, wenn auf allen Seiten Macht- und Expansionsinteressen dem Willen zur Bewahrung des Friedens und zu wesentlichen Zugeständnissen untergeordnet worden wären. Eine solche Bereitschaft fehlte jedoch, weil die Gegenkräfte noch zu schwach waren und es an Erfahrungen über Ausmaße und Folgen eines modernen Weltkrieges mangelte.

Die oben umrissenen allgemeinen historischen und systemeigenen Tendenzen reichen allein nicht aus, um die Frage zu beantworten, welche Motive die deutsche Reichsregierung im Sommer 1914 unmittelbar veranlaßten, zu einer Politik des unkalkulierbaren Risikos überzugehen, die den Ausbruch des ersten Weltkrieges zur Folge hatte. Wir halten dafür vor allem sechs Faktoren für ausschlaggebend:

Erstens: Das Deutsche Reich hatte sich mit seiner aggressiven Politik selbst isoliert und mit dem Habsburgerreich an einen Partner gebunden, mit dem es in absehbarer Zeit angesichts des inneren Zerfalls dieses Staates nicht mehr rechnen konnte. Mit dem Machtschwund Österreich-Ungarns waren aber auch ökonomische Interessen des deutschen Imperialismus bedroht. Um der Behauptung und Erweiterung entscheidender Einflußsphären auf dem Balkan und im Vorderen Orient willen wurde die Unterstützung der österreichischen Balkanpolitik zu einem vitalen Interesse.

Zweitens: Einflußreiche Teile der Großbourgeoisie sahen sich seit dem zweiten Balkankrieg vor allem im Vorderen Orient und auf dem Balkan einer verstärkten ökonomischen Expansion der Entente gegenüber. Mit „friedlichen" Mitteln konnten sie ihr nur noch schwer entgegenwirken. Verstärkt durch eine neue zyklische Krise verringerten sich die finanziellen Möglichkeiten. Die Kapazität des deutschen Kapitalmarktes drohte sich zu erschöpfen. Der Widerspruch zwischen innerem und äußerem Kapitalbedarf verschärfte sich, und der kapitalmäßigen Überlegenheit Englands und Frankreichs war Deutschland nicht mehr gewachsen. Damit drohte der politische Einfluß in diesen Gebieten zu schwinden, schienen eroberte Einflußsphären gefährdet.

Drittens: Angesichts dieser Situation kam es zur Dominanz einer Kriegsbereitschaft innerhalb der herrschenden Klassen. Neben den Montanmonopolisten neigten nun auch einflußreiche Repräsentanten der Großbanken, der Elektro- und Schiffahrtsmonopole, die bisher auf Grund universeller Sonderinteressen zumeist gegen das Risiko eines Krieges gewirkt hatten, einer nichtfriedlichen Disposition zu, weil sie von den Expansionsschwierigkeiten im Südosten in besonderem Maße betroffen waren. Den gemeinsamen Nenner bildete die vom Krupp-Direktor Alfred Hugenberg am 25. April 1914 formulierte Devise: Eine

„befreiende Kraftprobe“ könne die Möglichkeit schaffen, „an unsere ganze wirtschaftliche und politische Zukunft sehr viel größere Maßstäbe anzulegen“.[56]

Viertens: Die unmittelbare Kriegsbereitschaft erfaßte auch den Staatsapparat, weil inzwischen die Außenpolitik vor allem von monopolistischen Interessen bestimmt wurde. Die junkerliche Komponente stimulierte den kriegerischen Expansionsdrang durch das selbstherrliche Regiment des Kaisers und das Gewicht des Militarismus und beeinflußte vor allem Formen und Zeitpunkt der Kriegsentfesselung.

Fünftens: Das verstärkte Drängen auf gewaltsames Vorgehen, das nun als „ultima ratio“ ungehinderter Expansion betrachtet wurde, traf auf die Überzeugung des Generalstabes, aber auch des Kaisers und der Reichsregierung, daß der Rüstungsvorsprung gegenüber Rußland und Frankreich ernsthaft gefährdet sei. Für den als unvermeidbar angesehenen Krieg hielt man die Gelegenheit für die günstigste, wenn nicht sogar für die letzte.

Sechstens: Ein österreichisch-serbischer Konflikt als Kriegsvorwand wurde schon seit 1908 als optimale Konstellation für den Hegemonialkrieg betrachtet. Das Attentat von Sarajevo bot genau diese Gelegenheit. Dieser Konflikt ermöglichte die Partnerschaft Österreich-Ungarns. Er gestattete eine Machtdemonstration an dem zu dieser Zeit neuralgischen Punkt deutscher Expansionsinteressen. Im Falle seiner Ausweitung bot er die Chance, Rußland zu provozieren, so Frankreich zum Eingreifen zu veranlassen und damit den Schlieffenplan anzuwenden. Darüber hinaus konnte Rußland als Kriegsschuldiger hingestellt, der Eroberungskrieg als Verteidigungskrieg getarnt und auf diese Weise die Sozialdemokratie zum „Mitgehen“ veranlaßt werden. Auf Grund des opportunistischen Einflusses war von ihr ohnehin kein Widerstand zu erwarten.

Alle diese Faktoren standen in Wechselbeziehungen. Die Hauptverantwortung des deutschen Imperialismus war ökonomisch, sozialökonomisch, politisch, militärisch und ideologisch bedingt. Sie wurzelte langfristig in historischen, mittelfristig in systemeigenen Bedingungen sowie kurzfristig in der inneren und äußeren Konstellation im Sommer 1914. Aber unabhängig davon, ob auf den verschiedenen Ebenen, auf denen sich die Kriegsbereitschaft herausbildete, ökonomische oder außerökonomische Motive überwogen – objektiv wurzelte sie zutiefst in der ökonomischen Bewegung, in den monopolistischen Zügen des Kapitalismus.

Bei unterschiedlichen Positionen im Detail hat die Historiographie der ehemaligen DDR die Auffassung vertreten, daß die deutsche Außen- und Rüstungspolitik vor 1914 nicht generell der Konzeption eines „kalkulierten Risikos zur Durchsetzung begrenzter machtpolitischer Veränderungen“[57] folgte, sondern von Anfang an grundlegende machtpolitische Wandlungen anstrebte und dabei von einem zunächst mit Rücksicht auf den unzureichenden Rüstungsstand „kalkulierten Risiko“ zu einem unkalkulierbaren Risiko überging. Sie trug auch keinen defensiven, sondern aggressiven Charakter. Das hat Reichskanzler Bülow selbst einmal eingeräumt, wenn er 1907 die Grundursachen für die Veränderungen in der internationalen Situation, die Bildung der Triple-Entente, „in der fortgesetzten Erstarkung der wirtschaftlichen Kraft Deutschlands“ erblickte und hinzufügte, die Furcht vor der wachsenden wirtschaftlichen und politischen Macht Deutschlands sei es, welche die anderen Staaten zu Allianzen treibe, die ihren Ursprung nach eher defensiven Charakters seien.[58]

Auch die deutsche Politik in der Julikrise 1914 war keine „Defensive“ zur „Machterhaltung“ oder zum „Machtausgleich“, die lediglich mit „offensiven politischen Mitteln“ geführt wurde.[59] Sie war kein „kalkuliertes Risiko“, das nur durch die „Starrheit der militärischen Planungen“ außer Kontrolle geriet.[60] Und sie war auch keine „notwendige Verteidigungsmaßnahme“ gegenüber Österreich-Ungarn.[61] Diese Politik war kein Hauptprodukt sozialer Zwänge, nationalistischer Ideologien oder einer Mächterivalität an sich. Sie war primär eine im Expansionsdrang der Monopole wurzelnde abenteuerliche Offensive des unkalkulierbaren Risikos zur ökonomischen und politischen Machterweiterung, die die Anwendung kriegerischer Gewalt und auch einen Weltkrieg bewußt in Rechnung setzte.

Die sogenannte Lokalisierungstaktik der Reichsregierung während der Julikrise schloß das Risiko eines Weltkrieges ein. Sie war kein Bemühen, den „großen Krieg“ doch noch zu verhindern, sondern ein Versuch, die deutsche Ausgangsposition im Kriegsfall möglichst günstig zu gestalten. Die Potsdamer Beschlüsse vom 5./6. Juli 1914, die Haltung der Reichsregierung zum österreichischen Ultimatum an Serbien, die deutsche Reaktion auf Vermittlungsversuche Großbritanniens und Rußlands – all dies läßt deutlich werden, daß sich Bestrebungen einer Beherrschung des selbst geschürten Konflikts lediglich darauf bezogen, England – wenigstens vorübergehend – neutral zu halten, um den deutschen Kriegsplan frei von einer britischen Beteiligung verwirklichen und den Krieg als deutschen Verteidigungskrieg im Interesse der Kriegsbereitschaft der Volksmassen, vor allem der Sozialdemokratie, tarnen zu können. Die vorherrschende Disposition eines präventiven offensiven kriegerischen Vorgehens mit dem Kalkül eines „europäischen Krieges" war zu dieser Zeit in solcher Ausprägung bei den anderen Großmächten nicht zu verzeichnen. Sie wirkte deshalb als Katalysator der vielfältigen, zum Übergang von friedlicher zu kriegerischer Expansion drängenden Faktoren und bildete den entscheidenden Impuls für den Ausbruch des ersten Weltkrieges.[62]

Bei unterschiedlichen methodischen Ansätzen und ungeachtet verschiedenartiger Resultate stimmen die Historiker heute in der Verurteilung der zum ersten Weltkrieg führenden Politik überein, und auch in dem Willen, daraus friedensfördernde Lehren für Gegenwart und Zukunft abzuleiten. Die mit Bezug auf den ersten und zweiten Weltkrieg formulierte grundlegende historische Lehre, „daß Großmächtekriege ein vernünftiges Mittel von Politik nicht mehr sein können" und daß „ein Verzicht auf Krieg ... wechselseitiges Einvernehmen" voraussetzt,[63] ist nur dann konstruktiv, wenn sie die schonungslose Beantwortung der Frage einschließt, welche objektiven, insonderheit systemimmanenten Triebkräfte die beiden Kriegskatastrophen der ersten Hälfte unseres scheidenden Jahrhunderts heraufbeschworen haben und wenn von daher Konsequenzen für die Friedensbewahrung in unserer Zeit abgeleitet werden.

Anmerkungen

[1] Siehe Hans Joachim Bernhard/Dieter Fricke, Forschungen zur Geschichte Deutschlands und der deutschen Arbeiterbewegung von 1900–1917/18, in: Historische Forschungen in der DDR. Analysen und Berichte. Zum XI. Internationalen Historikerkongreß in Stockholm,

August 1960, Berlin 1960, S.300f.; Willibald Gutsche/Annelies Laschitza, Forschungen zur deutschen Geschichte von der Jahrhundertwende bis 1917, in: Historische Forschungen in der DDR 1960–1970. Analysen und Berichte. Zum XIII. Internationalen Historikerkongreß in Moskau 1970, Berlin 1970, S.476ff., 491 ff.; Willibald Gutsche/Helmut Otto, Der Erste Weltkrieg in der DDR-Geschichtswissenschaft, in: Neue Forschungen zum Ersten Weltkrieg. Literaturberichte und Bibliographien von 30 Mitgliedstaaten der «Commission Internationale d'Histoire Militaire Comparée», hrsg. v. Jürgen Rohwer, Koblenz 1985, S.91 ff.

[2] Fritz Klein, Deutschland von 1897/98 bis 1917, 5., bearb. Aufl., Berlin 1986 (1. Aufl. 1961).

[3] Deutschland im ersten Weltkrieg. Von einem Autorenkollektiv unter Leitung von Fritz Klein, Bd. 1. Vorbereitung, Entfesselung und Verlauf des Krieges bis Ende 1914. Von einem Autorenkollektiv unter Leitung von Fritz Klein, 2. Aufl., Berlin 1970 (1. Aufl. 1968).

[4] Deutsche Geschichte in zwölf Bänden, hrsg. vom Zentralinstitut für Geschichte der Akademie der Wissenschaften der DDR, Herausgeberkollegium, Ltg. Walter Schmidt, Bd. 6: Imperialismus im Kaiserreich und erster Weltkrieg von 1897 bis 1917, Autorenkollektiv: Ltg. Willibald Gutsche, im Druck, erscheint 1990.

[5] Deutsche Geschichte in zwölf Bänden, Bd. 5: Der Kapitalismus der freien Konkurrenz und der Übergang zum Monopolkapitalismus von 1871 bis 1897, Autorenkollektiv: Ltg. Gustav Seeber, Berlin 1988.

[6] Fritz Fischer, Griff nach der Weltmacht. Die Kriegszielpolitik des kaiserlichen Deutschland 1914/18, Düsseldorf 1961, S. 11, 3. Aufl. 1964, S. 25; ders., Krieg der Illusionen. Die deutsche Politik von 1911 bis 1914, Düsseldorf 1969, S. 13.

[7] Vgl. z.B. Wolfgang J. Mommsen, Der moderne Imperialismus als innergesellschaftliches Phänomen. Versuch einer universalgeschichtlichen Einordnung, in: Der europäische Imperialismus. Aufsätze und Abhandlungen, Göttingen 1979, S. 61.

[8] Ploetz, Geschichte der Weltkriege. Mächte, Ereignisse, Entwicklungen 1900–1945, hrsg. v. Andreas Hillgruber u. Jost Dülffer, Freiburg – Würzburg 1981, S. 58.

[9] Ploetz, Das deutsche Kaiserreich 1870/71 bis 1918. Bilanz einer Epoche, hrsg. v. Dieter Langewiesche, Freiburg – Würzburg 1984, S. 55.

[10] Ebd., S. 60.

[11] Gregor Schöllgen, Das Zeitalter des Imperialismus, München [2]1991 S. 144.

[12] Zit. nach ebd., S. 154f.

[13] Ploetz, Geschichte der Weltkriege, S. 10.

[14] Ebd., S. 53.

[15] Ebd., S. 59.

[16] Siehe dazu vor allem die Studien in: Jahrbuch für Geschichte (im folg.: JbfG), Bd. 15: Studien zur Geschichte des deutschen Imperialismus von der Jahrhundertwende bis 1917, hrsg. von der Abteilung 1900–1917 des Zentralinstituts für Geschichte der AdW der DDR unter Leitung von Willibald Gutsche, Berlin 1977.

[17] Siehe z. B. Willibald Gutsche, Mitteleuropaplanungen in der Außenpolitik des deutschen Imperialismus vor 1918, in: ZfG 5 (1972), S. 533 ff.; Herbert Gottwald, Gemeinsamkeiten und Unterschiede in der Mitteleuropapolitik der herrschenden Klassen in Deutschland von der Jahrhundertwende bis 1918, in: JbfG, Bd. 15, S. 145 ff.; Ursula Mader, Europapläne und Kriegsziele Walther Rathenaus (1912–1916), in: Ebd., S. 191 ff.; Jörg Villain, Zur Genesis der Mitteleuropakonzeption Friedrich Naumanns bis zum Jahre 1915, in: Ebd., S. 207 ff.

[18] Siehe z. B. Alfred Schröter, Die objektiven Triebkräfte und Hemmnisse der deutschen imperialistischen Mitteleuropapläne, in: Ebd., S. 19 ff.; Helga Nussbaum, Außenhandelsverflechtung und imperialistische deutsche Mitteleuropapläne 1899 bis 1914, in: Ebd., S. 31 ff.

[19] Willibald Gutsche, Zur Mitteleuropapolitik der deutschen Reichsleitung von der Jahrhundertwende bis zum Ende des ersten Weltkrieges, in: Ebd., S. 85 ff.

[20] Siehe z. B. ders., Zur Südosteuropaexpansion des deutschen Imperialismus vom Ende des 19. Jahrhunderts bis zum Ende des ersten Weltkrieges, in: Ebd., S. 235 ff.; ders., Serbien in den Mitteleuropaplänen des deutschen Imperialismus am Vorabend des ersten Weltkrieges, in: ZfG 1 (1975), S. 35 ff.

[21] Siehe bes.: Drang nach Afrika. Die koloniale Expansionspolitik und Herrschaft des deutschen Imperialismus in Afrika von den Anfängen bis zum Ende des zweiten Weltkrieges, hrsg. v. Helmut Stoecker, Berlin 1977; Willibald Gutsche, Zu Hintergründen und Zielen des „Panthersprungs“ nach Marokko von 1911, in: ZfG 2 (1980), S. 134 ff.

[22] Siehe z. B. Willibald Gutsche, Die deutschen Montanmonopole und Großbanken und die französischen Erzfelder vor dem ersten Weltkrieg, in: ZfG 6 (1976), S. 681 ff.

[23] Willibald Gutsche, Zur Erforschung des Verhältnisses von Ökonomie und Politik im deutschen Imperialismus vor 1917, in: ZfG 6 (1977), S. 711 ff.

[24] Ders., Monopole, Staat und Expansion vor 1914. Zum Funktionsmechanismus zwischen Industriemonopolen, Großbourgeoisie und Staatsorganen in der Außenpolitik des Deutschen Reiches 1897 bis Sommer 1914, Berlin 1986; Fritz Klein, Politische und wirtschaftliche Interessen in der Balkanpolitik Deutschlands und Österreich-Ungarns 1912, in: Neue Studien zum Imperialismus vor 1914, hrsg. v. Fritz Klein, Berlin

1980, S. 109 ff.; Heinz Lemke, Politik und Ökonomie in den deutsch-russischen Beziehungen vor dem ersten Weltkrieg: Bestrebungen, Rußland den deutschen Geldmarkt zu sperren, in: Ebd., S. 51 ff.; ders., Finanztransaktionen und Außenpolitik. Deutsche Banken und Rußland im Jahrzehnt vor dem ersten Weltkrieg, Berlin 1985.

[25] Willibald Gutsche, Monopole, Staat und Expansion vor 1914, S. 120 ff.

[26] Helga Nussbaum, Zur Imperialismustheorie W. I. Lenins und zur Entwicklung staatsmonopolistischer Züge des deutschen Imperialismus bis 1914, in: Jahrbuch für Wirtschaftsgeschichte (im folg.: JbfWg) IV (1970), S. 25 ff.; Dieter Baudis/Helga Nussbaum, Wirtschaft und Staat in Deutschland vom Ende des 19. Jahrhunderts bis 1918/19 (= Wirtschaft und Staat in Deutschland. Eine Wirtschaftsgeschichte des staatsmonopolistischen Kapitalismus in Deutschland vom Ende des 19. Jahrhunderts bis 1945 in drei Bänden, hrsg. v. Helga Nussbaum u. Lotte Zumpe, Bd. 1), Berlin 1978.

[27] Horst Handke, Einige Probleme der Sozialstruktur im imperialistischen Deutschland vor 1914, in: JbfG, Bd. 15, S. 261 ff.; ders., Einige Probleme der inneren Struktur der herrschenden Klassen in Deutschland vom Ende des 19. Jahrhunderts bis zum ersten Weltkrieg, in: Studien zum deutschen Imperialismus vor 1914, hrsg. v. Fritz Klein, Berlin 1976, S. 85 ff.; Wolfgang Küttler, Zu den Kriterien einer sozialen Typologie des Junkertums im System des deutschen Imperialismus vor 1917, in: ZfG 8 (1979), S. 722 ff.; Willibald Gutsche, Monopolbourgeoisie, Staat und Außenpolitik vor dem ersten Weltkrieg, in: ZfG 3 (1981), S. 239 ff.

[28] Ders., Der gewollte Krieg. Zur deutschen Verantwortung für die Entstehung des Ersten Weltkrieges, in: Blätter für deutsche und internationale Politik 6 (1984), S. 732 ff.

[29] Ders., Außenpolitische Ziele, Rüstungspolitik und Kriegsdisposition der deutschen Reichsleitung vor 1914, in: ZfG 11 (1988), S. 963 ff.

[30] Ders., Die Herausbildung der unmittelbaren Kriegsdisposition des deutschen Imperialismus im Sommer 1914, in: Militärgeschichte 2 (1984), S. 107 ff.; ders., Zur Entfesselung des ersten Weltkrieges. Aktuelle Probleme der Forschung, in: ZfG 9 (1985), S. 779 ff.

[31] Peter Bachmann/Kurt Zeisler, Der deutsche Militarismus, Bd. 1: Vom brandenburg-preußischen zum deutschen Militarismus. Illustrierte Gechichte, 2. Aufl., Berlin 1986, S. 312 ff.; Der deutsche Militarismus in Geschichte und Gegenwart. Studien, Probleme, Analysen, hrsg. unter Leitung von Karl Nuß, Berlin 1980.

[32] Willibald Gutsche, Historische Erfahrungen und aktuelle Lehren des ersten imperialistischen Weltkrieges, in: Militärgeschichte 4 (1985), S. 291 ff.

[33] Jürgen Hell, Deutsche Expansion und interimperialistische Rivali-

tät in Brasilien vor 1914, in: Neue Studien zum Imperialismus vor 1914, S. 83 ff.; H.-C. Stichler, Die Orte Gaomi und Jiaozhou während der deutschen Kolonialherrschaft in China, in: Wissenschaftliche Zeitschrift, Humboldt-Universität, Berlin 1988, 2, S. 94 ff.; Heinz Lemke, Die Erdölinteressen der Deutschen Bank in Mesopotamien in den Jahren 1903–1911, in: JbfG 24 (1981), S. 41 ff.; ders., Verbindungen der Petersburger Internationalen Handelsbank zu deutschen Banken Ende des 19. Jahrhunderts, in: Jahrb. für Gesch. der sozialist. Länder Europas 28 (1984), S. 161; ders., Finanztransaktionen und Außenpolitik. Deutsche Banken und Rußland im Jahrzehnt vor dem ersten Weltkrieg, Berlin 1985; ders., Das Scheitern der Verhandlungen über die offizielle Beteiligung Frankreichs am Bagdadbahnunternehmen 1903, in: JbfG 29 (1984), S. 227 ff.; ders., Deutschland und Rußland während der Krisen im Jahrzehnt vor dem ersten Weltkrieg, in: Kriegsgefahren und Friedenschancen im 20. Jahrhundert, hrsg. v. Fritz Klein, Berlin 1985, S. 17 ff.; ders., Politik und Ökonomie in den deutsch-russischen Beziehungen vor dem ersten Weltkrieg: Bestrebungen, Rußland den deutschen Geldmarkt zu sperren, in: Neue Studien zum Imperialismus vor 1914, S. 51 ff.; ders., Der Abschluß des Urheberrechtsvertrages zwischen Rußland und Deutschland im Jahre 1913, in: Jahrb. für Gesch. der sozialist. Länder Europas 26/1 (1982), S. 133 ff.; Claus Remer, Voraussetzungen und Bedingungen der Ukrainepolitik des deutschen Imperialismus von der Jahrhundertwende bis zur Großen Sozialistischen Oktoberrevolution, Diss. B, Jena 1985; ders., Einige Voraussetzungen und Aspekte der Ukrainepolitik des deutschen Imperialismus zu Beginn des 20. Jahrhunderts, in: Jahrb. für Gesch. der sozialist. Länder Europas 27 (1983), S. 237 ff.; ders., Zur Wirtschaftsentwicklung und insbesondere zur Anlage deutschen Kapitals in der Ukraine von der Jahrhundertwende bis 1914, in: JbfWg II (1985), S. 45 ff.; ders., Zur Rolle der Rußlanddeutschen im Kalkül des deutschen Imperialismus, in: Jenaer Beiträge zur Parteiengeschichte 48 (1986), S. 91 ff.; Ludmilla Thomas, Rivalitäten deutscher und russischer Schifffahrtsgesellschaften im Transatlantikgeschäft, in: JbfG 29 (1984), S. 39 ff.; Siegrid Wegner-Korfes, Politische und ökonomische Aspekte des deutschen Kapitalexports in den privaten russischen Eisenbahnbau in den 80er und 90er Jahren des 19. Jahrhunderts, in: JbfG 29 (1984), S. 7 ff.; Dietmar Wulff, Handel und Politik in den russisch-deutschen Beziehungen 1894–1904. Zu den Auseinandersetzungen um den russischen Agrarexport, Diss. A, Berlin 1986; Inge Baumgart/Horst Benneckenstein, Die Erdölpolitik des deutschen Imperialismus vom Ausgang des 19. Jahrhunderts bis zum ersten Weltkrieg. Eine Studie zum Wechselverhältnis von Ökonomie und Politik, Diss. B, Jena 1986; Bernd Schmiale, Zur Tätigkeit der Philipp Holzmann AG im Rahmen der Nahostexpansion der Deutschen Bank AG – eine wirtschaftshistorische Betrachtung unter besonderer Berücksichtigung des Zeitraumes zwischen 1888 und 1918, Diss. A, Berlin 1986; Jochen Laufer, Die deutsche Südafrikapolitik 1890–1898 im Spannungsfeld zwischen deutsch-englischen Beziehungen, Wirtschaftsinteressen und Expansionsforderungen in der bürgerlichen Öffentlichkeit, Diss. A, Berlin 1987; Rudolf Felber/Horst Rostek, Der „Hunnenkrieg" Kaiser Wilhelms II., Berlin 1987 (Illustrierte Historische Hefte, Nr. 45), Willibald Gutsche, Zu Hintergründen und Zielen des „Panthersprungs" nach Marokko von 1911, in: ZfG 2 (1980); ders., „Panthersprung" nach Agadir 1911, Berlin 1988 (Illustrierte Historische Hefte, Nr. 48); Helmut Otto, Der „Panthersprung" nach Agadir. Zum 75. Jahrestag der zweiten Marokkokrise 1911, in: Militärgeschichte 3 (1986), S. 254 ff.

[34] Dieter Schulte, Die Monopolpolitik des Reichskolonialamtes in der „Ära Dernburg" 1906–1910. Zu frühen Formen des Funktionsmechanismus zwischen Monopolkapital und Staat, in: JbfG 24 (1981), S. 7 ff.; Peter Sebald, Togo 1884–1914. Eine Geschichte der deutschen „Musterkolonie" auf der Grundlage amtlicher Quellen, Berlin 1988; Horst Drechsler, Aufstände in Südwestafrika. Der Kampf der Herero und Nama gegen die Kolonialherrschaft, Berlin 1984; Philosophie der Eroberer und koloniale Wirklichkeit. Ostafrika 1884–1918, hrsg. v. Klaus Büttner u. Heinrich Loth, Berlin 1981; Klaus Brade, Die Entstehung eines kolonialen Siedlertums während der deutschen Kolonialherrschaft über Südwestafrika, in: Die koloniale Aufteilung Afrikas und ihre Folgen, Berichte der Humboldt-Universität Berlin 7 (1985), S. 53 ff.

[35] Vgl. z. B. Helmut Böhme, Thesen zur Beurteilung der gesellschaftlichen, wirtschaftlichen und politischen Ursachen des deutschen Imperialismus, in: Der moderne Imperialismus, hrsg. u. eingel. von Wolfgang J. Mommsen, Stuttgart – Berlin (West) – Köln – Mainz 1971, S. 54.

[36] Willibald Gutsche, Der gewollte Krieg, S. 736 ff.

[37] Gregor Schöllgen, Imperialismus und Gleichgewicht. Deutschland, England und die orientalische Frage 1871–1914, München 1984, S. 87.

[38] Siehe Gutsche, Monopole, Staat und Expansion vor 1914, S. 126.

[39] Siehe Willibald Gutsche/Fritz Klein/Joachim Petzold, Von Sarajevo nach Versailles. Deutschland im ersten Weltkrieg, Berlin 1985, S. 11 ff.; Helmut Otto/Karl Schmiedel, Der erste Weltkrieg. Militärhistorischer Abriß, 3., völlig überarb. Aufl., Berlin 1977, S. 9 ff.

[40] Willibald Gutsche, Monopole, Staat und Expansion vor 1914, S. 93 ff.

[41] Karl Lamprecht, Deutsche Geschichte, 2. Ergänzungsbd., 2. Hälfte, Berlin 1902–1904, S. 11 f.

[42] W. I. Lenin, Der Imperialismus als höchstes Stadium des Kapitalismus, in: Werke, Bd. 22, Berlin 1960, S. 280.

[43] Siehe Heinz Wolter, Bismarcks Außenpolitik 1871–1881. Außenpolitische Grundlinien von der Reichsgründung bis zum Dreikaiserbündnis, Berlin 1983, S. 81 ff.; Willibald Gutsche, Außenpolitische Ziele, Rüstungspolitik und Kriegsdisposition der deutschen Reichsregierung vor 1914, in: ZfG 11 (1988), S. 963 ff.

[44] Zit. nach Gutsche, Monopole, Staat und Expansion vor 1914, S. 226.

[45] ZStA, Historische Abteilung I, Potsdam, Nachlaß Otto Hammann, Nr. 4, Bl. 13, Bethmann Hollweg an Bernhard von Bülow, 10. 6. 1915.

[46] Dokumente zur deutschen Geschichte 1910–1914, hrsg. v. Dieter Fricke, bearb. von Annelies Laschitza, Berlin 1976, Nr. 35, S. 54, Alfred von Tirpitz an Eduard von Capelle, 12. 8. 1911.

[47] Der erste Weltkrieg. Dokumente, ausgew. und eingel. von Helmut Otto u. Karl Schmiedel, Berlin 1977, Dok. 7, S. 57, Denkschrift Helmuth von Moltkes vom 21. 12. 1912.

[48] Ebd., Dok. 5, S. 51, Denkschrift Helmuth von Moltkes vom 2. 12. 1911.

[49] PRO, The Privat Papers of Sir Francis Bertie, FO 800/165, Bl. 104 ff., Grey an Bertie, 20. 7. 1911.

[50] Ebd., FO 800/186, Bl. 245, Grey an Goschen, 17. 7. 1911.

[51] Paul M. Kennedy, The Rise of the Anglo-German Antagonism 1860–1914, London – Boston – Sydney, S. 320, 464.

[52] Schöllgen, Imperialismus und Gleichgewicht, S. 433, 430.

[53] Fritz Fischer, Krieg der Illusionen, S. 435 ff., 438 f.

[54] Berliner Lokal-Anzeiger, Nr. 307 v. 20. 6. 1914 (Morgenausgabe); Willibald Gutsche, „Mitten im Frieden überfällt uns der Feind". Zur Friedensdemagogie des deutschen Imperialismus vor 1914 und ihren Auswirkungen, in: Sie reden vom Frieden und rüsten zum Krieg. Friedensdemagogie und Kriegsvorbereitung in Geschichte und Gegenwart, hrsg. v. Reinhard Kühnl u. Karen Schönwälder, Köln 1986, S. 58 ff.

[55] Die Post, Nr. 284 v. 20. 6. 1914 (Abendausgabe).

[56] Alfred Hugenberg, Streiflichter aus Vergangenheit und Gegenwart, Berlin 1927, S. 205.

[57] Andreas Hillgruber, Deutsche Großmacht- und Weltmachtpolitik im 19. und 20. Jahrhundert, Düsseldorf 1977, S. 92; ders., Die gescheiterte Großmacht. Eine Skizze des Deutschen Reiches 1871–1945, Düsseldorf 1980, S. 44 ff.

[58] Zit. nach Gutsche, Monopole, Staat und Expansion vor 1914, S. 128.

[59] Egmont Zechlin, Krieg und Kriegsrisiko. Zur deutschen Politik im Ersten Weltkrieg. Aufsätze, Düsseldorf 1979, S. 162, 190.

[60] Hillgruber, Die gescheiterte Großmacht, S. 44 f., 49 f.

[61] Gordon A. Craig, Deutsche Geschichte 1866–1945, München 1980, S. 295, 297.

[62] Willibald Gutsche, Sarajevo 1914. Vom Attentat zum Weltkrieg, Berlin 1984, S. 50 ff.

[63] Ploetz, Geschichte der Weltkriege, S. 24.

EIN NATIONALSTAAT GEGEN GESCHICHTE UND GEOGRAPHIE: DAS DEUTSCHE DILEMMA

Von Michael Stürmer

Die These hat nicht wenige Anhänger, daß die Deutschen, indem sie 1866/71 Bismarck folgten, einen Sonderweg einschlugen. Dementsprechend wurden ganze Kapitel der europäischen Geschichtsschreibung von einer Theorie des abweichenden Verhaltens der Deutschen geprägt: Vom Aufstieg Preußens bis zur Schreckensherrschaft Hitlers. Die Sonderwegsthese hat den Vorteil, daß sie die Guten und die Bösen eindeutig voneinander scheiden half, und nur zu häufig war der Rhein die Grenze zwischen beiden Lagern. Erst in jüngerer Zeit ist der Topos des Sonderwegs in Vergessenheit geraten, zum Teil weil er nicht mehr intellektuell stimulierend wirkt, zum Teil weil man entdeckt hat, daß die Deutschen, 40 Jahre nach Gründung der Bundesrepublik, sich anständig verhalten, zum Teil aber auch, weil man die der Sonderwegsthese zugrundeliegenden Probleme gründlicher studiert hat.

Die Debatte über den Sonderweg gehört heute weitgehend der Vergangenheit an, und der Begriff 'Sonderweg', wenn er denn in der politischen Rhetorik unserer Tage auftaucht, warnt nicht mehr – wie noch gestern – vor der autoritären Versuchung der Deutschen, sondern vor pazifistischen und neutralistischen Träumen, vor deutscher Entfremdung von atlantischen Werten und vor der Rebellion gegen die innen- und außenpolitische Konstellation, die vor 40 Jahren zur Gründung des deutschen Weststaats führte. Auch mit dem Hinweis, den alten Sonderweg nie wieder gehen zu wollen, haben aufeinanderfolgende Regierungen in Bonn wieder und wieder die Westintegration als tragende Säule, auf der die Republik ruht, hervorgehoben.

Vielleicht Sonderweg in der Vergangenheit, aber nicht mehr in der Zukunft. Dennoch bleibt es reizvoll für den Historiker, den

Blick auf den Nationalstaat des 19. Jahrhunderts zu richten: Nicht so sehr auf die Fragen, auf die dieser eine Antwort versprach, als vielmehr auf die unausweichlichen Dilemmata, die er sich auf diese Weise schuf. Hilfreich sind in diesem Zusammenhang die Analysen von Sebastian Haffner, Lothar Gall und Andreas Hillgruber.[1] Drei Dilemmata fallen sofort ins Auge: Erstens wohnten die Deutschen im strategischen Kernland Europas, das noch heute einer Reihe Pariser Metrostationen klangvolle Namen verleiht. Deutschland ist der Punkt, wo alle Halbinseln Westeuropas verbunden sind, und das führte zur Quadratur des Kreises angesichts der Energie, welche die Französische Revolution freisetzte. Denn die Deutschen betrachteten ihre Vergangenheit mehr und mehr als einen schemenhaften Schatten, wertlos und ohne die Vision der Zukunft. Das Heilige Römische Reich schien als erste von vielen Vergangenheiten, auf die sich nicht bauen ließ und die man daher so schnell und so gründlich wie möglich zu vergessen versuchte. Dem Druck des Napoleonischen Empire ausgesetzt, in dessen Kriege in Spanien, Rußland und anderswo verstrickt, schienen die Deutschen kollektiv zu jenem Schluß gekommen zu sein, den Sebastian Haffner einmal so formulierte: „Das soll uns nie wieder passieren. Und das können wir auch." Ein Mittel bot sich an, die Rückkehr der Vergangenheit zu verhindern. Es war der Nationalstaat: mächtig, aufgeklärt und westlich.

Das zweite Dilemma eröffnete sich durch die Natur des Prinzips der Selbstbestimmung. Das Versprechen der Modernität und die Suche nach dem Glück, die wirkungsmächtigen Botschaften der amerikanischen Revolution und der englischen Evolution, waren um 1800 aufs engste verknüpft mit der politischen Dynamik des Nationalstaats. Jeder Leser von Tocquevilles ›De la démocratie en Amérique‹ mußte zu dem Schluß gelangen, daß Massendemokratie und Industrialisierung die Hoffnung der Zukunft waren. Den Deutschen, die ein für allemal von ihrer Vergangenheit loskommen und aufrecht gehen wollten, wie andere Nationen zuvor, versprach der Nationalstaat die einzig mögliche Antwort auf alle politischen Defizite und moralischen Schwächen der Vergangenheit: keine Invasionen mehr und keine Duodezfürsten, dafür aber Vernunft, öffentliche Meinung, Herrschaft des Rechts und ein mächtiger, wohlgeordneter Staat. In einer Zeit, da die Polen von der Unabhängigkeit träumten, die Italiener gegen Fremdherrschaft rebellierten und die Iren die englische Herrschaft immer unerträglicher fanden, schien dies keine ungewöhnliche oder unvernünftige Annahme. Ganz davon abgesehen, hatten die Deutschen nach den Russen die zweitgrößte Bevölkerung auf dem europäischen Kontinent, und überall in Deutschland wurden sie durch die Doppeladler auf Toren und Türmen daran erinnert, daß ihres einst das Heilige Römische Reich gewesen war. In ihrer Unschuld glaubten die Pilger des Hambacher Fests von 1832, daß Demokratie, Nationalstaat und die Brüderlichkeit aller Menschen Bestandteile ein und derselben Zukunft wären und nichts mehr zwischen ihnen und dem gelobten Land liege als die Niedertracht ihrer Fürsten und die Politik Metternichs. Das „Deutschland, Deutschland über alles" des Hoffmann von Fallersleben war beileibe keine Kriegserklärung an den Westen, sondern eher eine Liebesbezeugung, wenn auch die Botschaft nie so verstanden, geschweige denn gewürdigt wurde.[2]

So waren denn die meisten 48er schockiert und überrascht – und viele ihrer Nachkommen reagierten später ähnlich –, als sie merkten, daß das übrige Europa bei aller Liebe für die deutschen liberalen und die demokratischen Ideale eher beunruhigt als erfreut waren über das, was sich in dem „tollen Jahr" in Deutschland abspielte. Trotz aller Reeducation dieser Welt ist es auch heute noch nicht wahr, daß der Westen 1848 für den deutschen Liberalismus war, geschweige denn für die Demokratie: Allein die Vereinigten Staaten erwiesen der Paulskirche die Ehre, einen Gesandten bei der deutschen Zentralgewalt zu akkreditieren. Dabei hatten sich die meisten Enttäuschungen, die die deutschen Nationalisten 1848 erfahren mußten, schon lange vorher abgezeichnet.[3] Die Schwierigkeiten der deutschen Nation reichten zurück bis zum Wiener Kongreß und darüber hinaus. Manche Verse Goethes spiegeln den vornationalen, kosmopolitischen Geist der deutschen Geisteseliten wider – das, was Friedrich Meinecke später „Weltbürgertum" nannte, und was, in politische Sprache übersetzt, nichts anderen hieß, als daß die Deutschen ihre nationale Bestimmung besser vergessen sollten. „Deutschland, aber wo liegt es?" hatten Goethe und Schiller 1797 gefragt, als die französischen Revolutionsarmeen Europa überfluteten. Auf der Karte der Literatur und des geistigen Lebens hatten die Halbgötter aus

Weimar Deutschland gefunden, aber als einen Staat dieser Welt konnten sie es nicht entdecken. Viele Jahrzehnte lang überwog diese Skepsis, und am Ende seines Lebens kommentierte Goethe in einem Brief an seinen Freund Zelter in Berlin die seltsamen Ideen, die das Credo eines Zeitalters waren: „Alles ist jetzt ultra, alles transzendiert unaufhaltsam, im Denken wie im Tun. Niemand kennt sich mehr, niemand begreift das Element, worin er schwebt und wirkt, niemand den Stoff, den er bearbeitet ... Junge Leute werden viel zu früh aufgeregt und dann im Zeitstrudel fortgerissen ... Laß uns soviel als möglich an der Gesinnung halten, in der wir herankamen, wir werden, mit vielleicht noch Wenigen, die Letzten sein einer Epoche, die sobald nicht wiederkehrt.“[4]

Das dritte Dilemma war geostrategischer Natur, und dieses hat sich bis heute nicht lösen lassen. Anders als Großbritannien hat Deutschland nicht den Vorteil, eine Insel zu sein und davon zu profitieren, wie Shakespeare es in Versen beschreibt, die die britische Identität bis in unsere Tage prägen.[5] Und anders als die Vereinigten Staaten ist Deutschland keine kontinentale Nation. Immer in ihrer Geschichte fanden sich Deutschland und die Deutschen verdammt zu einer Lage, die sie sich nicht ausgesucht hatten. Die englischsprachigen Nationen mit ihrem insularen Geschichtsbild neigen dazu, ihre unausgesprochene Grundannahmen auf den europäischen Kontinent zu übertragen, und können deswegen die Alpträume und Traumata, die die “lesser breeds” heimsuchen, schwer verstehen. Seit 1066 hat Großbritannien keine erfolgreiche Invasion mehr erlebt, und die Vereinigten Staaten waren unverwundbar, bis die Sowjetunion in den 1960er Jahren die Technik der nuklear bewaffneten Interkontinentalraketen beherrschte. In Amerika ist “the frontier” ein positiv besetzter Mythos, ein Versprechen, eine Herausforderung. In der Geschichte Frankreichs, Polens, der Schweiz, Österreichs und Ungarns waren Grenzen immer eine Bedrohung.

Grenzen haben sich verschoben – nicht immer nach außen, sondern manchmal auch nach innen. Was immer der Geschichtsunterricht an den Schulen sie lehrte, die Deutschen fanden es schwer zu vergessen, daß es seinen Preis hatte, in der Mitte zu leben. Zur Zeit Luthers wurde Deutschland fast zerdrückt zwischen dem Vormarsch der Türken im Südosten und dem Druck Franz I. im Westen, der wiederum selbst gegen Karl V. und die habsburgische Einkreisung, die er von Madrid und Wien ausgehen sah, ankämpfte. Im Vergleich zum Dreißigjährigen, dem „Teutschen Krieg", waren der britische Bürgerkrieg des 17. Jahrhunderts und die Aufstände der Fronde in Frankreich ein Kinderspiel. Der Bürgerkrieg, der 1618 in Böhmen begann, breitete sich über ganz Süddeutschland aus und zog, nach zehn schrecklichen Jahren, fast alle europäischen Armeen und Konflikte auf deutsches Territorium. Habgier und Machtprojektion hatten dort ihr Feld, bis mehr als die Hälfte der deutschen Bevölkerung umgekommen war. 1681 verlor man Straßburg, die nach Köln zweitgrößte Stadt Deutschlands, an den Allerchristlichsten König, zwei Jahre später stießen osmanische Truppen auf Wien vor. War das Zufall? Solche Erfahrungen konnten die Deutschen lange nicht vergessen.

Der Dreißigjährige Krieg veränderte Deutschland für Jahrhunderte. Vielleicht ist deshalb Angst noch heute eine immer wieder aufbrechende Stimmungslage in dem Land im Herzen Europas. Der größte Teil des Landes lag in Schutt und Asche, die stolzen Stadtrepubliken waren bankrott und im Niedergang, die Patrizier in ihren politischen Ambitionen geschwächt, der Territorialstaat durch das Hobbessche Staatsbild des Leviathan legitimiert – ein Staat, der mit absoluter Macht den Frieden erhielt und den Rückfall in den Naturzustand verhinderte. Seit 1648 war die Verfassung Deutschlands Teil des europäischen öffentlichen Rechts, das Heilige Römische Reich ruhte in sich selbst und im aufsteigenden Gleichgewicht der Mächte. Der Westfälische Friede war eine geniale Völkerordnung Europas, doch verdammte er Deutschland und die Deutschen 150 Jahre lang zum Immobilismus.

Das europäische Konzert des 18. Jahrhunderts baute auf diesem deutschen Gleichgewicht auf, das irgendwo zwischen Maas, Memel, Etsch und Belt verankert war: Das *iustum potentiae equilibrium*, wie es der Friede von Utrecht und Rastatt nannte, gab Großbritannien, Frankreich, Schweden und den Niederlanden die Möglichkeit, sich unabhängig zu entwickeln, ihren vornationalen Staat auszubauen und in Übersee Kolonialreiche zu erwerben, während die Dynamik Zentraleuropas durch möglichst viel Gleichgewicht und möglichst wenig Macht im Zaum gehalten wurde. Im Siebenjährigen Krieg, als die Kolonialreiche

Frankreichs und Großbritanniens neu verteilt wurden, gewann Rußland ein *droit de regard* in Zentraleuropa, ein faktisches Veto über jede machtpolitische Veränderung. Die politische Verfassung Deutschlands blieb das Herz des europäischen Systems. Im Rahmen dieser Verfassung und innerhalb der führenden Territorialstaaten entwickelte sich politisches und soziales Leben. Die Stadtrepubliken aber erholten sich niemals mehr von den Wunden des Dreißigjährigen Krieges. Der Kaiser herrschte über ein Museum mittelalterlicher Staaten und über einen stabilen Waffenstillstand in Glaubensfragen. Beides war Voraussetzung des geostrategischen Gleichgewichts. Dies war die Bühne, auf der sich vor dem Hintergrund der Französischen Revolution und der Herrschaft Napoleons der Zusammenbruch von Staat und Gesellschaft abspielte.

Doch trotz alledem sollte man nicht übersehen – und Historiker wie Gerhard Oestreich, Mack Walker und vor allem Karl Otmar Freiherr von Aretin und Hans Boldt haben das in jüngerer Zeit immer wieder betont –, daß im 18. Jahrhundert das Heilige Römische Reich, obwohl es nur in vagen Konturen existierte, entscheidend zur Erhaltung des europäischen Friedens beitrug.[6] Das Alte Reich war selbst ein System von ausbalancierten Gewichten und Gegengewichten – und dabei Teil des größeren europäischen Gleichgewichts. Veränderungen dieser Balance waren daher zwar nicht ausgeschlossen, doch schwierig zu rechtfertigen und aufrechtzuerhalten: Friedrich der Große und auch der bayerische Kurfürst mußten diese harte Lektion erst lernen.

Die Französische Revolution stellte das europäische System vor zwei Herausforderungen, eine alte und eine neue. Alt war der Kampf um Hegemonie, und er stand im Kern des britisch-französischen Antagonismus vom Anfang bis zum bitteren Ende in Waterloo; denn französische Hegemonie war unvereinbar mit den "British interests". Neu aber war seit 1789 die Herausforderung der Revolution von oben, der Vorrang der Vernunft und die Idee der einen und unteilbaren Nation, der ›nation une et indivisible‹. Tiefe Veränderungen – teils revolutionär, teils evolutionär – waren überall auf dem europäischen Kontinent die Folge dieser Ambivalenz.

Der ersten, der alten hegemonialen Herausforderung begegnete Europa mit dem Konzept der "balance of power", so wie es am deutlichsten in William Pitts Plan für einen europäischen Frieden zum Ausdruck kam, der 1805 entstand und 1813 reaktiviert wurde.[7] 1805, noch vor Austerlitz und Jena, befand sich Europa in einer Situation, die der nach der spanischen Guerilla und der Beresina ähnelte. Es war die grundlegende Idee des Balance-of-power-Konzepts, gegen die Dominanz Napoleons ein europäisches Gleichgewicht zu errichten. Doch 1805 konnte Pitt Wien und Berlin nicht davon überzeugen, daß sie ihre eigenständige Existenz nur würden retten können, wenn sie sich mit London verbündeten: Frankreich sollte erstens auf seine Grenzen von 1792 zurückgedrängt werden; neue Staaten sollten zweitens die gefährlichen Ambitionen des nachrevolutionären Empire eindämmen; und drittens sollte eine allgemeine europäische Friedensordnung auf dem Gleichgewicht der Mächte und wechselseitigen Garantien beruhen. So abstrakt dies klang, war es doch die Formel für ein neu belebtes, stabileres europäisches Konzert, das immun sein sollte sowohl gegen Hegemonie wie gegen den revolutionären Nationalismus. Diese Formel nahm die Staatskunst des 18. Jahrhunderts wieder auf, aber mit der Zielsetzung, die Dynamik des Nationalstaats in friedliche Bahnen zu lenken, ohne damit die sich entwickelnde innenpolitische Dynamik anzuhalten. Wenn dies auch der Versuch der Quadratur des Kreises war, so lag dieses Prinzip dennoch dem Wiener Kongreß und seinem Bemühen, eine allgemeine europäische Friedensordnung zu schaffen, zugrunde. Pitts Konzeption enthielt jedoch nicht nur das Potential für den Aufstieg des Wiener Systems, sondern auch für seine Krise und seinen Verfall im Jahre 1848 und danach.

Die doppelte Herausforderung der Französischen Revolution, Hegemonie und revolutionärer Nationalismus, veränderte indessen nicht nur die Rolle Deutschlands in Europa, sondern auch die deutsche innenpolitische Ordnung, ja die Grundlagen eines jeden deutsche Fürstentums: Schon 1803 hatte die erste große Veränderung der politischen Landkarte Europas stattgefunden, als durch Säkularisierung und Mediatisierung Hunderte ehedem unabhängiger Städte, Abteien und Reichsritter verschwanden und von größeren Territorialstaaten aufgesogen wurde. Diese Staaten wiederum taten ihrerseits alles, um zu verhindern, anschließend durch die revolutionäre Kraft des deutschen Nationalismus weggespült zu werden. Sie befestigten ihre politische Ordnung nicht nur durch bürokratisch-administrative Revolution von oben, sondern auch durch konstitutionelle Kompromisse mit der bürgerlichen Mittelschicht. So erhielten zur Zeit Napoleons alle süddeutschen Staaten, die dem Rheinbund angehörten, passable geschriebene Verfassungen. Die Garantie ihrer Existenz gewannen sie jedoch nicht durch inneren Zusammenhalt, sondern weil der Wiener Kongreß die 38 Deutschländer brauchte, damit sie sich selbst gegenseitig austarierten, damit sie Frankreich eindämmten, damit sie einen Wall gegen Rußland errichteten und damit sie der Welt die Schmerzen einer neuerlichen Hegemonie ersparten, sei sie nun russisch oder deutsch. Aus eben diesem Grunde spielten auch die auf das engste zusammenhängende polnische und sächsische Frage in Wien an der Jahreswende 1814/15 eine so entscheidende Rolle, die um ein Haar zu einem Krieg zwischen den Mächten der Pentarchie geführt hätte.

Am Ende wurde William Pitts Konzept der fünf Großmächte mit einen Strahlenkranz von zweitrangigen Mächten um sie herum für ein oder zwei Generationen zur Gußform der europäischen Außenpolitik. Zwischen Großbritannien, Rußland und Frankreich hielten sich die beiden deutschen Vormächte einander die Waage. Innerhalb Deutschlands war die preußisch-österreichische Allianz das Fundament, auf dem die Ordnung der deutschen Staaten ruhte. Waren russische Kraft und deutscher Nationalismus noch notwendig gewesen, um Napoleons Armeen zu schlagen, so versuchten in Wien Metternich, Castlereagh und Talleyrand mit vereinten Kräften, die Russen dazu zu bewegen, dorthin zurückzukehren, woher sie gekommen waren, und die Deutschen vergessen zu machen, was Europa ihnen schuldete.[8]

Während Metternich niemals daran zweifelte, daß der revolutionäre Nationalismus ein zu gefährliches Mittel war, um das österreichische Vielvölkerreich zu retten, sah das preußische Konzept anders aus: Die Militärreformer waren beeindruckt von der Französischen Revolution und dem Ausbruch von militärischer und politischer Energie, zu dem sie geführt hatte. „Ein Griff ins Zeughaus der Revolution“, so beschrieben sie ihre reformerischen Bemühungen. Doch als im März 1813 Freiwilligentruppen an seinem Fenster vorbeizogen, bemerkte der preußische Monarch nur düster: „Dort unten marschiert die Revolution.“

Er ahnte, daß die Kur gegen Napoleon am Ende schlimmer sein würde als die Krankheit.

Auf dem Wiener Kongreß waren die Propheten des Nationalismus nicht vertreten, mit Ausnahme des zornigen Freiherrn vom Stein, der gegen die deutschen Fürsten und ihre wundersame Wiedergeburt Front machte. Als Freiherr des Alten Reiches und als Bannerträger des neuen Nationalismus wußte er nicht, wohin sich zu wenden, und zog sich in eine Art "splendid isolation" zurück.[9] Nicht Stein, sondern Wilhelm von Humboldt, Gründer der preußischen Universitäten und begabtester Diplomat des Landes, beschrieb den Kompromiß, in dessen Zeichen die Zeit stand: Der deutsche Dualismus zwischen Preußen und Österreich mußte nicht nur Kern des innerdeutschen Gleichgewichts sein – institutionalisiert in der Idee des Deutschen Bundes, der am Ende des Kongresses Gestalt annahm –, sondern auch Herz der neuerlichen "repose of Europe" (Castlereagh). Im Dezember 1813 verfaßte Humboldt die ›Denkschrift über die Deutsche Verfassung‹.[10] Er forderte die Deutschen auf, den Weg zu gehen von der kulturellen Gemeinschaft zur politischen Einheit. Doch auch Humboldt war sich der Sprengkraft des Nationalismus bewußt und der deutschen Versuchung, mitten in Europa einen Machtblock zu bilden, der unvereinbar sein würde mit Frieden und europäischem Gleichgewicht. Der Diplomat Humboldt warnte Stein und seine Anhänger vor einem deutschen Nationalstaat nach französischem Muster. Was er statt dessen vorschlug, war alt und neu zugleich: Eine lose Konföderation der deutschen Staaten würde Preußen den nationalen Ehrgeiz ersparen, zur gleichen Zeit aber kulturelle, sprachliche und historische Bindungen der Deutschen bewahren und Deutschland zu einem friedenserhaltenden System im Herzen Europas machen, in sich selbst ruhend und im größeren europäischen Gleichgewicht der Mächte. Humboldts Plan war ein Kompromiß. Er versuchte, die europäische Erfahrung des Heiligen Römischen Reiches mit den modernen Versprechungen des Nationalstaats zu verbinden. Nur so würden Preußen und Österreich existieren, koexistieren können.

Auch fügte sich Humboldts Konzept glatt in die von Pitt und Castlereagh angestrebte europäische Ordnung. Es traf Vorkehrungen gegen die Herausforderung der Hegemonie, aber es war nicht geeignet, die gesellschaftlichen Kräfte, die sich mit dem modernen Nationalismus verbündeten, zu domestizieren. Humboldt und seine Zeitgenossen dachten in Kategorien friedlichen politischen Wandels. Die Ideen der industriellen Revolution, des sozialen Aufruhrs und wie diese beiden das Wiener System unterminieren, ja sprengen würden, konnten sie sich weder vorstellen noch verstehen. Heute herrscht unter Historikern von Golo Mann bis Gordon Craig[11] kein Zweifel mehr, daß den Politikern, die in Wien im Namen des Friedens zusammenkamen, ihr Unvermögen nachgesehen werden sollte, Probleme zu lösen, die auf der wirtschaftlichen und gesellschaftlichen Agenda des 19. Jahrhunderts noch gar nicht aufgetaucht waren.

In der Nachfolge Sybels und Treitschkes[12] blickten viele Historiker – links wie rechts – wie gebannt auf den Aufstieg des modernen Nationalismus, und die Sozialhistoriker unserer Zeit haben diese Einseitigkeit mit unbestreitbaren Argumenten gestützt. Geschichtsschreibung neigt immer dazu, dem Sieger zu dienen. Selten, zu selten wurde versucht, unabhängig von Treitschkes Verdammung der Romantiker einer vornationalen europäischen Ordnung, ohne Rücksicht aber auch auf Soupçons späterer Zeit gegen geostrategische Interpretation der Geschichte, auf die einsamen Rufer in der Wüster zu hören, die vor dem Erbe der Französischen Revolution gewarnt hatten. Diese Caveats gab es im 19. Jahrhundert so lange, bis Bismarcks Triumph sie hohl und obsolet machte.

Einer der Rufer in der Wüste war der bekannte Göttinger Historiker Arnold Ludwig Heeren, ein großer Autor und Editor vieler Werke wie auch machtvoller Praeceptor Germaniae zu seiner Zeit: machtvoll, aber nicht machtvoll genug. 1816 schrieb Heeren folgende Zeilen: Der deutsche Bundesstaat stehe „nur insofern in Übereinstimmung mit dem Wesen des allgemeinen Staatensystems von Europa, als er die Freiheit desselben aufrecht erhalten hilft. Der Deutsche Bundesstaat macht geographisch den Mittelpunkt dieses Systems aus. Er berührt ganz oder beinahe die Hauptstaaten des Westens und Ostens: und nicht leicht kann auf der einen oder anderen Seite unseres Weltteils sich etwas ereignen, was ihm gleichgültig bleiben könnte. Aber in Wahrheit, auch den fremden Mächten kann es nicht gleichgültig sein, wie der Zentralstaat von Europa geformt ist! Wäre dieser Staat eine große Monarchie mit strenger politischer Einheit, ausgerüstet mit allen den materiellen Staatskräften, die Deutschland besitzt –

welcher sichere Bestand wäre für sie möglich! ... Ja! Würde ein solcher Staat lange der Versuchung widerstehen können, die Vorherrschaft in Europa sich anzueignen, wozu seine Lage und seine Macht ihn zu berechtigen schienen? ... Die Entstehung einer einzigen und unumschränkten Monarchie in Deutschland wäre binnen kurzem das Grab der Freiheit von Europa".[13] Urteilt man heute über Heerens düstere Warnung, so läßt sich feststellen, daß sie nicht weniger widerspiegelte als die kollektive Erfahrung europäischer Politik seit dem Dreißigjährigen Krieg. Doch mit genauso gutem Recht könnte man sagen, daß sie Last und Leid der Zukunft vorhersagte.

Ein letztes Dilemma sei den drei anfangs gezeigten hinzugefügt: Der preußisch-österreichische Dualismus hielt die beiden deutschen Mächte auseinander, und er hielt sie zusammen. Jeder Versuch, einen deutschen Nationalstaat zu schaffen, würde entweder die Einheit der beiden Vormächte zustande bringen oder aber die alten Bindungen zerschneiden müssen. Doch die deutsche Einheit – und im Parlament der Paulskirche träumte eine nicht kleine Gruppe von dem Reich der Deutschen zwischen den vier Meeren – wurde das ubrige Europa nicht verkraften. 1848 und danach lernten die deutschen Liberalen und Bismarck diese Lektion und strebten fortan nach einer 'kleindeutschen Lösung'. Aber auch diese Lösung würde dem Untergang geweiht sein, wie der bayerische Ministerpräsident Freiherr von der Pfordten 1849, am Ende der revolutionären Wirren, bemerkte: „Sind Österreich und Deutschland einmal förmlich geschieden, so werden sie sich schwer, wohl niemals wieder vereinigen. Dann wird im österreichischen Staat das deutsche Element sehr in den Hintergrund gedrängt werden, wo nicht ganz unterliegen. In Deutschland aber wird die Zentralisierung unaufhaltsam vorwärtsgehen, und es ist dann, vielleicht in nicht sehr ferner Zeit, wahrscheinlich, daß dieser große rein deutsche Staat eine große Attraktion auf die in Österreich unterliegenden deutschen Elemente übt." Niedergang und Zerfall der habsburgischen Monarchie würden auf dem Fuße folgen, Rußland würde nach den Teilen des Vielvölkerstaates greifen, und die Deutschen würden sich in einer Auseinandersetzung wiederfinden mit den Slawen auf der einen Seite und den Franzosen auf der anderen. Aus diesem Grunde sollten die beiden deutschen Vormächte eine Konföderation bilden. Nur wenn ihnen dies gelänge, bliebe das europäische Gleichgewicht erhalten. Wenn nicht, dann wäre Deutschland nach hundert Jahren nur noch ein geographischer Begriff.[14]

Für das Jahr 1849 keine schlechte Prophezeiung, wenn man bedenkt, daß 96 Jahre später, auf der Konferenz von Potsdam, das Protokoll die Feststellung Stalins festhält, Deutschland sei nur noch ein geographischer Begriff. Doch vieles ist zwischen 1848 und 1945 geschehen, und nicht alles mußte so kommen, wie es gekommen ist. Was bleibt, ist die Tatsache, daß der deutsche Nationalstaat, sei es in der Gestalt des Traums von 1848 oder in der Realität des Bismarck-Reichs, gegen drei Dilemmata entstand: das Dilemma der Geschichte, das Dilemma der Geographie und nicht zuletzt das der Dynamik von Massendemokratie und modernem Staat.

Anmerkungen

[1] Sebastian Haffner, Von Bismarck zu Hitler. Ein Rückblick, München 1987; Lothar Gall, Bismarck. Der weiße Revolutionär, Frankfurt a. M. 1980; Andreas Hillgruber, Die Last der Nation. Fünf Beiträge über Deutschland und die Deutschen, Düsseldorf 1984.

[2] Veit Valentin, Geschichte der deutschen Revolution von 1848–1849, 2 Bde., Berlin 1930/31. Eine kritische Darstellung bei: Rudolf Stadelmann, Soziale und politische Geschichte der Revolution von 1848, München 1970.

[3] Michael Stürmer, Die Geburt eines Dilemmas: Nationalstaat und Massendemokratie im Mächtesystem 1848, in: Merkur 403 (1982), S. 1–12; ders., Die Reichsgründung. Deutscher Nationalstaat und europäisches Gleichgewicht im Zeitalter Bismarcks, München [3]1990.

[4] Xenien, 1797; Johann Wolfgang von Goethe, Briefe an Zelter, in: Goethes Briefe, Hamburger Ausgabe, Bd. 4 (hrsg. v. Klaus F. Gille), Hamburg 1976, S. 146/7.

[5] Vgl. William Sharespeare, Richard II (2.1):

> "This fortress built by nature for herself
> Against infection and the hand of war,
> This happy breed of men, this little world,
> This precious stone set in the silver sea,
> Which serves it in the office of a wall,
> or as a moat defensive to a house,
> Against the envy of less happier lands;
> This blessed plot, this earth, this realm, this England ..."

[6] Mack Walker, German Home Towns. Community, State, and General Estate, 1648–1871, Ithaca 1971; Karl Otmar Freiherr von Aretin, Heiliges Römisches Reich, 1776–1806. Reichsverfassung und Staatssouveränität, Wiesbaden 1967; Gerhard Oestreich, Geist und Gestalt des frühmodernen Staates. Ausgewählte Aufsätze, Berlin 1969; Brigitta Oestreich (Hrsg.), Strukturprobleme der Frühen Neuzeit. Ausgewählte Aufsätze von Gerhard Oestreich, Berlin 1980; Hans Boldt, Deutsche Verfassungsgeschichte (Bd. 1). Von den Anfängen bis zum Ende des älteren deutschen Reiches 1806, München 1984.

[7] Siehe hierzu auch: Henry Kissinger, Großmachtdiplomatie. Von der Staatskunst Castlereaghs und Metternichs, Frankfurt a. M. 1972.

[8] Henry Kissinger, a. a. O.; Harold Nicolson, The Congress of Vienna. A Study in Allied Unity, 1812–1822, London 1946.

[9] Gerhard Ritter, Stein. Eine politische Biographie, vierter Nachdruck der Ausgabe von 1958, Stuttgart 1981.

[10] Wilhelm von Humboldt, Denkschrift über die deutsche Verfassung (Dezember 1813), in: Königlich Preußische Akademie der Wissenschaften (Hrsg.), Wilhelm von Humboldts Gesammelte Schriften, Bd. 11, Berlin 1908, S. 95.

[11] Golo Mann, Friedrich von Gentz. Geschichte eines europäischen Staatsmannes, Zürich 1947; Gordon Craig, Geschichte Europas im 19. und 20. Jahrhundert, 2 Bde., München 1978/79.

[12] Heinrich von Sybel, Begründung des Deutschen Reiches durch Wilhelm I., 7 Bde., München-Leipzig 1889–94; Heinrich von Treitschke, Deutsche Geschichte im 19. Jahrhundert, 5 Bde., Leipzig 1879–94.

[13] Arnold Ludwig Heeren, Der Deutsche Bund in seinen Verhältnissen zu dem Europäischen Staatensystem, Göttingen 1816, S. 10 f.

[14] Zit. nach: Michael Stürmer, 1848 in der deutschen Geschichte, in: Hans-Ulrich Wehler (Hrsg.), Sozialgeschichte heute. Festschrift für Hans Rosenberg zum 70. Geburtstag, Göttingen 1974.

„SYSTEM DER AUSHILFEN"? CHANCEN UND GRENZEN DEUTSCHER AUSSENPOLITIK IM ZEITALTER BISMARCKS

Von Klaus Hildebrand

1928 charakterisierte Ulrich Noack in seinem umstrittenen Buch über ›Bismarcks Friedenspolitik und das Problem des deutschen Machtverfalls‹ die Außenpolitik des Reichskanzlers als ein „System der Aushilfen".[1] Nach der kühnen Tat der Reichsgründung habe „ein veränderter Geist ... den saturierten und ... alternden Staatsmann" beherrscht; „eine enger bemessene Staatsräson" sei „zur Norm für die Bestimmung der Interessen und Aufgaben seines Staates"[2] avanciert. In ideenloser Passivität habe der nicht mehr zum Handeln bereite Bismarck es versäumt, die Kraft seiner Schöpfung aktiv, ja kriegerisch zu nutzen, um eine „*politische Neugestaltung des Kontinents*" herbeizuführen, „durch die um die deutsche Festung gleichsam ein neuer Ring weiter vorgeschobener Bollwerke geschaffen"[3] werden sollte, insbesondere in Form eines von Rußland abgesprengten bzw. befreiten Ostmitteleuropa. Fazit: „Der Frieden" habe damals „ein künstliches Dasein" gefristet und sei nur „*dadurch* noch eine Zeitlang zu erhalten" gewesen, „daß Raubbau mit der Siegeschance des kommenden Krieges getrieben"[4] worden sei. Mit anderen Worten: Noack betont die damals angeblich existierende Chance einer jungen Nation auf ihr Recht zur machtpolitischen Expansion, eine Chance, die ein in den Grenzen des Bestehenden gefangener Bismarck verspielt habe.

Auf die sachliche und quellenkritische Fragwürdigkeit der Noackschen Argumentation sei hier nicht weiter eingegangen. Festzustellen ist lediglich, daß ein solches Urteil, dessen Entsprechung zu einem vor allem während der zweiten Hälfte der achtziger Jahre des 19. Jahrhunderts in Deutschland vorwaltenden Empfinden der Kritik gegenüber dem Reichskanzler gar nicht zu übersehen ist, für die deutsche Historiographie der Zwischenkriegsära dieses Jahrhunderts eine Ausnahme darstellte, ging sie doch im Zeichen einer Bismarck-Orthodoxie in der Bewunderung für den genialen Staatsmann geradezu auf. Einen Höhepunkt solchen uns heute als überholt vorkommenden Verständnisses umschrieb Wolfgang Windelband mit seiner These über „Die Einheitlichkeit von Bismarcks Außenpolitik seit 1871".[5] Eine Identität von Person und Werk annehmend, spricht er von einem „einheitlichen System", an dem Bismarck, wie er es am 15. Juni 1877 im Kissinger Diktat niedergelegt habe, „alle die Jahre von 1871 bis 1890 hin unwandelbar festgehalten hat".[6]

In diametralem Gegensatz dazu und ebenso prinzipiell von Ulrich Noacks Position abgehoben, diagnostiziert auch Lothar Gall in seiner 1980 vorgelegten, für geraume Zeit mit Sicherheit definitiven Bismarck-Biographie die innere und äußere Politik des Reichskanzlers als ein „System der Aushilfen",[7] das spätestens seit dem Ende der siebziger Jahre „mit immer mehr Aufwand und mit immer geringerem Erfolg ... zur Erhaltung des Status quo aufgebaut"[8] worden sei. Auf außenpolitischem Feld erscheint ihm in diesem Kontext vor allem der Abschluß des sog. Rückversicherungsvertrages mit seinem „ganz geheimen Zusatzabkommen" „nicht nur jenem Minimum an Treu und Glauben widersprochen" zu haben, „ohne das dauerhafte Beziehungen zwischen Völkern und Staaten unmöglich seien. Er habe auch in eine Sackgasse geführt, das Reich erpreßbar gemacht und keinerlei wirkliche Perspektiven eröffnet".[9] Fazit: Gall akzentuiert „die Zerbrechlichkeit und den prekären Charakter des Ganzen"[10] und markiert „die Tendenz zur bloßen Konservierung des Erreichten ... zur Ablehnung tiefergreifender Veränderungen" und zum „Einfrieren einer Konstellation, die ihn und seine unmittelbaren politischen Ziele einst so sehr begünstigt hatte".[11] Ja, er wirft die Frage auf, ob dieses gesamte, ihm als zukunftslos vorkommende System „in Wahrheit nur das mehr oder weniger zufällige Ergebnis aktuellen Krisenmanagements" gewesen sei, aber, wie wiederholt bemerkt wird, „gar keine wirklichen Perspektiven"[12] besessen habe. Mit anderen Worten: Gall würdigt die historische Bedeutung eines Staatsmannes und verweist gleichzeitig auf dessen Grenzen. Sie aber entsprachen eben denjenigen eines politischen Systems, das der echten Chance zukunftsfähiger Entwicklung nach der Einschätzung des Autors entbehrt hat.

Überprüfen wir diese für die Entwicklung der Forschung charakteristischen Urteile, nämlich Bismarcks Außenpolitik als geradezu perfektes System zu überhöhen, ihren Lenker aufgrund angeblichen Versagens zu verdammen oder ihre Existenz vor dem Hintergrund eines international und gesellschaftlich bedingten Wandels, ja Umbruchs der Zeiten als überlebt anzusehen, indem wir nach den Chancen und Grenzen deutscher Außenpolitik im Zeitalter Bismarcks zwischen 1871 und 1890 fragen.

Dabei sind vorab vier Grundelemente zu benennen, die Bismarcks Außenpolitik von vornherein bedingten, die sie stärker belasteten als förderten, die ihr eher Grenzen aufrichteten als Chancen eröffneten: Das war zum einen die durch die Annexion von Elsaß-Lothringen herbeigeführte Tatsache, daß „wir ... tatsächlich durch Frankreich immobilisiert"[13] sind. Diese bleibende Gegnerschaft der westlichen Nachbarn führte der Reichskanzler selbst weniger auf die deutsche Einverleibung der beiden Provinzen zurück als vielmehr auf Frankreichs gekränkten Stolz über die verlorene Hegemonie. Immerhin: Der Verlust von Elsaß und Lothringen als Symbol der französischen Niederlage bewirkte es, daß er sein im Kissinger Diktat skizziertes Ideal der für Deutschland vorteilhaftesten „politischen Gesamtsituation"[14] nicht unter Einbeziehung Frankreichs entwerfen konnte, sondern gerade in Antithese zu ihm konzipieren mußte.

Das war zum anderen das gegen Bismarcks Willen durch die von Preußen(-Deutschland) zwischen 1864 und 1870/71 siegreich geführten Kriege zustande gekommene Ergebnis eines sich in Europa gefahrvoll breitmachenden Überhandnehmens des Militärischen. Eine aus den Erfolgen dieser Waffengänge mißverständlich gezogene Schlußfolgerung ergriff sämtliche kontinentaleuropäischen Mächte und ließ beispielsweise den österreichisch-ungarischen Außenminister Andrássy am 17. Februar 1872 bekennen[15]: „Die Folge der letzten Kriege ist, daß ‚Macht über Recht geht' ... jene äußere Politik ist richtig, die auch strategisch richtig ist."

Das war drittens der sich immer nachteiliger bemerkbar machende Mangel, daß dem Deutschen Reich ein „ostensibler Missionsauftrag"[16] fehlte. Anders als der Westen und Osten

Europas, anders als der von Bismarck gefürchtete „Gladstonianismus“ und „Panslawismus“ entbehrte es einer zivilisatorischen Idee, die die schiere Macht zu veredeln und Anziehung auszuüben imstande war. Im neu heraufziehenden Zeitalter der Massen mutete die Tradition der preußisch-deutschen Staatsidee als seltsam überlebt an im Vergleich mit den Ideologien von Gesellschaften, die mehr und mehr über die „Notwendigkeiten der Staaten“[17] triumphierten.

Und das war viertens jenes Grunddilemma des Deutschen Reiches, das darin lag, daß Deutschland, wollte es nicht unliebsame Reaktionen Europas herausfordern, nicht wachsen durfte in einer Zeit des schon bald einsetzenden imperialistischen „Raumrausches“,[18] als alle anderen an Kraft zunahmen und das Land in der Mitte somit vergleichsweise schwächer wurde. Das förderte die dann auch öffentlich erhobenen Vorwürfe gegen Bismarck, einer altersschwachen und blutleeren, einer verzagten und lendenlahmen, kurzum: einer zukunftslosen Politik der Stagnation zu huldigen.

Insgesamt aber hatte sich der Strom der Zeit grundlegend verkehrt, der zuvor, von 1862 bis 1871, die zwischen Tradition und Revolution gleichsam grenzgängerisch navigierende Politik Bismarcks in internationaler wie gesellschaftlicher Perspektive so vorteilhaft getragen hatte. Nach der Reichsgründung wendete sich die vorwaltende Tendenz der Geschichte, teilweise im Zusammenhang mit der Zäsur des Jahres 1871, stärker noch unabhängig davon und durch Europas „Weg in die Moderne“[19] bedingt, gegen den Reichskanzler, der sich vom „weißen Revolutionär“ zum Metternichschen Traditionalisten entwickelte und den ihm nunmehr widrigen Strom der Zeit nur noch einzudämmen bemüht war. Das hieß aber: Zunehmend schwieriger gestaltete sich die „Interessengemeinschaft zwischen der deutschen Sicherheit in der Mitte und dem Frieden Europas“.[20] Ja, drohend stellte sich die Frage, wie lange das deutsche „Bleigewicht“ am europäischen „Stehaufmännchen“ überhaupt noch die nötige Schwere aufbringen würde, um jene Balance der Kräfte aufrechtzuerhalten, von der die Eigenständigkeit seiner Existenz so elementar abhängig war. Insofern bestand die Räson der äußeren Politik des Reichskanzlers, „von Ahnungen einer schreckensvollen Zukunft geplagt“, seit 1871 auch darin, ein sich in vielerlei

Hinsicht anbahnendes, neues „Zeitalter der Kriege mit den mühsamen Anstrengungen einer kunstreichen, aber traditionellen Diplomatie um ein Menschenalter“[21] aufzuschieben.

Alle diese Probleme zogen sich schon unmittelbar nach der deutschen Reichsgründung in der Frage zusammen, ob bzw. unter welchen Bedingungen die auf dem Kontinent „vorwaltende“[22] Macht in die geographische und „geistige Landkarte“[23] der Alten Welt hineinpasse. Zwar ergriff Bismarck erst einmal die sich ihm bietende Chance, den noch nachwirkenden Schrecken der Pariser Commune zu instrumentalisieren und im Zusammenwirken mit Österreich-Ungarn und Rußland konservative Außenpolitik zu treiben, in dem er die drei Monarchien im Dreikaiserabkommen des Jahres 1873 zusammenführte. Doch bereits in diesen ersten Jahren nach der Reichsgründung zeichneten sich, nicht nur in den öffentlichen Fehden der internationalen Presse, sondern auch – weit ernster – in den politischen Auseinandersetzungen der europäischen Kabinette und Kanzleien, für Deutschland bedrohliche Entwicklungen ab: Das Zarenreich wollte seine einst gegenüber Preußen führende Rolle wieder zurückgewinnen und behandelte Deutschland demgemäß als „eine Macht zweiter Ordnung“.[24] Unübersehbar rückten Russen und Franzosen zudem einander näher, so daß, besonders nach der vorzeitigen Räumung der französischen Ostdepartements durch die deutschen Besatzungstruppen im Jahre 1873, die auch von so unterschiedlichen Repräsentanten wie Dostojewski und Gladstone für das Reich als gefährlich eingeschätzte außenpolitische Lage deutlich hervortrat, « exposée par sa position centrale à des perils permanents dont leur seule situation géographique préserve la plupart de ses voisins ».[25] Schließlich nahmen auch die Spannungen gegenüber dem seinerseits enger als bisher mit Rußland kontaktierenden Österreich-Ungarn zu, so daß Bismarck im Jahre 1874 ungeachtet aller politischen und diplomatischen Gegenattacken die alte Kaunitzsche Koalition heraufziehen sah.

Diese Spannungen entluden sich in der „Krieg-in-Sicht“-Krise des Jahres 1875, die Bismarck die Gelegenheit bot auszuloten, wie groß der Spielraum des Deutschen Reiches eigentlich bemessen war. Der Versuch, in herkömmlicher Weise großmächtlichen Interessenausgleich durch territoriale Kompensation zu finden, war gegenüber dem für das Reich lebenswichtigen russischen

Nachbarn, in der „Mission Radowitz“ vom Winter und Frühjahr 1875 kulminierend, gescheitert. An einen Krieg zu offensiv bewirkter Sicherung des Reiches hat der Kanzler, im Unterschied zu führenden Militärs und Diplomaten, nicht gedacht. England und Rußland aber, die beiden Flügel- und Weltmächte, demonstrierten Deutschland nunmehr gebieterisch die Grenze seines Vermögens und schützten vorsorglich den Bestand Frankreichs. Bismarck akzeptierte das drohende Signal der Briten und Russen. Möglicherweise zu gering veranschlagte er dagegen, umgehend die Deutschland gesetzte Grenze erkennend, die darin eingelagerte Chance, daß die englisch-russische Garantie für den europäischen Status quo auch den Bestand des neuen Reiches, zumindest im Prinzip, mit einschließen konnte.

Auf jeden Fall aber waren die Zeiten vorbei, in denen Bismarck einmal fast übermütig geäußert hatte, das Geschick Europas könne von ihm „stets in zehn bis fünfzehn Minuten beim ersten Frühstück abgemacht, gekämmt und gebürstet“[26] werden. Als er dies 1872 in gehobener Stimmung von sich gab, dauerte jene wirtschaftliche Prosperität noch gerade an, die ein Jahr darauf so merklich abflaute. An ihre Stelle trat ab 1873 jene, wenn auch im einzelnen in ihrer Existenz umstrittene, „Große Depression“, die noch weit über die Zäsur des Jahres 1890 hinausreichte. Belastend begleitete sie die Jahre der „Ära Bismarck“ und trug mit dazu bei, daß ungeachtet aller Erfolge und Leistungen auf dem Felde der Innen- und vor allem der Außenpolitik, nicht zuletzt der Bewahrung des äußeren Friedens, eine gar nicht zu verkennende Stimmung der Unzufriedenheit die Regierungszeit Otto von Bismarcks durchzog. Freilich bedeutete auch die von ihm aus Gründen der Überlebensnotwendigkeit gewählte Politik der „Saturiertheit“, mit der er die bedrohlichen Folgen der drei siegreichen Kriege und eine Koalition der Mächte gegen das Reich abzuwehren bestrebt war, für immer mehr Zeitgenossen, die die Erfolge der Reichsgründung schon bald als selbstverständlich ansahen, unerträglichen Stillstand. Die Hypothek der Bewegungslosigkeit wirkte, zumal in einem Zeitalter rapiden internationalen und industriellen Wandels, zunehmend bedrückender. Daß allein Genügsamkeit und Selbstbescheidung das Überleben des Reiches zu garantieren vermochten, Veränderung und Ländererwerb aber gleichbedeutend mit Untergang sein konnten, war Bismarck durchgehend bewußt und mochte einer neuen Generation mit voranschreitender Zeit kaum noch einleuchten.

Doch erst einmal bot sich, vom Sommer 1875 an, wiederum eine Chance für das Deutsche Reich, durch die sich erneut regende südosteuropäische Frage Europas eine freilich nur äußerliche, nichtsdestoweniger willkommene Erleichterung zu erfahren. Allerdings wurden auch in diesem Zusammenhang umgehend jene Grenzen sichtbar, die Deutschland auf seinem windungsreich zwischen Rußland und Österreich-Ungarn verlaufenden Weg zu respektieren hatte, der schließlich in die Gabelung der Jahre 1878/79 einmündete, als sich die äußere und innere Politik des Reiches so unverkennbar änderte. Nach dem Berliner Kongreß im Sommer 1878 stand Bismarck, der den Frieden Europas aus dem Strudel der türkisch-russischen bzw. englisch-russischen Konflagrationen gerettet hatte, in Großbritannien, ja selbst in Frankreich auf dem Höhepunkt seines einflußreichen Ansehens, während sich die Beziehungen zum Zarenreich verschlechterten. Im Inneren schlug das Klima mit dem Übergang von der liberalen zur schutzzöllnerischen Periode in eine bis zum Ende der „Ära Bismarck" andauernde, zunehmend mühsamer gelinderte Instabilität um. Der umstrittenen Tendenz Bismarcks zur innenpolitischen Beharrung korrespondierte das immer heftiger kritisierte Festhalten des Kanzlers an der außenpolitischen Enthaltsamkeit.

In solcher Perspektive kann man unter gewissen Voraussetzungen in der Entscheidung Bismarcks für den Zweibundvertrag mit Österreich-Ungarn, also jener am 7. Oktober 1879 vollzogenen begrenzten Option zugunsten von Wien, durchaus bereits den Auftakt zu einem System der Aushilfen erblicken. Diese Feststellung erscheint um so plausibler, wenn man sich vor Augen führt, daß Bismarck im Zusammenhang mit dem Abschluß dieser Allianz die Chance suchte, die enger werdenden Grenzen deutscher Macht grundlegend zu erweitern. Denn mit dem Vorschlag, das Bündnis zwischen Wien und Berlin staatsrechtlich zu sichern, es öffentlich sowie parlamentarisch durch „pragmatische Einrichtungen"[27] zu verankern, insbesondere eine gemeinsame Zollunion zu entwickeln, visierte er eine Renaissance des Deutschen Bundes an als einer „Art von gegenseitiger Assekuranz-Gesellschaft für den Frieden".[28] Auf diese Art und Weise versuchte der Reichskanzler, die mit der selbstverordneten Bewegungslosigkeit notwendig verbundene Erstarrung des Reiches und seinen automatischen Niedergang im Vergleich mit den expandierenden Weltmächten durch eine indirekte Erweiterung seiner mitteleuropäischen Basis zu überwinden und nicht zuletzt auch der sich im Inneren zunehmend kräftiger artikulierenden Kritik, vornehmlich von seiten der Liberalen, an seinem Regiment der innen- und außenpolitischen Beharrung entgegenzutreten. Doch ebenso umgehend wie entschieden lehnte Außenminister Andrássy dieses Vorhaben aus naheliegenden Gründen ab. Vielmehr bestand er auf dem Abschluß einer militärischen Defensivallianz, deren abwehrende Spitze gegen Rußland gerichtet war. Da die „große Lösung" nicht verwirklicht werden konnte, blieb Bismarck also darauf angewiesen, sich wiederum auf die „Großmacht Diplomatie"[29] zu konzentrieren. In diesem Sinne galt es aber erst einmal, das sich von Deutschland abwendende Rußland zurückzuholen, das sich eben zu dieser Zeit, auch wenn Bismarck an einer vollständigen Trennung wirtschaftlicher und politischer Interessen beharrlich festzuhalten entschlossen war, durch die innenpolitisch bedingte Schutzzollpolitik des Reiches in seinen agrarischen Exportinteressen getroffen fühlte. Und gerade durch den am 7. Oktober 1879 mit Österreich-Ungarn abgeschlossenen Zweibundvertrag gelang es, St. Petersburg die Notwendigkeit der Anlehnung an Deutschland vor Augen zu führen und das Zarenreich am 18. Juni 1881 zum Dreikaiservertrag zu bewegen. Die von Natur aus mangelhafte Machtbasis des Deutschen Reiches war nicht verbessert worden; die Kunst der Diplomatie dagegen hatte sich durchaus bewährt. Ganz eng also lagen Chancen und Grenzen deutscher Außenpolitik in jenen Jahren beieinander. Denn mit den die Nachteile der deutschen Lage kaum prinzipiell behebenden Abschlüssen des Zweibundes bzw. des Dreikaiservertrages war doch zugleich der Ausgangspunkt für den Aufbau des Bismarckschen Bündnissystems gegeben, das dem Deutschen Reich zwischen 1879 und 1884/85 ein „Jahrfünft verhältnismäßiger Entlastung"[30] schenkte. Damals konnte Bismarck sinngemäß bemerken, seine äußere Politik laufe ab wie ein aufgezogenes Uhrwerk.

Doch in dem nun anbrechenden Zeitalter des Imperialismus

spitzte sich das Existenzproblem des Deutschen Reiches, vorläufig noch verdeckt und langfristig dennoch gefahrvoll, unübersehbar zu. Denn einhergehend mit der allgemeinen Tendenz zur umfassenden Entgrenzung zwischen staatlicher und gesellschaftlicher Sphäre auf dem politischen Massenmarkt einer neuen Zeit und verbunden mit der revolutionären Aufsprengung des in Wissenschaft und Kunst bis dahin Gültigen durch die Entdeckung unerforschter Bereiche in der Biologie und Philosophie, in der Psychologie und Literatur, in der Musik und Malerei erweiterte sich auch die überlieferte Ordnung Europas ins unkontrollierbar Globale. Die ebenso verheißungsvoll wie zerstörerisch lockende Herausforderung der einsetzenden Revolutionierung des internationalen Systems und der geistigen Welt, deren verborgenen Zusammenhang Hermann von Keyserling in dem Paradoxon erhellte, wonach von jetzt an „der kürzeste Weg zu sich selbst ... um die Welt herum“[31] geführt habe, entging Bismarck keineswegs. Denn sie brachte für seine eigene Schöpfung bedrohlich schleichenden Gewichtsverlust mit sich. Daher ergriff er über das für ihn an sich charakteristische Mittel kunstvoll künstlicher Diplomatie hinaus noch einmal die Chance einer zu grundlegender Lösung des deutschen Dilemmas geeignet erscheinenden Gelegenheit. Denn über der Tatsache des zu Beginn der achtziger Jahre beginnenden „Spiels mit den fünf Kugeln“, „das Bindungen an jede europäische Großmacht aufwies, ohne doch an eine von ihnen angebunden zu sein“,[32] darf man nicht verkennen, daß Bismarck beständig nach grundsätzlichen Alternativen Ausschau hielt, „die mehr Dauer und Zukunft verhießen“.[33]

In diesem Sinne stellte sein 1884/85 unternommener kolonialpolitischer Schritt nach Afrika und in die Südsee keine langfristig angelegte Strategie eines sozialen Imperialismus zur Stabilisierung einer angeblich abgelebten Herrschaft dar, und sie ist auch nicht nur den kurzfristigen Notwendigkeiten der Wahltaktik und des Ökonomischen zuzuschreiben. Vielmehr handelte es sich dabei um den tastenden Versuch, durch einen auf überseeischem Terrain erwirkten Ausgleich mit Frankreich, unter Inkaufnahme der britischen Gegnerschaft, das Reich in Europa und in der Welt auf eine vorteilhaftere Basis zu stellen. Gleichsam uno actu sollte es über die letztlich ausschlaggebende Absicherung seiner kontinentalen Position hinaus vorsichtig Anschluß an die geschichtsmächtige Tendenz des imperialistischen Zeitalters finden, vor allem aber seine kontinentalen Existenzbedingungen verbessern. Denn jetzt, in den achtziger Jahren, trat zunehmend deutlicher hervor, was das Dasein der „halbhegemonialen"[34] Macht geradezu bleiern beschwerte: Das Deutsche Reich durfte im Grunde nicht oder nur mit großer Hemmung tun, was alle anderen selbstverständlich und mit ungestümer Rücksichtslosigkeit taten, nämlich expandieren. Es mußte sich vielmehr mit dem bescheiden, was es hatte, um gegenwärtig zu überleben und geriet auf Dauer gerade dadurch, weil die anderen an Macht zunahmen, in ein die Existenzfrage aufwerfendes Hintertreffen. Das Gebot der „Saturiertheit", das Chance und Grenze der deutschen Großmacht umschrieb, zeitigte zugleich existenzerhaltende und -gefährdende Konsequenzen. Innenpolitische Ruhe, so unzeitgemäß sie anmuten mochte, definierte die Voraussetzung solch äußerer Politik. Denn innere Bewegung würde mit Notwendigkeit äußere Unruhe nach sich ziehen. Außenpolitische Forderungen aber, noch weit riskanter: ein undeutliches Verlangen nach Macht um der Macht willen, also die Verfolgung einer, über das für Großmächte sowieso unerläßliche Maß hinausreichenden, Prestigepolitik wirkte nur scheinbar belebend und endete mit Gewißheit existenzbedrohend.

Nach einer kurzen Phase deutsch-französischen Zusammenwirkens, nicht zuletzt auf der England isolierenden Berliner Kongo-Konferenz vom 15. Dezember 1884 bis zum 26. Februar 1885, scheiterte Bismarcks über die Kolonialpolitik unternommener Versuch, mit Frankreich zum Ausgleich zu gelangen. Denn ungeachtet aller den Franzosen so verlockend in Aussicht gestellter Expektanzen auf überseeische Ausdehnung gelang es nicht, ihre Blicke von den „blauen Kämmen der Vogesen" dauerhaft abzulenken. Zu unsicher war die innenpolitische Basis der Regierung des Ministerpräsidenten Ferry, der als Protagonist der weltpolitischen Orientierung Frankreichs für Bismarcks großes Experiment eine Zeitlang als nützlicher Partner gedient hatte. Angesichts des sich abzeichnenden Fehlschlags, über den afrikanischen Umweg eine für Deutschland tragfähige außenpolitische Alternative zum Mechanismus der „Aushilfen" zu finden, kehrte der Reichskanzler umgehend zu jener Normalität des Vorläufigen zurück, die drei Jahre nach dem Ende dieser "passing affair"[35] einer deutsch-französischen Kolonial-Entente in seinen Worten gegenüber einem Repräsentanten des Kolonialgedankens, Eugen Wolf, ihren Ausdruck fand[36]: „Ihre Karte von Afrika ist ja sehr schön, aber meine Karte von Afrika liegt in Europa. Hier liegt Rußland, und hier ... liegt Frankreich, und wir sind in der Mitte; das ist meine Karte von Afrika."

Krieg und Expansion als Optionen deutscher Außenpolitik schieden also nach Bismarcks Beurteilung der Lage aus. Zunehmend klarer zeigte sich zudem, in welch eingeschränktem Maße das Deutsche Reich eigentlich Lenker seines Geschicks oder gar Schiedsrichter Europas war und in welch hohem Maße es geprägt, gar abhängig erschien von den autonomen Entwicklungen eines sich ins Weltpolitische erweiternden internationalen Systems. Neben der Dauerhaftigkeit innenpolitischer Sorgen über stets unsichere Parlamentsmehrheiten und über den Zustand einer, zuerst durch den Kulturkampf, sodann durch die Sozialistenverfolgung, tief entzweiten Gesellschaft, die auch durch die vorbildlichen Reformen der deutschen Sozialversicherungspolitik der achtziger Jahre kaum aufgehoben wurden, kurzum: neben dem von Theodor Schieder einmal sog. « cauchemar des révolutions »[37] plagte den Reichskanzler durchgehend jener « cauchemar des coalitions »[38], über den er selbst so beredt klagte. Er gehörte ebenso zur ungewöhnlichen Normalität deutscher Außenpolitik, wie deren offensichtliches Angewiesensein auf die Methode diplomatischer Aushilfen stärker als im Falle anderer Mitglieder des Staatensystems ausgeprägt zu sein schien, deren Unverwundbarkeit oder Unbesiegbarkeit sie als Groß- bzw. Weltmächte aus eigener Kraft existieren ließen.

In der großen, von Westen und Osten her drohenden Doppelkrise der Jahre 1885/87 wurde Bismarcks Außenpolitik sodann auf eine harte Probe gestellt. Auf der einen Seite existierte auch in dieser geschichtlichen Konstellation der überlieferte österreichisch-russische Gegensatz fort. Ihn zu nutzen bot dem Reich zweifellos außenpolitische Chancen, die jedoch umgehend auf die damit verbundenen Grenzen seines Handelns verwiesen. Denn aus der balkanischen Rivalität zwischen Wien und St. Petersburg deutschen Nutzen zu ziehen bedeutete auch, möglicherweise von der einen oder anderen der beiden Mächte über Gebühr abhängig zu werden, und hieß vor allem, entgegen gutgemeinten Beteuerungen und subjektivem Wollen auf gefährliche Weise in die orientalischen Händel hineingezogen zu werden. Zum anderen und letztlich erheblicher trat auch in diesem Zusammenhang der englisch-russische Antagonismus erneut zutage. Über seine Existenz hatte Bismarck bereits im Kissinger Diktat geäußert, es gelte ihn einerseits zu stimulieren und andererseits zu kalmieren, ihn somit zum Vorteil Deutschlands auszunutzen, aber stets unterhalb der Schwelle des Krieges zu halten, der einmal ausgebrochen mit Sicherheit auch das Zentrum Europas ergreifen würde und Deutschland nur allzu leicht verschlingen könne. „Die ganze Lage muß so gefingert werden", mit diesen Worten umriß Herbert von Bismarck, gewiß Nuancen gröber als sein Vater, am Eingang der großen westöstlichen Doppelkrise das deutsche Anliegen im Hinblick auf die wiederauflebende bulgarische Frage,[39] „daß England und Rußland in unvermitteltem Antagonismus hart gegenüber zu stehen kommen". Doch ebenso wie es in diesem Falle möglichst nicht zu einem britisch-russischen Krieg kommen durfte, sollte sich auch der damit verbundene russisch-österreichische Gegensatz auf gar keinen Fall militärisch entladen: „Jedes andere Resultat", so kennzeichnete Herbert von Bismarck bereits Ende September 1885 das zentrale Kalkül deutscher Bulgarienpolitik,[40] „ist für uns akzeptabel."

England und Österreich-Ungarn auf jeden Fall zusammen und die Österreicher auf gar keinen Fall ohne die Briten auf der einen Seite und Rußland auf der anderen Seite in die türkische Sackgasse zu locken und ihre Energien durch diese periphere Bindung vom europäischen Zentrum abzuziehen, dies beschreibt das in der Tat so widersprüchliche Ensemble der im Verlauf des Jahres 1887 abgeschlossenen Verträge, des „östlichen" Rückversicherungsvertrages und der „westlichen" Mittelmeerabkommen bzw. des Orientdreibundes. Sie alle waren ja insgesamt nicht darauf ausgerichtet, einen künftigen Krieg bestmöglich vorzubereiten, sondern den andauernden Frieden leidlich zu sichern. Schon längst vermochte diese Außenpolitik die Mehrheit der politischen und militärischen Repräsentanten der Zeit, vor allem aber die liberale Öffentlichkeit kaum mehr zu überzeugen; fast durchgehend scharf antirussisch orientiert, plädierten sie zunehmend entschiedener für den Krieg gegen das Zarenreich. Eben dem aber stemmte Bismarck sich mit Macht entgegen, weil er von einem Krieg sowohl in innen- wie außenpolitischer Hinsicht nur Nachteiliges erwartete und selbst für den Fall eines Sieges über Rußland nicht erkennen konnte, welcher Vorteil daraus für Deutschland erwachsen sollte. Insofern hielt er an der fragilen Vorläufigkeit seines Bündnissystems fest. Das freilich setzte nach seinem Verständnis der Dinge eine innenpolitische Ruhelage voraus, die als Preis für den außenpolitischen Frieden zu entrichten war. Diesen Befund zu konstatieren beschreibt einmal mehr Chancen und Grenzen deutscher Außenpolitik im Zeitalter Bismarcks. Beispielhaften Ausdruck fand diese innen- und außenpolitisch konservative Politik der Machterhaltung in der berühmten Reichstagsrede des Kanzlers vom 11. Januar 1887, in der es um die Frage einer anstehenden Heeresvermehrung, eines neuen Septennats, ging, erschien militärische Stärke Bismarck doch die unabdingbare Voraussetzung seiner äußeren Politik zu sein, so wie ihm ganz im friderizianischen Sinne Verhandlungen ohne Waffen wie ein Konzert ohne Noten vorkamen. „Wir haben keine kriegerischen Bedürfnisse", so faßte er seine dem Deutschen Reich verordnete, für dessen Existenz ebenso notwendige wie den Ausdehnungstrieb der jungen Großmacht zügelnde Staatsräson zusammen,[41] „wir gehören zu den – was der alte Fürst Metternich nannte: saturierten Staaten, wir haben keine Bedürfnisse, die wir durch das Schwert erkämpfen könnten". Krieg aber galt es, wenn nur eben möglich, nicht jedoch prinzipiell, zu vermeiden, würde doch ein unglücklich verlaufender Feldzug, wie er sich kurz zuvor, Ende 1886, in seinem ›Weihnachtsbrief‹ an den preußischen Kriegsminister Bronsart von Schellendorf, in düsterem Realismus geäußert hatte, möglicherweise sogar zum Zerfall des Reiches führen.

Doch auch sein „System der Aushilfen", die einzig verbliebene Option der äußeren Politik des Reiches, gestaltete sich immer fragwürdiger. Denn um das löchrig gewordene Vertragssystem notdürftig zu stopfen, mußte der Reichskanzler, beispielsweise im Zusammenhang mit der sich äußerst schwierig gestaltenden, endlich am 20. Februar 1887 zustandegekommenen Erneuerung des Dreibundes, den Partnern, insbesondere Italiens nordafrikanischen und balkanischen Ambitionen problematische Konzessionen machen: Durch sie schlichen sich in die defensiv konzipierte Bündnispolitik, sozusagen als Preis für ihre Existenz und ihren Erhalt, offensiv wirkende Elemente ein, die der Tendenz nach drohten, das Ursprüngliche zum Abgeleiteten degenerieren zu lassen. Vom Bismarckschen Bündnisgeflecht schleichenden Besitz ergreifend, klaffte der Widerspruch zwischen Friedensabsicht und Kriegsvorbereitung somit drohend auf.

Ungeachtet der Existenz dieses komplizierten Systems aber hatte Bismarck die Gefahr eines Zweifrontenkrieges, einmal stärker, einmal weniger drängend, stets vor Augen. Dennoch beharrte er bis zum Ende seiner Regierungszeit erfolgreich darauf, Deutschland eine Option zugunsten einer der beiden Flügelmächte der Staatenwelt, der Russen oder der Briten, zu ersparen. Denn in diesem Sinne zu optieren, bedeutete nach dem Selbstverständnis der Zeit nichts anderes als „eine Stufe hinabsteigen und die kostbare Bewegungsfreiheit vollends einbüßen",[42] die als vornehmstes Kennzeichen nationaler Souveränität galt bzw. den Grad ihrer Verwirklichung definierte. In Gedanken sprengte er allerdings auch diese Grenze und erblickte die ultima ratio, Deutschlands Existenz im äußersten Notfall des unmittelbar bevorstehenden Zweifrontenkrieges dadurch zu retten, daß er „die russische Neutralität im letzten Augenblick zu erkaufen" gedachte, indem er, wie der Londoner Botschafter und langjährige Staatssekretär Graf Hatzfeldt rückblickend berichtete, „Österreich fallen ließ und den Russen damit den Orient überlieferte".[43] Sich in diesem Sinne für das ihm weltanschaulich näherstehende und machtpolitisch bedrohlicher vorkommende Zarenreich zu entscheiden, das konnte er angesichts der im Reich dominierenden antirussischen Stimmung tatsächlich nur für eine außenpolitische Situation extremer Gefahr in Erwägung ziehen. Denn innenpolitische Chancen auf eine Realisierung besaß im übrigen nur die englische Option. Unter Einschluß von Österreich-Ungarn sollte sie im Sinne des Vortragenden Rates Holstein und des Botschafters Hatzfeldt die Gelegenheit dazu bieten, in klarer Frontstellung gegenüber dem Zarenreich Position zu beziehen, sollte zudem nach dem Urteil des Unterstaatssekretärs Berchem die Zeit des „Kleisterns und Flickens" beenden, die nur dazu beitrug, „den Moment zu einer Operation verstreichen zu lassen",[44] und sollte endlich dem militärischen Kalkül des stellvertretenden Chefs des Generalstabes, Waldersee, zufolge den Präventivkrieg gegen Rußland ermöglichen.

In der Tat streckte ja auch Bismarck im Januar 1889 erneut einen Fühler nach England aus und ließ „zu gemeinschaftlicher Abwehr eines französischen Angriffs“[45] auf Großbritannien oder Deutschland, der nebenbei bemerkt für die Briten kaum akut erschien, ein parlamentarisch ratifiziertes Verteidigungsabkommen vorschlagen. Das war in bezug auf den Modus der Vereinbarung ungewöhnlich. Ein geheimer Vertrag, so lautete Bismarcks Argumentation, biete beiden Mächten Sicherheit für den Ausgang eines Krieges, ein öffentlicher dagegen garantiere dessen Verhinderung. Die englische Sondierung, deren Anliegen auf Frankreichs Eindämmung gerichtet war, mag eine grundsätzliche Option zugunsten der Briten für den Fall einer weiteren Verschlechterung der deutsch-russischen Beziehungen enthalten haben. Das galt vor allen Dingen dann, wenn Großbritannien, was Bismarck kaum erwartet haben dürfte, die parlamentarische Ratifizierung eines Vertrages akzeptiert hätte. In der gegebenen Situation aber lieferte, weniger grundsätzlich orientiert und eher konkret berechnet, Bismarcks britische Rochade den Russen einen drohenden Hinweis auf den durchaus noch vorhandenen Manövrierraum deutscher Außenpolitik. Wieder einmal galt es, das Zarenreich zum Kommen zu bewegen und daneben auch die Donaumonarchie angesichts gewisser, sich zur damaligen Zeit im Bündnis bemerkbar machender „Unstimmigkeiten“[46] von einer einseitigen Annäherung an Rußland abzuhalten. Letztendlich aber war, ungeachtet aller Plädoyers für ein Zusammengehen mit Großbritannien, denen sich auch Herbert von Bismarck zeitweise nicht verschließen konnte, „wenn die Engländer nur nicht gar so unzuverlässig und demokratisiert wären“,[47] dem Reichskanzler „das russische Hemd lieber als der englische Rock“.[48] Das heißt aber: Bismarck hatte mit seinem eine Ablehnung Englands in gewissem Sinne einkalkulierenden Angebot – die außerordentlich konziliante Form, mit der er Premierminister Salisbury einen abschlägigen Bescheid von vornherein erleichterte, spricht für sich – der seine äußere Politik so heftig kritisierenden Opposition in Deutschland gezeigt, daß mit den Briten kein Bündnis abzuschließen sei. Also mußte es dabei bleiben, weder für die eine noch für die andere Seite zu optieren, sondern weiterhin an der Politik einer freien Hand festzuhalten. Ihre Notwendigkeit betonte er sogar für das Verhältnis der dem Reich am engsten alliierten Donaumonarchie. Denn „die Sicherheit unserer Beziehungen zum österreichisch-ungarischen Staate beruht zum großen Teile auf der Möglichkeit, daß wir, wenn Österreich uns unbillige Zumutungen macht, uns auch mit Rußland verständigen *können*".[49] Alles in allem: Nachdem die englische Option gescheitert war und für den Fall, daß die Politik der freien Hand bei einem unmittelbar bevorstehenden Zweifrontenkrieg geopfert werden mußte, blieb die von Bismarck allein gedanklich in Betracht gezogene Option zugunsten des Zarenreiches als einzige Chance deutscher Außenpolitik übrig, es sei denn, die Grenze zur militärischen Konflagration großen Stils wurde überschritten.

Bis zu seiner Entlassung im März 1890 ist es dem Reichskanzler gelungen, eine definitive Festlegung solcher Art zu umgehen, also das Eingeständnis zu vermeiden, nur als Juniorpartner der einen oder anderen Weltmacht existieren zu können. Zwischen Großbritannien und Rußland auf immer schmaler werdendem Grat balancierend, wahrte er, ohne daß darüber die gar nicht zu verkennende Zukunftgefährdetheit des Reiches unterschätzt werden dürfte, die anfällige Ungebundenheit der deutschen Großmacht. Ohne Zweifel: Das „System der Aushilfen", das ja bis zu einem gewissen Grad jede Diplomatie kennzeichnet und in Bismarcks widersprüchlich harmonischem Machtspiel mit den „fünf Kugeln" extreme Ausprägung erfahren hat, erhielt von der Mitte der achtziger Jahre an mehr Ablehnung als Zustimmung. Die in sich widerstreitende Existenz eines komplizierten Bündnissystems, das im Krieg der Tendenz nach zusammenbrechen mußte und in erster Linie für die Friedenserhaltung konstruiert war, wurde ungeachtet oder gerade aufgrund seiner artifiziellen Gekonntheit mehr und mehr abgelehnt. Zunehmend stärker trat der Gedanke an den Krieg als Möglichkeit internationaler Politik ins Bewußtsein einer Bismarck nachfolgenden Generation. Ein neues Gefühl, das ohnehin Existierende als ungenügend zu empfinden und ausweglos Eingeschätztes durch endgültige Lösungen zu heilen, grassierte. Mit seiner Witterung für die Gefährdetheit des Reiches und seiner Politik der Mäßigung geriet Otto von Bismarck ganz unübersehbar, gleichsam von links bis rechts, in die innenpolitische Defensive. „Hier ist eigentlich alle Welt für den Krieg", stellte sein Mitarbeiter und Widersacher Holstein im Januar 1888 fest[50]: „Mit fast alleiniger Ausnahme von S(einer)

D(urchlaucht), der die äußersten Anstrengungen macht, um den Frieden zu erhalten.“ Denn, wie gesagt, der Reichskanzler vermochte selbst für den Fall eines siegreichen Kriegsausganges gegen das Zarenreich nicht zu erkennen, welchen Nutzen solcher Erfolg gegenüber dem unverwundbaren Rußland eigentlich mit sich bringen würde. Im Hinblick auf dessen elementare Gewalt blieb nur übrig, in hoffnungsvoller Ungewißheit auf das abschleifende Mahlen der Geschichte zu vertrauen und die entlastende Entwicklung einer inneren Dekomposition des Riesenreiches abzuwarten. Insgesamt hat man sich aber zu vergegenwärtigen, daß Bismarcks pragmatische Friedenspolitik im zeitgenössischen Deutschland alles andere als populär war. Dagegen fand die kurz darauf proklamierte Weltpolitik Wilhelms II., was immer das im einzelnen und im ganzen auch sein mochte, bei Regierenden und Regierten begeisterte Zustimmung.

Spätestens im Verlauf der achtziger Jahre wurde allerdings unübersehbar, daß der Zug des sich grundsätzlich wandelnden und ins Globale ausweitenden Staatensystems mehr und mehr über Bismarcks Deutschland hinwegging. Mit anderen Worten: Zwar erhielt und förderte die imperialistische Expansion der übrigen Staaten eine geraume Zeit lang die europäische Bewegungsfreiheit des Deutschen Reiches. Schließlich aber führte eben diese säkulare Entwicklung der Weltgeschichte dazu, daß die miteinander rivalisierenden Mächte, Frankreich und England bzw. Rußland und Großbritannien, durch die Regelung überseeischer Konflikte zur außenpolitischen Entente bzw. Konvention miteinander fanden. Der ohnehin den britisch-russischen Antagonismus begleitende Hang zur weltmächtlichen Détente triumphierte, war es doch auf jeden Fall kostspieliger, sich militärisch zu duellieren als sich diplomatisch zu vergleichen. Damit aber wurde der Spielraum des Deutschen Reiches beträchtlich enger, der sich mit dem nach dem Ende des Krimkrieges einsetzenden Desinteresse der Briten und Russen gegenüber der europäischen Mitte so vorteilhaft für die deutschen Belange aufgetan hatte. Und in innenpolitischer Perspektive kam erschwerend hinzu, daß die sich mit der Entstehung eines politischen Massenmarktes charakteristischerweise verändernde bzw. dessen Dasein geradezu konstituierende Öffentlichkeit, vor allem die Presse, die Verbände und die Parteien, die bis dahin gleichsam autonom existierende Sphäre der Staatsräson und Diplomatie beeinträchtigten, ja aufsogen bzw. wandelten und neuen Existenzbedingungen unterwarfen.

Betrachten wir, nachdem Chancen und Grenzen deutscher Außenpolitik im Zeitalter Bismarcks zwischen 1871 und 1890 zumindest kursorisch erörtert worden sind, nunmehr abschließend die eingangs erwähnten Urteile über das sog. „System der Aushilfen“:

1. Gewiß war Bismarcks artifiziell anmutendes Machtspiel alles andere als eine Lösung auf Dauer, aber auch nicht der Beweis für eine bereits gescheiterte Außenpolitik. Sicherlich muß man sich mit Hermann Oncken der Tatsache „bewußt bleiben, daß sie [Bismarcks Außenpolitik, K. H.] der äußersten Erprobung nicht unterworfen wurde“.[51] Dann gilt es jedoch umgehend, ganz abgesehen davon, daß es schwierig ist anzugeben, was mit solcher Finalität wohl gemeint sein kann, auch zu bedenken, daß deren Umgehung ja möglicher- oder sogar wahrscheinlicherweise gerade durch die von Bismarck gewählte Außenpolitik des Deutschen Reiches maßgeblich beeinflußt worden ist.

2. Angesichts der ihr anhaftenden Kennzeichen der Improvisation, des Fragilen und der Vorläufigkeit, die niemand schärfer als Otto von Bismarck selbst erkannt hat, läßt sich dagegen die These eines vom Reichskanzler einheitlich entworfenen und verwirklichten Systems deutscher Außenpolitik, ohne wesentliche Einschränkung durch Planung, Stabilität und Erfolg charakterisiert, kaum mehr aufrechterhalten. In diesem Sinne stellte auch der umstrittene Rückversicherungsvertrag mit Rußland „weder die Krönung noch den Schlußstein eines geschlossenen Systems“, sondern „lediglich eine weitere Aushilfe“[52] dar.

3. Aus dem Grunde aber pejorativ von einem „System der Aushilfen“ zu sprechen, weil die angeblich reale Alternative dazu der zögerlich verpaßte Präventivkrieg gewesen sei, hat kein Fundament in der Sache. Zum einen existierte die von Ulrich Noack unterstellte Möglichkeit eines offensiv gegen Rußland zielenden deutsch-britischen Bündnisses nicht; zum anderen gehörte Bismarck eben zu den wenigen, die im Bewußtsein der in seiner Generation noch gerade lebendigen Schrecken der Napoleonischen Kriege sowie angesichts der im Krimkrieg, im amerikanischen Sezessionskrieg und im Deutsch-Französischen Krieg andeu-

tungsweise hervortretenden neuen Zerstörungsqualität militärischer Auseinandersetzungen in der Moderne auf jeden Fall von einer kriegerischen Konflagration mehr Schaden als Nutzen für das Deutsche Reich erwarteten.

4. Lothar Gall ist beizupflichten, daß Bismarcks äußere Politik ein „System der Aushilfen" darstellte, dessen Grenzen am Ende augenfälliger waren als seine Chancen. Allein: Es gilt zu fragen, welche außenpolitische Alternative zu diesem System existierte und unter welchen innenpolitischen Implikationen sie verwirklicht werden konnte. Mit anderen Worten: Eine dem Zug der Zeit in mancherlei Hinsicht entsprechende innere Parlamentarisierung hätte aller Wahrscheinlichkeit nach die Tendenz zur äußeren Expansion eher gefördert als kontrolliert. Das auf außenpolitischem Feld verständliche Verlangen aber nach klaren Lösungen führte in den Jahrzehnten nach 1890, ohne daß es dazu hätte kommen müssen, zu einer das internationale System polarisierenden Blockbildung, die das Tun der Diplomaten schließlich stärker auf die Kultivierung der Bündnisse als auf den Erhalt des Friedens verpflichtete. In gewisser Hinsicht gab es – das markiert Stärke und Schwäche, Chance und Grenze, Stabilität und Anfälligkeit deutscher Außenpolitik im Zeitalter Bismarcks – zum „System der Aushilfen" keine Alternative. Im übrigen baut ja keine äußere Politik für die Ewigkeit und ist auch immer auf Aushilfen angewiesen. In Deutschland war dieses Verfahren allerdings in ungewöhnlicher und extremer Art und Weise ausgebildet, das heißt aber: Die äußere Norm des Reiches hatte in der Bewegungslosigkeit zu liegen, während für alle anderen Großmächte zu expandieren als normal galt. Innen- und außenpolitische Kräfte von durchaus zeitgemäßer und zukunftsverheißender Qualität, wenn auch mit letztlich nachteiligen, allerdings nicht auf den ersten Blick absehbaren Folgen, wurden daher während der „Ära Bismarck" coupiert oder eingedämmt, um den Status quo des Deutschen Reiches, seinen Bestand und seine Gestalt, zu sichern. Denn zu tun, was alle anderen in dieser Zeit taten, nämlich zu wachsen, erschien dem Reichsgründer, im Rückblick betrachtet nicht zu Unrecht, viel zu riskant.

Bleibt die Frage zu stellen, in welchem Maße dieses „System der Aushilfen" durch Zukunftslosigkeit oder Entwicklungsfähigkeit gekennzeichnet war. Die darauf von Fall zu Fall unterschiedlichen Antworten aber zeigen nur, was schon in anderem Zusammenhang deutlich wurde: Die innere und äußere Staatsräson des Reiches, von Bismarck in ganz spezifischer, wenn auch zunehmend mühsamer bewahrter Form zur Deckungsgleichheit gebracht, fielen nahezu unvereinbar auseinander. Denn eine Zunahme innerer Freiheit, die vielen erwünscht war, entfesselte aller Wahrscheinlichkeit nach eben jene außenpolitische Unruhe, die es zu vermeiden galt. Außenpolitische „Saturiertheit" aber, die Deutschlands Existenz sicherte, auch unter innenpolitisch erheblich gewandelten Bedingungen an den Tag zu legen, das hätte für die liberale Öffentlichkeit und eine entsprechende Parlamentsmehrheit einen Widerspruch in sich dargestellt, verkörperten doch gerade sie gleichsam programmatisch den innen- wie außenpolitischen Aufbruch zu neuen Ufern.

In dieser Unverträglichkeit von innerer Freiheit und äußerem Frieden, die dem Bismarckreich, in einem gewissen Maße jedenfalls, zu eigen war, lag nicht zuletzt auch jene „Tragik" seiner Existenz begründet, über die Max Weber im Hinblick auf Bismarcks „staatsmännische Laufbahn"[53] einmal bemerkte, sie werde „die Zukunft wohl darin finden, daß unter ihm [Bismarck, K. H.] das Werk seiner Hände, die Nation, der er die Einheit gab, langsam und unwiderstehlich ihre ökonomische Struktur veränderte und eine andere wurde, ein Volk, das andere Ordnungen fordern mußte als solche, die er ihm geben und denen seine cäsaristische Natur sich einfügen konnte".[54] Und über diese innenpolitische Seite der Geschichte hinaus waren es auf der anderen Seite der inzwischen voll erwachte Großmachtinstinkt der Deutschen und die sich grundlegend wandelnde Konstellation der Staatenwelt, die das Dasein eines nach allen Seiten hin unabhängigen deutschen Nationalstaates mittlerweile weniger förderten, als dessen Entstehung einst von der historischen Entwicklung begünstigt worden war.

Ohne Zweifel war das, was Bismarck auf außenpolitischem Feld tat bzw. unterließ, im Sinne der Zeit rückwärtsgewandt, und das, was er damit abwehrte oder verdrängte, in dieser Perspektive fortschrittlich. Deutschlands äußere Politik hatte tatsächlich die Grenze einer neuen Ära erreicht, in die sie nicht mehr so recht hineinzupassen schien und die zumindest ihre Zerbrechlichkeit schonungslos aufdeckte. Daß ihr Lenker, Otto von Bismarck,

„überhaupt das Provisorium in allem, weil es elastischer ist, mehr als das Definitivum"[55] liebte, war einer sich international und innenpolitisch rapide umgestaltenden und rasch modernisierenden Zeit, die nach umgehender Veränderung suchte und auf das säkular Endgültige zielte, zutiefst fremd. Allerdings erhebt sich, über das deutsche Beispiel einer besonders stark ausgebildeten Unvereinbarkeit zwischen innerer und äußerer Staatsräson hinaus, die grundsätzliche Frage danach, ob das in Bismarcks Geburtsjahr 1815 eingerichtete klassische Gleichgewichtssystem Europas überhaupt noch auf längere Zeit zu überleben imstande war. Bis zum Jahre 1890 jedenfalls erfüllte das „System der Aushilfen", dessen Alternative eher im allgemeinen Krieg Europas als in der stabilen Lösung auf Dauer bestand, seinen Zweck, den Frieden zu bewahren. Er aber war den von den Ereignissen der Französischen Revolution, den von ihr ausgehenden Kriegen und dem Wiener Friedenswerk her geprägten Generationen lange Zeit als das kostbarste Gut erschienen. Repräsentanten und Völker einer neuen Epoche aber sahen, solchen Erfahrungen inzwischen ferner, in einer nicht zuletzt auch zu Lasten innerer und nationaler Freiheit erkauften Politik des Status quo eher Nachteile. Daher trieben sie, weil alles in der Geschichte seine Zeit hat, verständlicherweise eine andere Politik, die, auf gar keinen Fall mit Notwendigkeit, sondern vielmehr durch Entscheidungen Verantwortlicher bedingt, letztlich fatale Folgen zeitigte.

Anmerkungen

1 Ulrich Noack, Bismarcks Friedenspolitik und das Problem des deutschen Machtverfalls, Leipzig 1928, S. 275.

2 Ebd., S. 132.

3 Ebd., S. 165.

4 Ebd., S. 463 f.

5 Wolfgang Windelband, Die Einheitlichkeit von Bismarcks Außenpolitik seit 1871, in: Ders., Gestalten und Probleme der Außenpolitik. Reden und Aufsätze zu vier Jahrhunderten, Berlin–Essen–Leipzig 1937, S. 129 ff.

6 Ebd., S. 133.

7 Lothar Gall, Bismarck. Der weiße Revolutionär, Frankfurt a. M.–Berlin–Wien 1980, S. 642.

8 Ebd., S. 597.

9 Ebd., S. 634.

10 Ebd., S. 636.

11 Ebd., S. 727.

12 Ebd., S. 636.

13 Botschafter Paul Graf von Hatzfeldt. Nachgelassene Papiere 1838–1901, Erster Teil, hrsg. und eingel. von Gerhard Ebel, Boppard a. Rh. 1976, S. 513: Holstein an Graf Hatzfeldt vom 26. 7. 1886.

14 GP 2, Nr. 294, S. 154.

15 Zitiert nach Heinrich Lutz, Österreich-Ungarn und die Gründung des Deutschen Reiches. Europäische Entscheidungen 1867–1871, Frankfurt a. M.–Berlin–Wien 1979, S. 488 f.

16 Ludwig Dehio, Gedanken über die deutsche Sendung 1900–1918, in: Ders., Deutschland und die Weltpolitik im 20. Jahrhundert, München 1955, S. 94.

17 Siegfried A. Kaehler, Bemerkungen zu einem Marginal Bismarcks von 1887, in: Ders., Studien zur deutschen Geschichte des 19. und 20. Jahrhunderts. Aufsätze und Vorträge, Göttingen 1961, S. 182.

18 Theodor Schieder, Staatensystem als Vormacht der Welt 1848–1918, Frankfurt a. M.–Berlin–Wien 1977, S. 253.

19 Lothar Gall, Europa auf dem Weg in die Moderne 1850–1890, München–Wien ²1989.

20 Hermann Oncken, Das Deutsche Reich und die Vorgeschichte des Weltkriegs, Bd. 1, Berlin 1933, S. 215.

21 Theodor Schieder, Nietzsche und Bismarck; in: Historische Zeitschrift 196 (1963), S. 342, wiederabgedruckt in: Ders., Einsichten in die Geschichte. Essays, Frankfurt a. M.–Berlin–Wien 1980, S. 83.

22 Otto Hintze, Die Hohenzollern und ihr Werk. Fünfhundert Jahre vaterländischer Geschichte, Berlin 1915, S. 651.

23 Zu dieser Formulierung Siegfried A. Kaehlers vgl. Walter Bußmann, Europa und das Bismarckreich, in: Lothar Gall (Hrsg.), Das Bismarck-Problem in der Geschichtsschreibung nach 1945, Köln–Berlin 1971, S. 311.

24 Ulrich Lappenküper, Die Mission Radowitz. Das Deutsche Reich und die europäischen Mächte in Bismarcks Außenpolitik im Zeitraum zwischen der Reichsgründung und der „Krieg-in-Sicht"-Krise (1871–1875), Diss. Bonn 1988, S. 238.

25 Der französische Botschafter in London, Jarnac, an Außenminister Decazes am 2. 11. 1874, zitiert nach ebd., S. 188.

26 Bismarck, Die gesammelten Werke, Bd. 14, S. 834: An die Tochter Marie vom 23. 6. 1872.

27 Zitiert nach Walter Bußmann, Das Zeitalter Bismarcks, 4., ergänzte Aufl., Frankfurt a. M. 1968, S. 140.

[28] GP3, Nr. 455, S. 33: Bismarck an Kaiser Wilhelm I. vom 31. 8. 1879.

[29] Henry A. Kissinger, Großmacht Diplomatie. Von der Staatskunst Castlereaghs und Metternichs, Frankfurt a. M. 1962.

[30] Gerhard Ritter, Bismarcks Verhältnis zu England und die Politik des „Neuen Kurses", Berlin 1924, S. 543.

[31] Graf Hermann Keyserling, Das Reisetagebuch eines Philosophen, 2 Bde., 3. Aufl., Darmstadt 1920, Motto.

[32] Jost Dülffer, Deutschland als Kaiserreich (1871–1918), in: Deutsche Geschichte. Begründet von Peter Rassow. Vollständig neu bearbeitete und illustrierte Ausgabe, hrsg. v. Martin Vogt, Stuttgart 1987, S. 486.

[33] Gall, Bismarck (wie Anm. 7), S. 619.

[34] Ludwig Dehio, Deutschland und die Epoche der Weltkriege, in: Ders., Weltpolitik (wie Anm. 16), S. 15.

[35] Hajo Holborn, The Political Collapse of Europe, New York 1951, S. 53.

[36] Eugen Wolf, Vom Fürsten Bismarck und seinem Haus, Berlin 1904, S. 16.

[37] Theodor Schieder, Das Problem der Revolution im 19. Jahrhundert, in: Staat und Gesellschaft im Wandel unserer Zeit. Studien zur Geschichte des 19. und 20. Jahrhunderts, München 1958, S. 40.

[38] GP (wie Anm. 14).

[39] Graf Herbert von Bismarck. Aus seiner politischen Privatkorrespondenz, hrsg. und eingel. von Walter Bußmann unter Mitwirkung von Klaus Peter Hoepke, Göttingen 1964, S. 332: Herbert von Bismarck an Bülow vom 31. 10. 1885.

[40] Bundesarchiv Koblenz, Nachlaß Bülow, Nr. 65, Bd. 1, Blatt 297: Herbert von Bismarck an Bülow vom 28. 9. 1885, zitiert nach Konrad Canis, Bismarck und Waldersee. Die außenpolitischen Krisenerscheinungen und das Verhalten des Generalstabes 1882 bis 1890, Berlin 1980, S. 146.

[41] Bismarck. Die großen Reden, hrsg. und eingel. von Lothar Gall, Berlin 1981, S. 273.

[42] Ludwig Dehio, Gleichgewicht oder Hegemonie. Betrachtungen über ein Grundproblem der neueren Staatengeschichte, Krefeld 1948, S. 197.

[43] GP9, S. 353: Hatzfeldt an Holstein vom 18. 6. 1895.

[44] Aufzeichnungen und Erinnerungen aus dem Leben des Botschafters Joseph Maria von Radowitz, hrsg. v. Hajo Holborn, 2. Bd., Stuttgart–Berlin–Leipzig 1925, S. 276: Unterstaatssekretär Berchem an Radowitz vom 4. 12. 1887.

[45] GP4, S. 400: Bismarck an den Botschafter Hatzfeldt in London vom 11. 1. 1889.

[46] Wolfgang Fritz Horsch, Unstimmigkeiten im deutsch-österreichischen Bündnis Ende 1888 und Anfang 1889, Diss. Tübingen 1931.

[47] Herbert von Bismarck, Privatkorrespondenz (wie Anm. 39), S. 379: Herbert von Bismarck an Rantzau vom 24. 9. 1886.

[48] Carl Messerschmidt, Bismarcks russische Politik vom Berliner Kongreß bis zu seiner Entlassung, Diss. Hamburg 1935 (Würzburg 1936), S. 87.

[49] GP 6, S. 305: Bismarck an den Kronprinzen [vom 9. 5. 1888].

[50] Hatzfeldt, Papiere (wie Anm. 13), S. 657.

[51] Hermann Oncken, Ziele und Grundlagen der auswärtigen Politik des Deutschen Reiches von 1871 bis 1914, in: Bernhard Harms, Volk und Reich der Deutschen, Bd. 1, Berlin 1929, S. 154.

[52] Peter Jakobs, Das Werden des französisch-russischen Zweibundes 1890–1894, Wiesbaden 1968, S. 12.

[53] Max Weber, Der Nationalstaat und die Volkswirtschaftspolitik, in: Ders., Gesammelte politische Schriften, [3]1971, S. 19 f.

[54] Ebd.

[55] Die geheimen Papiere Friedrich von Holsteins, hrsg. v. Norman Rich und M. H. Fisher. Deutsche Ausgabe von Werner Frauendienst, Bd. 2, Göttingen–Berlin–Frankfurt a. M. 1957, S. 148: 4. 5. 1884.

DEUTSCHLANDS REAKTION AUF DIE GLOBALISIERUNG DER INTERNATIONALEN BEZIEHUNGEN: EIN ANDERER KURS?

Kolon

Von Reiner Pommerin

Das 19. Jahrhundert, „eine Epoche weltweiter Expansion europäischer Herrschaft, europäischer Werthaltungen und nicht zuletzt der materiellen Kultur Europas", galt wohl nicht zu Unrecht schon den Zeitgenossen als das „europäische Jahrhundert schlechthin".[1] Dennoch hatten sowohl die in der Zeit der frühen Kolonisation als auch die im Zeitalter des Imperialismus erworbenen Einflußsphären europäischer Staaten in der außereuropäischen Welt Rückwirkungen auf die ökonomische und machtpolitische Position des jeweiligen Staates im europäischen Mächtekonzert. Andererseits beeinflußte das Ausgreifen der europäischen Staaten auch deren Stellung und Gewicht in der Welt. Die Kolonien entwickelten, schon um dem Druck der wirtschaftlichen Ausbeutung zu entgehen, einen auf Dauer nicht zu unterdrückenden Anspruch auf Selbstbestimmung, auf eigene staatliche Souveränität. Und obgleich den Europäern Europa gleichsam als der Nabel der Welt erschien und dieses Europa vor allem in seinem Staatensystem, der Pentarchie, präsent war, kam es gegen Ende des europäischen Jahrhunderts zu einer Erweiterung dieses Staatensystems um neue, außereuropäische Mitglieder, umfaßten die internationalen Beziehungen den gesamten Globus. Bevor wir uns der Frage widmen, ob überhaupt und, falls ja, wann und auf welche Weise der damals noch junge deutsche Nationalstaat auf die globale Vergrößerung des Konzerts der Mächte reagierte, muß dargestellt werden, unter welchen Bedingungen und unter wessen Mitwirkung sich der Wandel vom europäischen zum globalen Mächtesystem vollzog. Zunächst zu den Bedingungen.

I

Vor den enger werdenden politischen Verknüpfungen stand das ökonomische Zusammenrücken der Welt. Immer stärker traten die von einer politischen Grenze umgebenen Volkswirtschaften von Einzelstaaten miteinander in Verbindung, allerdings auch in Konkurrenz, und wuchsen sich zu einem System der Weltwirtschaft aus. Diese Entwicklung verlief global gesehen natürlich höchst unterschiedlich und keineswegs gleichzeitig. Einen wesentlichen Faktor stellte in dieser Entwicklung die in Europa stattfindende zweite Industrielle Revolution dar, die etwa ab 1870 zu einem Zeitpunkt einsetzte, als sich außereuropäische Länder in der Welt – falls überhaupt – gerade in der ersten Industriellen Revolution, der von „Kohle und Eisen", befanden. Jetzt begann das Zeitalter des Stahls, der Elektrizität als neue Quelle von Licht, Wärme und Kraft, das Zeitalter des Erdöls sowie der Chemie.[2] Hatte die Stahlproduktion in der Welt 1850 lediglich 80000 Tonnen betragen, im Jahre 1890 betrug sie 28 Millionen Tonnen. Erfindungen von Sir Henry Bessemer, Friedrich von Siemens und Sidney G. Thomas hatten die dazu erforderlichen technologischen Voraussetzungen geliefert. Elektrizität, seit 1890 bereits in Wasserkraftwerken erzeugt, erhellte mittels der 1879 erfundenen Glühlampe nicht nur die Dunkelheit, sie diente als Kraftquelle zu verschiedensten Antriebsarten und seit 1886 der neuentwickelten Elektrolyse, die beispielsweise zur kommerziell verwertbaren Herstellung von Aluminium dienen sollte. Destillationsprodukte des Erdöls wie Petroleum fanden in Lampen und Heizungen Verwendung, hinzu kamen die Erfindungen im Bereich der Motoren als Verbraucher. Neben anderen Naturwissenschaften traten die Biochemie und die Bakteriologie ihren Siegeszug an, Vitamine und Hormone wurden 1902 entdeckt und schon ab 1899 konnte man nach durchzechter Nacht einen „Kater" mit Aspirin bekämpfen.

Einem Baron von Rothschild ist der Satz zugeschrieben worden: "There are three ways to ruin: gambling, women and engineers. The first two are more agreeable, but the last is more certain."[3] Zur Umsetzung wissenschaftlicher Erkenntnisse, neuer Technologien, einer weltweiten Vermarktung von Industrieprodukten bedurfte es der Investitionsbereitschaft des Kapitals. Und diese Bereitschaft war vorhanden. Gerade das Zeitalter des Imperialismus setzte daher ganz neue Akzente im Bereich des Kreditwesens, des internationalen Geldverkehrs. England, bis zum Ende des Ersten Weltkriegs der große Finanzier der Welt, besaß bereits seit 1816 eine Goldwährung, die übrigen Staaten eine Silber- oder eine Doppelwährung. Der schwankende Silberwert, der kaufmännische Kalkulationen im zwischenstaatlichen Verkehr höchst unsicher gemacht hatte, führte – nach entsprechenden Goldfunden – bis zur Jahrhundertwende dazu, daß die wichtigsten Staaten der Welt ebenfalls zu einer Goldwährung übergingen. Jetzt konnten die auf den Welthandel ausgerichteten Staaten Verschiebungen und Veränderungen in der Preis- und Leistungsstruktur sowie in der Leistungs- und Zahlungsbilanz ausgleichen, denn das internationale Währungssystem war auf den Goldautomatismus ausgerichtet.[4] Gleichzeitig erfolgte eine neue Ordnung des Bank- und Notenwesens in vielen Staaten der Welt. Aktienbanken, Auslands- und Kolonialbanken erleichterten das internationale Zahlungswesen. Der bargeldlose Zahlungsverkehr mittels des sich überall rasch entwickelnden Post- und Telegraphenwesens beschleunigte dieses noch.[5]

Die Entwicklung des elektrischen Telegraphen war in der Tat ökonomisch, aber auch politisch von fundamentaler Bedeutung. Zunächst hatte der elektrische Telegraph ein Schattendasein entlang der Eisenbahntrassen geführt, um dem Bahnbetrieb zu dienen. Schon bald aber verband er – entlang der Landstraßen – die entlegendsten Orte miteinander. Hier äußerte sich das Bedürfnis nach zwischenstaatlichen Anschlüssen, nach Überwindung von politischen Landesgrenzen zur Vermittlung von Nachrichten auf dem wirtschaftlichen, dem politischen und bald auch dem militärischen Sektor besonders stark.[6] Die führende Position bei der Erschließung der Welt durch Land- und Seekabel fiel auf Grund seines weltweiten Engagements dem Inselstaat England zu. Dieser ging zielstrebig daran, Kabelverbindungen aufzubauen, die alle Teile des Empire miteinander verknüpften, ohne dabei fremdes Territorium zu berühren. Der Wert solcher Nachrichtenverbindungen und ihrer Kontrolle wurde aller Welt vor Augen geführt, als beispielsweise 1895 die englische Regierung alle nicht englischen Telegramme von und nach Transvaal stoppte. Das berühmte Telegramm Kaiser Wilhelms II. 1896 an den Präsidenten

Krüger mit Glückwünschen zum Sieg bei Krügersdorp fand seinen Weg nach Pretoria erst, nachdem englische Extrablätter seinen Wortlaut schon in London verkündet hatten. 1898, während des spanisch-amerikanischen Krieges, sandte das spanische Marineministerium an den vor Martinique kreuzenden Admiral Cervera zwei Telegramme. Diese forderten ihn zur Rückkehr mit der Flotte nach Spanien auf. Beide Telegramme erreichten den Admiral aber nicht, weil die Amerikaner sie abfangen konnten. So entschied er sich, nach Santiago de Cuba zu dampfen, von wo er später nur noch unter großen Verlusten entkommen konnte. Nicht ohne Grund bemerkte deshalb die französische Regierung im Jahre 1900 neidvoll, daß „England seinen Einfluß in der Welt wahrscheinlich mehr seinem Kabelnetz als seiner Flotte verdankt. Es kontrolliert die Nachrichten und macht sie seiner Politik und seinem Handeln in erstaunlicher Weise dienstbar“.[7]

Eine Beschleunigung im engeren Sinn des Wortes erfuhr der Welthandelsverkehr auch noch auf Grund anderer Veränderungen. So verkürzte der 1869 seiner Bestimmung übergebene Suez-Kanal den Seeweg von London nach Kalkutta von 12000 auf 8000 Seemeilen, also um 30 Prozent. Waren und Passagiere, die bisher auf dem Weg nach Indien und weiter nach Singapur, Hongkong oder gar Yokohama noch Afrika zu umschiffen hatten, gelangten jetzt mit Hilfe des Kanals und der Dampfschifffahrt erheblich schneller ans Ziel. Der Nord-Ostsee-Kanal oder der Kanal von Korinth boten ebenfalls Verkürzungen der Fahrzeiten, wenn auch erheblich geringere. Diese Verkürzungen ließen wiederum häufigere Fahrten zu. Tonnage und Schnelligkeit der Schiffe auf Meeren und Flüssen stiegen an. Auf den Kontinenten selbst ließen die Eisenbahnlinien die Entfernungen und damit die Welt zusammenschrumpfen. Dabei kam den Linien zwischen Atlantik und Pazifik besondere Bedeutung zu. Endet in John Steinbecks Roman ›Jenseits von Eden‹ der Versuch, Salatköpfe über die Eisenbahn zu entfernteren Märkten zu verfrachten, in einem Desaster von auftauendem Eis, so erreichte eingefrorenes Fleisch auf diesem Wege New York von Kansas City doch bereits seit 1876. Gefrorenes Fleisch kam aus Argentinien nach Europa per Schiff seit 1877. Früchte und Gemüse aus dem Mittelmeerraum erreichten die nordeuropäischen Märkte nach dem Durchstich des Mont Cenis bzw. des Sankt Gotthard, 1871 bzw. 1882, in kürzester Zeit. Casanova, der uns in seinen Erinnerungen neben anderem auch höchst aufschlußreiche Details über das Reisen in Europa am Ende des 18. Jahrhunderts überliefert hat, benötigte 100 Jahre zuvor zur Überschreitung des Sankt Bernhard noch ganze drei Tage. Doch verlassen wir jetzt diesen Bereich der Bedingungen und wenden uns nun jenen beiden Ländern zu, die neben den europäischen Staaten selbst nachhaltig zur Veränderung des Mächtesystems beitrugen, nämlich den USA und Japan.

II

Wie bereits angedeutet, mußte die Politik der europäischen Staaten, sich über ihre Grenzen hinaus auszudehnen und abhängige Territorien in Übersee zu erwerben, bei den in Abhängigkeit Gehaltenen irgendwann den Wunsch nach eigener Staatlichkeit, nach Unabhängigkeit wachrufen. Dies galt vor allem dann, wenn es sich bei diesen Abhängigen um ursprünglich aus Europa selbst stammende Menschen handelte. Worauf diese ihren Anspruch stützten, verdeutlichte vor allem der Text der amerikanischen Unabhängigkeitserklärung vom 14. Juli 1776. Hierin hieß es unter anderem: "Prudence, indeed, will dictate that governments long established should not be changed for light and transient causes; and accordingly all experience hath shown, that mankind are more disposed to suffer, while evils are sufferable, than to right themselves by abolishing the forms to which they are accustomed. But when a long train of abuses and usurpations, pursuing invariably the same object evinces a design to reduce them under absolute despotism, it is their right, it is their duty, to throw off such government, and to provide new guards for their future security."[8]

Eine mögliche Konsequenz der amerikanischen Unabhängigkeit, nämlich ihre Rückwirkung auf Europa selbst, beschrieb der Journalist Posselt bereits 1796 angesichts der Farewell Address von George Washington, noch war Philadelphia der Bundessitz der Vereinigten Staaten. Posselt schrieb: „Wenn bisher das kleine Europa drei andere Erdteile, alle im Vergleich mit ihm von kolossaler Größe, wie eine Art Appendix behandelte, so wird auch hierin einst die Nemesis ihr zwar oft spätes, aber nie ganz ausbleibendes Amt verwalten. Die Zeit wird kommen, da man in Philadelphia die Angelegenheiten Europas so debattieren wird, wie man jetzt in London die von Kanada und Bengalen debattiert."[9] Doch konzentrierten sich die USA anfangs auf eine isolationistisch-defensive Politik. Zunächst einmal verteidigten sie rigoros die territoriale und administrative Integrität von Nord- und Südamerika. Eine Fortführung der Kolonialisierung durch die europäischen Mächte sollte in der westlichen Hemisphäre nicht mehr gestattet werden. Im übrigen trieben sie, relativ ungestört, die Besiedlung des Westens voran, erwarben oder erstritten Florida, Texas, Kalifornien, schließlich Alaska.

Nachdem die USA mit dem Abschluß des Bürgerkrieges auch ihre innere Bewährungsprobe überstanden hatten, verstärkten sie ihre Suche nach Stützpunkten im pazifischen Raum. Als auf den Samoa-Inseln deutsche, englische und amerikanische Interessen zusammenstießen, kam es 1889 zur Samoa-Konferenz in Berlin. Schon die erstmalige Zulassung der englischen Sprache auf einer internationalen Konferenz konnte als Indiz dafür gelten, daß die USA in ein neues Zeitalter ihrer Außenpolitik eingetreten waren. Erstmalig wichen sie jetzt von der durch George Washington vorgegebenen Linie ab, keine Abmachung mit europäischen Staaten einzugehen. Das Ergebnis dieser Konferenz bestand in einem Kondominium über die Samoa-Inseln durch die drei Staaten. Wenige Jahre später sah der antiimperialistisch eingestellte Secretary of State Walter Quinton Gresham in diesem Vertrag das Abrücken von der bisher eingehaltenen Linie strikter Ablehnung einer Zusammenarbeit mit europäischen Großmächten und damit den ersten Bruch „unserer traditionellen und wohlfundierten Politik, keine verstrickenden Verbindungen mit auswärtigen Staaten einzugehen".[10]

Verstrickend in einem ganz anderen Sinn aber hatten bereits die handelspolitischen Beziehungen gewirkt, die die USA mit europäischen und außereuropäischen Staaten eingegangen waren. Die neue Großmachtstellung der USA zeigte sich schließlich auch machtpolitisch, als 1895/97 England in der Frage des Grenzverlaufs zwischen Venezuela und British-Guayana, in der die USA Venezuela unterstützten, einlenkte. Damit unternahm England eine Korrektur der Außenpolitik gegenüber den USA, die die wirklichen Kräfteverhältnisse auf dem amerikanischen Doppelkontinent berücksichtigte, und es begann die anglo-amerikanische Annäherung. Die Aufstände auf Kuba, einer spanischen Insel, die in den USA schon immer als Bestandteil des amerikanischen Systems betrachtet worden war, führten über die Explosion des amerikanischen Kriegsschiffes "Maine" im Hafen von Havanna 1898 zum Krieg der USA gegen Spanien. Diesen Krieg einer außereuropäischen gegen eine europäische Macht entschieden die USA zu ihren Gunsten. Um die Solidarität der europäischen Mächte bzw. die der europäischen Monarchen, die Kaiser Wilhelm II. wecken wollte, war es schlecht bestellt. Sie fanden sich lediglich zu einer höchst kraftlosen Kollektiv-Note an die amerikanische Adresse zusammen. Der Inhalt dieser Note war übrigens zuvor vom englischen Botschafter Lord Pauncefote mit dem Department of State ausgehandelt worden. Wirkliche „Drohgebärden" entfielen gegenüber den USA inzwischen schon aufgrund des kommerziellen Interesses der europäischen Staaten am transatlantischen Handelspartner.

Überhaupt richtete sich die Aufmerksamkeit Europas zu diesem Zeitpunkt stärker auf den asiatischen Teil der Welt. Als im chinesisch-japanischen Krieg 1894/95 die Vereinigten Staaten auf Ersuchen Chinas diesem ihre guten Dienste für eine Friedensvermittlung anboten, fand dieses Angebot der USA in Europa große Beachtung. Es signalisierte die Beendigung der bisher generell ausgeübten diplomatischen Zurückhaltung der Vereinigten Staaten. Tatsächlich war das Interesse der USA am pazifischen Raum, an Korea, der Mandschurei, an China als großem, künftigen amerikanischen Absatzmarkt beständig gestiegen. Um den Prozeß der Zerstückelung Chinas in Interessensphären einzelner europäischer Staaten zu stoppen und diese Märkte offenzuhalten, versandte Secretary of State John Hay im September 1899 eine Zirkularnote an alle Mächte, die Interessen in China besaßen. In dieser Note forderten die USA die Einhaltung des Prinzips der "open door" für den Handel auch in den bereits abgesteckten Einflußzonen. Die Zustimmung der Mächte erfolgte um so leichter, als auch die Integrität Chinas und damit der Status quo festgelegt wurden. Somit stand nicht mehr zu befürchten, daß eine konkurrierende Macht sich noch ein Stück aus dem chinesischen Kuchen herausschneiden konnte.

Als im folgenden Jahr in einer Art internationaler Polizei- und Strafaktion der Boxer-Aufstand in China niedergeschlagen wurde, nahmen an diesen Kämpfen neben Truppenkontingenten aus Europa folgerichtig auch amerikanische Einheiten teil. Auch während des russisch-japanischen Krieges 1904/05 gelang es Theodore Roosevelt ein weiteres Mal, die neutralen Mächte zu einer positiven Stellungnahme im Sinne der "open door policy" in China zu bewegen. Bereits zwei Jahre später, im Januar 1906, nahmen die Amerikaner an einer wichtigen politischen Konferenz der europäischen Mächte, der Konferenz von Algeciras, teil. Dabei war es ausgerechnet Kaiser Wilhelm II., der, in völliger Fehleinschätzung des Kurses der amerikanischen Außenpolitik, Roosevelt als uneigennützigen Freund ansehend, die USA zur Vermittlung im marokkanischen Konflikt zwischen Frankreich und Deutschland hinzugezogen hatte.

Spätestens dieses Ereignis zeigte: Aus den Vereinigten Staaten von Amerika war nach Abrundung ihres kontinentalen Besitzes, nach der Annexion Hawaiis 1898, der Errichtung eigener Kolonien auf den Philippinen und Puerto Rico sowie der Begründung eines Protektorats über Kuba eine Weltmacht geworden. Ihre Hegemonialstellung in der westlichen Hemisphäre, das schnelle Anwachsen ihres Industrie- und Landwirtschaftspotentials sowie ihre Bedeutung für den Handel in Asien und Europa hatten dazu beigetragen, die globale Vorherrschaft Europas zu erschüttern. Blieben ihr militärisches Potential noch gering und das Gefühl, auch außerhalb des eigenen Kontinents politische Verantwortung übernehmen zu müssen, in beständigem Widerstreit mit einem noch stark ausgeprägten Isolationismus, so mußte festgehalten werden: Die Vereinigten Staaten von Amerika, die sich aus ökonomischen Interessen heraus in Asien bereit gefunden hatten, die Rolle eines "balancer of power" zu spielen, waren jetzt in der Lage – wie der Journalist Posselt 100 Jahre zuvor vorausgesagt hatte –, wenn auch nicht mehr in Philadelphia, so doch von Washington aus, die Angelegenheiten Europas, einen entsprechenden Anlaß vorausgesetzt, mitzudebattieren.

Der zweite wichtige Mitspieler bei der Ausweitung des europäischen Staatensystems zu einem Weltstaatensystem war Japan. Japan, ein Land, das nicht von der „weißen Rasse" besiedelt oder kolonisiert worden war, durfte sich den Aufstieg zu einer modernen Großmacht, den es vollzog, ohne mit seinem kulturellen Erbe zu brechen, selbst zurechnen. Dennoch war auch die Geschichte des Hineinwachsens von Japan in das Konzert der Mächte verbunden mit der weltweiten Expansion des Westens. Wenn billige Waren, alle Grenzen überspringend, einen weltweiten Absatzmarkt finden sollten, so blieb jedes Land, das sich dem westlichen Handel verschloß, ein Feind des Fortschritts. Nach Auffassung der ›New York Times‹ des Jahres 1852 sah der „göttliche Plan" für die Welt vor, diese in einen Ort des Fleißes, der Zivilisation und des Glücks zu verwandeln. Das sich zu diesem Zeitpunkt noch rigoros und gewaltsam von der übrigen Welt und dessen Handel abkapselnde Japan, so die ›New York Times‹, sei daher "a permanent stumbling bloc in the path of universal progress".[11] Aber auch ein europäischer, ein deutscher Autor teilte diese Auffassung, indem er schrieb: „... die alten hartnäckigen, dem Fremden trotzenden Mächte sind wie Austern. Man muß sie mit Gewalt öffnen, dann sind sie tot und können von den Europäern verspeist werden."[12] Diese Öffnung Japans gelang 1853 Commodore Perry und vier Torpedobooten. Es war der Beginn der Abfassung der sogenannten „ungleichen Verträge", die Japan auch mit England, Rußland, Frankreich, den Niederlanden sowie Preußen abschließen mußte. Diese Verträge gaben Ausländern exterritoriale Rechte und begrenzten die japanische Zollautonomie. Versuche Japans, die Abmachungen zu lockern, scheiterten zunächst noch am Druck der westlichen Mächte. Die Annullierung der ungleichen Verträge erreichte Japan 1899. Daß Japan dies gelang, verdankte es zunächst einem inneren Modernisierungsprozeß. Dieser bestand politisch in der Ablösung der Feudalherrschaft durch eine absolute bürokratische Herrschaft und sozial im Übergang einer ständischen zu einer bürgerlichen Gesellschaft. Mit Hilfe eines neuen Steuersystems baute Japan ein eigenes Geld- und Bankwesen auf und blieb, anders als China, bei der Finanzierung von Eisenbahnbau und Industrialisierung weitgehend von westlichem Kapital unabhängig. Schon bald galten die Japaner aus der Sicht Europas als das „gesittetste und gebildetste Volk Asiens".[13] Schon 1891 schrieb, noch ein wenig verfrüht, ein deutscher Autor, daß Japan jetzt im Begriff stehe, „von den christlichen Staaten Europas als vollzivilisierte, anerkannt gleichberechtigte Nation, mit allen Rechten und

Pflichten einer solchen, in den Kreis der zivilisierten Nationen aufgenommen zu werden".[14]

Zunächst einmal klopfte Japan – fast gleichzeitig mit den beiden jungen europäischen Nationalstaaten Italien und Deutsches Reich – noch leise an die Tür der Familie der Großmächte. 1871 bekam es die Riukiuinseln von China und 1876 erlangte es in einem Vertrag mit Korea extraterritoriale Rechte. Aus dem Streit um die Oberhoheit auf der koreanischen Halbinsel entwickelte sich 1894 der chinesisch-japanische Krieg. Diesen Krieg beendete Japan militärisch außerordentlich erfolgreich 1895. Sosehr in Europa auch die militärischen Erfolge Japans bewundert wurden, es blieb doch ein mit rassischen und kulturellen Unterschieden begründetes Gefühl der Distanz. Dieses fand bald unter dem Schlagwort "the yellow peril" in Europa und in den USA Ausdruck.[15]

Einflußpolitisch aber stutzte eine Intervention von seiten der europäischen Mächte Deutschland, Frankreich und Rußland – England war im letzten Moment abgesprungen – den Sieg Japans. Es mußte auf die Halbinsel Liaotung und auf Port Arthur, die es beide im Frieden vom Shimonoseki von China erworben hatte, verzichten. Interessant an dieser Intervention der europäischen Mächte war der Hinweis in der deutschen Presse, es müsse mit der rechtzeitigen Zurückdrängung Japans das geschehen, was Europa im Falle der USA zu tun versäumt habe.[16] Aus diesem Grund suchte wohl auch Kaiser Wilhelm II. das von England vorgeschlagene Eingreifen japanischer Truppen zur Niederschlagung des Boxer-Aufstandes in China zu verhindern. Doch schließlich kämpften japanische Truppen Seite an Seite mit europäischen und amerikanischen Soldaten. Aus den politischen Geschicken Asiens war Japan um die Jahrhundertwende nicht mehr wegzudenken.

Aus der Sicht der Zeitgenossen aber war es mehr der Sieg Japans im Krieg gegen Rußland 1904/05, der als eine Art „Großmachtexamen" Japans angesehen wurde. Hatten deutsche Offiziere während der Niederschlagung des Boxer-Aufstandes in China von ihren japanischen Mitstreitern noch als den „kleinen gelben Affen" gesprochen und englische Seeoffiziere nach Bekanntwerden des britisch-japanischen Bündnisses 1902 vor Yokohama noch auf "our brothers the monkeys" angestoßen – die

Erstürmung Port Arthurs im Januar und die Seeschlacht bei Tsushima im Mai 1905 veränderten die europäische Einschätzung Japans nachhaltig. Ein asiatischer Staat, ein nicht der „weißen Rasse" zugerechnetes Volk hatte die Konfrontation mit der europäischen Großmacht Rußland gewagt und gewonnen. Jetzt mußte Reichskanzler v. Bülow im Reichstag erklären: „Japan hat sich durch die hervorragenden Leistungen und seiner brillanten Armee und seiner tapferen Flotte seinen Platz unter den Großmächten erobert."[17]

III

Damit stellte sich die Frage, in welcher Weise das Deutsche Reich auf die einschneidenden Veränderungen des internationalen Mächtesystems reagierte. Den technischen Wandel, die neuen, globalen Wirtschaftsbedingungen, hatte das Deutsche Reich als hochindustrialisierter Staat nicht nur erkannt, es hatte daran mitgewirkt, sie mitvollzogen. Ein Indiz für das Gewicht des auf Europa konzentrierten Denkens mag jedoch die Reaktion Bismarcks auf einen Vorschlag der Reichspost sein. Staatssekretär von Stephan hatte angeregt, ein eigenes deutsches Seekabel von Emden nach Bilbao oder Santander in Spanien zu legen, um im Fall eines Konfliktes vom französischen Kabel unabhängig zu werden. Bismarck lehnte diesen Vorschlag jedoch ab, da er im Konfliktfall mit Frankreich immer noch glaubte, auf die englischen Kabelverbindungen zurückgreifen zu können.

Das von Stephan nachgeschobene Argument, Deutschland benötige schon im Interesse seiner Kolonialpolitik eigene Kabelverbindungen nach englischem Vorbild, vermochte Bismarck nicht umzustimmen. Die Entwicklung der Kolonialverhältnisse in Afrika sei erst einmal abzuwarten, bevor die Notwendigkeit eigener Kabelverbindungen beantwortet werden könne.[18] Diese scheinbar fortschrittsfeindliche Haltung Bismarcks fand ihre Erklärung im Mißtrauen des Kanzlers gegenüber einer für Deutschland gefährlichen Kolonialpolitik. Seiner Überzeugung entsprach es tatsächlich, wenn er dem Forschungsreisenden und Kolonialenthusiasten Eugen Wolf am 5. Dezember 1888 sagte: „Ihre Karte von Afrika ist ja sehr schön, aber meine Karte von Afrika liegt in Europa. Hier liegt Rußland, und hier – nach links deutend – liegt

Frankreich, und wir sind in der Mitte, das ist meine Karte von Afrika."[19] Diese Aussage unterstreicht, daß von Bismarck, der sich besonders der Wahrung des Friedens in Europa als Voraussetzung des Weiterbestehens des jungen Deutschen Reiches verpflichtet sah, eine Wahrnehmung der Veränderungen des Staatensystems außerhalb Europas kaum zu erwarten war.

Aber auch sein Nachfolger, General von Caprivi, übersah die politischen Dimensionen der sich in den USA und in Japan abzeichnenden Entwicklung. Caprivi blickte wie gebannt auf Kontinentaleuropa, auf die Verwirklichung der von ihm mit Hilfe von Handelsverträgen angestrebten Mitteleuropa-Konzeption. Der zweite Kanzler des Kaiserreichs blieb wie sein Vorgänger einer europazentrierten Sichtweise verhaftet. Japan spielte in seiner Außenpolitik überhaupt keine Rolle. Die USA hingegen blieben für Caprivi lediglich eine Wirtschaftsmacht. Dieser allerding gedachte er sich mit Hilfe seiner Handelsvertragspolitik entgegenzustellen. Er beabsichtigte, wie er selbst ausdrückte, „die Schöpfung der Vereinigten Staaten von Europa mit der Tendenz, den Erdteil wirtschaftlich unabhängig von Amerika zu machen".[20] Selbst diese schwache handelspolitische Offensive scheiterte jedoch. Das Deutsche Reich mußte schon am 22. August 1891 in der Saratoga-Convention die antiamerikanische Handelspolitik und damit im Prinzip auch die Mitteleuropa-Konzeption ad acta legen.

Die wichtigste Konsequenz aus der Entwicklung der amerikanischen Außenpolitik bis 1897/98 aber nahm die deutsche Führung überhaupt nicht zur Kenntnis. Wie das Vermittlungsangebot im chinesisch-japanischen Krieg und die amerikanische Chinapolitik angezeigt hatten, entwickelten die USA eine – noch vorsichtig geäußerte – Tendenz, über die eigene Hemisphäre hinaus eine aktivere Rolle innerhalb des Konzerts der Mächte zu spielen. Erst die sogenannte weltpolitische Umorientierung der deutschen Außenpolitik unter der Führung von Bülows ließ es der Reichsleitung ratsam erscheinen, sich zumindest die Sympathien der USA zu sichern. Durch den siegreich beendeten Krieg gegen Spanien waren die USA – so Bülow – in den „Kreis der deutschen Interessenpolitik" eingetreten. Tatsächlich duldeten die USA nicht nur den ihnen von Deutschland angekündigten Erwerb der Karolinen, Marianen und Palau-Inseln, sie ermöglichten auch die Aufteilung Samoas. Hinzu kam bald die enge Kooperation mit den USA in China. Künftig suchte das Deutsche Reich alles zu vermeiden, was zu Auseinandersetzungen mit den USA hätte führen können. Dies schloß selbst das bewußte Inkaufnehmen innenpolitischer Konflikte ein, um die amerikanische Empfindsamkeit in handelspolitischen Dingen nicht zu verletzen. Neben einer selbst auferlegten Abstinenz, sich in das durch die Monroe-Doktrin umrissene Interessengebiet der USA weder durch Anpachtung von Kohlestationen noch durch den Kauf von Inseln hineinzubegeben, suchte das Deutsche Reich außerdem durch Aktivitäten im kulturellen Sektor, durch Flotten- und Manöverbesuche sowie Ausbildung amerikanischer Offiziere, schließlich durch eine Art Goodwilltour des Prinzen Heinrich 1902 in den USA für Deutschland zu werben. Das Wohlwollen der USA zu gewinnen, war deutliches Ziel der deutschen Außenpolitik nach 1901, nachdem Bülow die englischen Versuche, mit Deutschland zu einem besseren Verhältnis zu gelangen, zurückgewiesen hatte. Doch stellte die Instrumentalisierung der deutsch-amerikanischen Beziehungen im Grunde nie eine Reaktion auf die Veränderung des Mächtekonzerts dar; immer blieb, trotz allem deutschen Flaggezeigens in der Welt, Europa das Zentrum des deutschen außenpolitischen Kurses.

Dies veränderte sich auch nur scheinbar, als 1907 – angeregt durch Kaiser Wilhelm II. – der Plan für eine amerikanisch-deutsch-chinesische Entente entstand. Bülow suchte seine nach der französisch-englischen Entente von 1904 und der russisch-englischen Konvention von 1907 erfolglose Politik mit Hilfe der USA aus der Sackgasse zu führen. Er bot der amerikanischen Regierung eine gemeinsame Entente mit China als drittem Partner nur an, weil er dadurch hoffte, dem sich zusehends „eingekreist" fühlenden Deutschen Reich in Europa Luft zu verschaffen. Als Hebel sollte der Hinweis auf die Bedrohung amerikanischer Interessen in Asien und im Pazifik durch das mit England verbündete Japan dienen. Diese Initiative scheiterte jedoch unter anderem daran, daß sich die USA mit Japan 1908 im Root-Takahira-Abkommen einigten. Die weltpolitische Konzeption Bülows stellte in Wirklichkeit nichts anderes als eine Fortführung der Europapolitik dar, da Deutschland glaubte, wenigstens kleinere Kolonien erwerben zu müssen, um nicht gegenüber den übrigen europäischen Großmächten prestigelos auf die Bedeutungslosigkeit einer Mittelmacht zurückzufallen. Nach ihrem Scheitern spielten die deutsch-amerikanischen Beziehungen bis zum Kriegsbeginn nur noch eine untergeordnete Rolle. Die Bedeutung der USA als neuer Weltmacht kam dem Deutschen Reich – höchst schmerzhaft – erst wieder nach 1917 zu Bewußtsein.

Die zweite Macht, die zur Globalisierung der internationalen Beziehungen beigetragen hatte – Japan –, spielte auch weiterhin bei den deutschen außenpolitischen Erwägungen eine ganz untergeordnete Rolle. Nach der Triple-Intervention von 1895, bei der sich gerade Deutschland durch das überzogene Auftreten seines Gesandten Gutschmid japanische Antipathien zugezogen hatte, lehnte sich Deutschland demonstrativ und rückhaltlos an die offensive Ostasien-Politik Rußlands an. Kontinentaleuropäisches Kalkül leitete die Außenpolitik des Deutschen Reiches in Asien; denn die Tatsache, daß Rußland kräftemäßig gleichsam Europa verließ, um im Fernen Osten aggressiv vorzugehen, schien das Deutsche Reich für gewisse Zeit von der Bedrohung eines möglichen Zweifrontenkriegs zu erlösen. Gleichzeitig bot sich im Sinne der Weltpolitik Bülows die Chance, erneut ohne Risiko territoriale Aspirationen voranzutreiben. Daß sich aber für Rußland durch ein Ausgreifen nach dem Fernen Osten die Notwendigkeit ergab, in Europa möglichst ohne Gefährdung zu bleiben, erkannte die deutsche Außenpolitik nicht. Sie sah nicht die sich für Rußland gleichsam automatisch ergebende Folgerung, das Verhältnis mit Frankreich eng zu halten und sich überdies – zunächst im persischen Raum – mit England zu arrangieren. Daß die Peripherie generell und speziell in Ostasien kein geeignetes Terrain zur Entlastung europäischer Spannungen darstellte, erkannte die deutsche Außenpolitik viel zu spät. Das Interesse Deutschlands am damals weit überschätzten großen chinesischen Handelsmarkt und die Sicherung der eigenen Einflußsphäre in Kiautschou sowie die russisch-japanischen Differenzen ließen die deutsche Japanpolitik zu einem Ableger der höherrangigen deutschen Chinapolitik werden.[21] Hinzu traten – trotz der den Japanern gleichsam als Ehrentitel verliehenen Bezeichnung „ostasiatische Preußen“ – rassische Überlegenheitsgefühle gegenüber den Asiaten insgesamt, wie das Schlagwort „Gelbe Gefahr“ ausdrückte. Japan blieb für die deutsche Außenpolitik zunächst eine weit entfernte, asiatische Macht. Der Sieg Japans über die so hochgeschätzte europäische Militärmacht Rußland machte Japan schließlich auch in deutschen Augen zu einer Weltmacht. Doch war diese bereits seit 1902 fester Bündnispartner des politischen Gegenübers England.

Zusammenfassend ist festzuhalten, daß das Deutsche Reich einerseits an den Erkenntnissen und den technischen Entwicklungen, die die Distanzen in der Welt verkleinert hatten, aktiv teilgenommen hatte. Seit der Reichsgründung blieb jedoch andererseits der Blick derer, die den Kurs der deutschen Außenpolitik prägten, auf Europa zentriert. Bei aller sogenannten Weltpolitik, die in ihren Wurzeln eben doch eine Europapolitik war, bei allen Bemühungen, doch noch irgendwo in der Welt risikolos kleinere Kolonialgebiete zu erlangen, erkannte die deutsche Außenpolitik kaum oder viel zu spät, daß das Match der internationalen Beziehungen auf einem größeren, die ganze Welt umfassenden Court gespielt wurde. Deutschland erkannte auch nicht, daß sich die Zahl der Spieler um außereuropäische Mächte, um Japan und die USA, vermehrt hatte. Neben den deutlichen Schwächen, vor allem der fehlenden Linie der deutschen Außenpolitik, waren es aber nicht zuletzt die Spielregeln des Mächtekonzerts des 19. Jahrhunderts, die es dem Deutschen Reich gar nicht gestattet hätten, gleichsam in weiser Selbstbeschränkung im Spiel der internationalen Beziehungen nur den Balljungen zu spielen.

Anmerkungen

[1] L. Gall, Europa auf dem Weg in die Moderne 1850–1890, München – Wien ²1989, S. 98.

[2] G. Barraclough, An Introduction to Contemporary History, London 1964, S. 39.

[3] Zitiert nach G. A. Craig, Europe 1815–1914, New York 1966, S. 290.

[4] A. Sartorius von Waltershausen, Die Entstehung der Weltwirtschaft. Geschichte des zwischenstaatlichen Wirtschaftslebens vom letzten Viertel des achtzehnten Jahrhunderts bis 1914, Jena 1931, S. 495.

[5] F.-W. Hennig, Die Industrialisierung in Deutschland 1800–1914, Paderborn ³1976, S. 253.

[6] R. Pommerin, Seekabel und Nachrichtenbüros. Determinanten des

Deutschlandbilds im Zeitalter des Imperialismus 1871–1914, in: Vierteljahrschrift für Sozial- und Wirtschaftsgeschichte 4 (1986), S. 82–93.

[7] P. M. Kennedy, Aufstieg und Verfall der britischen Seemacht, Herford – Bonn 1978, S. 228.

[8] Vgl. dazu das Original in den National Archives, Washington, D. C.

[9] Zitiert nach H. Gollwitzer, Geschichte des weltpolitischen Denkens, Bd. 1: Vom Zeitalter der Entdeckungen bis zum Beginn des Imperialismus, Göttingen 1972, S. 259.

[10] Zitiert nach H.-U. Wehler, Der Aufstieg des amerikanischen Imperialismus. Studien zur Entwicklung des Imperium Americanum 1865–1900, Göttingen 1974, S. 232.

[11] Zitiert nach W. Stingl, Der Ferne Osten in der deutschen Politik vor dem Ersten Weltkrieg (1902–1914), Bd. 1, Frankfurt a. M. 1978, S. 63.

[12] Ebd., S. 64.

[13] Ebd., S. 53.

[14] Ebd.

[15] Vgl. dazu H. Gollwitzer, Die gelbe Gefahr. Geschichte eines Schlagworts. Studien zum imperialistischen Denken, Göttingen 1962.

[16] R. Pommerin, Der Kaiser und Amerika. Die USA in der Politik der Reichsleitung 1890–1917, Köln – Wien 1986, S. 68.

[17] Zitiert nach W. Stingl, Der Ferne Osten, Bd. 2, S. 461.

[18] R. Pommerin, Seekabel und Nachrichtenbüros, S. 522.

[19] Zitiert nach L. Gall, Bismarck. Der weiße Revolutionär, Frankfurt a. M. 1980, S. 623.

[20] Zitiert nach R. Pommerin, Der Kaiser und Amerika, S. 26.

[21] R.-H. Wippich, Japan und die deutsche Fernostpolitik 1894–1898. Vom Ausbruch des Chinesisch-Japanischen Krieges bis zur Besetzung der Kiautschou-Bucht. Ein Beitrag zur Wilhelminischen Weltpolitik, Wiesbaden 1987, S. 404.

„WELTPOLITIK": DIE DEUTSCHE VERSION DES IMPERIALISMUS

Von Imanuel Geiss

Da das deutsche Kaiserreich und seine „Weltpolitik" zu Recht als entscheidende Faktoren für den Kriegsausbruch 1914 gelten, hat sich die „Kriegsschuldfrage" von vornherein emotionalisiert, auf beiden Fronten der früheren Kriegsteilnehmer und durchaus verständlich.[1] Fast 30 Jahre nach Fischers nationalkritischer Initiative ist die Zeit reif für eine wirklich nüchterne und rationale Untersuchung beider Themen, ohne billiges Moralisieren („gut" – „böse") mit dem einen oder anderen ideologischen Vorzeichen und damit Vorurteil. Unumgänglich ist eine strukturelle oder funktionale Analyse des gewaltigen welthistorischen Prozesses, gleichsam naturwissenschaftlich vorgehend. Die Anwendung historischer Mechanismen als Erklärungskategorien auch auf Deutschland kann nicht die persönliche Verantwortung der Akteure aufheben, ist und bezweckt daher keine subtile Form deutscher Apologie. Vielmehr soll die Kenntnis historischer Mechanismen dazu beitragen, eine nüchterne Position aufzubauen, die darauf verzichtet, selbstgerecht zu verdammen oder zu verteidigen, was vergleichbar, aber mit geringerer Intensität auch anderswo passierte.

Eine solche neue Sehweise kommt ohne den traditionell-deutschen „Primat der Außenpolitik" oder den neu-deutschen „Primat der Innenpolitik" aus, den sein Erfinder, Hans-Ulrich Wehler, glücklicherweise schon vor einem Jahrzehnt wieder verabschiedete.[2] Nur eine dialektische Verknüpfung beider „Primate" hilft weiter. Aber dann verliert natürlich jeder Absolutanspruch für den einen oder anderen „Primat" jeglichen Sinn: Innen- und Außenpolitik sind meistens eng miteinander verzahnt, bedingen sich gegenseitig, so daß es oft genug schwerfällt, innenpolitische (und ökonomische) von außenpolitischen Faktoren reinlich zu trennen. Sie sind vielmehr oft nur die innere und äußere Dimension einer Problematik, gehören eng zusammen, wie die Vorder- und Rückseite einer Münze, sind aber um der inhaltlichen Klarheit willen theoretisch in der Analyse zu trennen, um sie später in der notwendigen Synthese wieder zusammenzufügen.

Das Problem beginnt schon für die deutsche „Weltpolitik" mit der Tatsache, daß, fast 30 Jahre nach Fritz Fischers Werk ›Griff nach der Weltmacht‹, es immer noch keine umfassende Monographie über sie gibt, nur Spezialmonographien, die sich einzelne Aspekte und Zeithäppchen herausgreifen und detaillierter behandeln – zu Bülows Konzept der „Weltpolitik",[3] seiner Politik gegenüber Rußland[4] oder Frankreich. „Weltpolitik" konnte auch Teil der allgemeinen deutschen Voraussetzungen zum Ersten Weltkrieg sein,[5] der deutschen Außenpolitik 1871–1914[6] oder des englisch-deutschen Antagonismus.[7] Selbstverständlich war der deutsche Schlachtflottenbau als harter Kern der „Weltpolitik" Gegenstand einer großen Untersuchung im Licht der von Fischer neu aufgerissenen historischen Perspektiven.[8] Als eine Art Ersatz für die noch ausstehende Gesamtdarstellung mag daher vorläufig die eingehende Behandlung eines umfassenden Teilausschnitts der „Weltpolitik" dienen, zumal er, noch mehr als der Schlachtflottenbau, den Gesamtzeitraum der „Weltpolitik" und das für die unmittelbare Vorgeschichte entscheidende Schlüsselverhältnis der „Weltpolitik" zu England abdeckt, die deutsche Orientpolitik gegenüber dem Osmanischen Reich, einschließlich der Bagdadbahnpolitik.[9]

Da die „Weltpolitik", auch im Selbstverständnis ihrer Träger und Exponenten, nicht mehr und nicht weniger war als die deutsche Version des Imperialismus, wird es unerläßlich, mit dem Allgemeinen zu beginnen, also dem Imperialismus. Im späten 19. Jahrhundert war Imperialismus eine generelle Erscheinung unter allen Mächten der Welt, die hinreichend stark waren, sich am Wettlauf um die Macht in der Welt und die Auffüllung von Machtvakuen zu beteiligen.[10] Das waren in erster Linie die europäischen Großmächte und kleinere Mächte, Rußland eingeschlossen, das seine Expansion schon zum großen Teil über Land absolviert hatte, in zweiter Linie imperialistische Flügelmächte des neuen Weltsystems, Japan und die USA.

Unter den Regionen oder Völkern, die Objekte der überwiegend europäischen Expansion waren, hatten einige ihrerseits große imperiale Machtstrukturen aufzuweisen, die schon im Rhythmus ihrer traditionellen Geschichte in der Agonie des Niederganges lagen, vor allem das kaiserliche China und Persien, oder sich schon aufgelöst hatten, wie das Moghul-Reich Indiens. Sie bildeten riesige Machtvakuen, die, wie üblich in der Geschichte, die Expansion und Intervention aktiver Machtzentren anzogen, eben der imperialistischen Mächte. Andererseits hatten sie durch ihre eigene innere Schwäche die Chance verpaßt, sich an der imperialistischen Expansion ebenfalls zu beteiligen.

Welthistorisch läßt sich der Imperialismus in die langfristige Kontinuität der Expansion Europas in Übersee seit 1492/98, also seit der Entdeckung Amerikas durch Columbus und Ankunft der Portugiesen unter Vasco da Gama 1498, einordnen. Hauptmotiv war die Kontrolle des traditionellen Interkontinentalen Fernhandels zwischen den Extremen des Eurasischen Kontinents, des lateinischen Fernen Westens und des chinesischen Fernen Ostens.[11] Mit der Verlagerung der ökonomischen Hauptachse in der Alten Welt, vom Indischen Ozean–Mittelmeer zur neuen Achse Atlantik in die Neue Welt, entstand ein neues, zunehmend vom westlichen Europa, zuletzt England, kontrolliertes Weltwirtschaftssystem: Handel mit (Ost-)Indien (Baumwolle, Textilien, Gewürze), der Transatlantische Dreieckshandel, vor allem mit Sklaven, und die Sklaverei in der Neuen Welt (Westindien, Süd-, Mittel- und Nordamerika) mündeten in die Errichtung erster Kolonialreiche seit dem späten 15. Jahrhundert, deren Strukturen stilprägend bis in die Neuzeit wurden.

Wichtig bleibt der Strukturunterschied zwischen (mehr informellen) Handels- und Seereichen vom Typ einer klassischen Thalassokratie (Portugal, Holland) und formalisierten Siedlungskolonien (Spanien). Mit seinem älteren wie jüngeren Kolonialbereich kombinierte England beide Kolonialreichstypen und gab zugleich das Modell für neuere Kolonialmächte ab. Dagegen erkämpften sich die meisten europäischen Kolonisten Amerikas um 1800 die Unabhängigkeit von ihren Mutterländern, die weicher im Umgang mit den Ureinwohnern waren als die Siedler vor Ort. Von den Ex-Kolonien in Amerika stiegen nur die USA ihrerseits nach etwas mehr als einem Jahrhundert zum Rang einer imperialistischen Großmacht auf, als Voraussetzung zum weiteren Aufstieg bis zur Weltmacht durch zwei Weltkriege hindurch. Wie üblich, waren die frühen Pioniere zurückgefallen gegenüber Neuankömmlingen – Portugal, Spanien, Holland vor allem gegenüber England, das seine traditionelle Rivalität zu Frankreich vom europäischen Kontinent auf Übersee und die Kolonialexpansion in erbitterten Kolonialkriegen übertrug und ausweitete.

Wenn auch der Amerikanische Unabhängigkeitskrieg 1775–83 und die Zeit der Revolutions- und Napoleonischen Kriege, abgeschlossen vom Wiener Kongreß 1815, zusammen eine unübersehbare Zäsur bilden, so sind auf Dauer die vielfältigen Kontinuitätselemente, allen unbestreitbaren Brüchen und Modifizierungen zum Trotz, von den älteren Kolonialreichen zum modernen Imperialismus stärker, als die zu enge Fixierung auf den „eigentlichen Imperialismus" (Theodor Schieder) ahnen läßt. Allein die sinnvolle Einbeziehung der älteren Kolonialreiche seit der Expansion Europas in Übersee bewahrt vor unzulässigen Verkürzungen und Überzeichnungen, vor allem vor einer übertriebenen und selbstzerstörerischen Selbstanklage moralisierender Art, wie sie ursprünglich typisch für die marxistische Imperialismustheorie war, jüngstens aber auch auf sich für liberal haltende Historiker der Bundesrepublik übergegriffen hat.

Die tendenzielle Weltherrschaft des lateinischen Europa in Übersee, strukturell ergänzt durch die kontinentale Expansion über das nördliche Eurasien, erfolgte im Zuge der wohlbekannten Pluralität und Rivalität europäischer Mächte, aus denen sich vom 17. zum späten 18. Jahrhundert neue Großmächte herauskristallisierten, um zur ältesten und seit 1214 zunächst einzigen kontinuierlichen Großmacht aufzuschließen – Frankreich, Österreich 1683, England 1713, Rußland 1721, Preußen 1763/72.[12] Das Konzert der Mächte, das sich auf dem Wiener Kongreß 1815 förmlich institutionalisierte, hatte eine begrenzte Art völkerrechtlicher Kompetenz, die sich auch auf die europäischen Kolonialreiche als Anhängsel der europäischen Mächte erstreckte: Der Wiener Kongreß bestätigte den Wechsel europäischer Kolonien zwischen europäischen Großmächten, vor allem die britische Besitznahme Ceylons und der Kapprovinz, die beide vor den Revolutionskriegen holländisch gewesen waren.

Die Konkurrenz belebte zunächst auf Jahrhunderte das Geschäft der Expansion: Solange genug freier Raum vorhanden war, stachelte die Rivalität der Mächte insgesamt zu mehr Expansion an, z. B. durch die Niederlage Frankreichs in Indien und Nordamerika im Siebenjährigen Krieg, wofür sich Frankreich im 19. Jahrhundert anderweitig Kompensation suchte, vor allem in Südostasien und Afrika. Über die Zäsur 1783/1815 hinweg eskalierte daher die Dynamik der älteren Expansion in Übersee in ihre höchste Stufen, den modernen Imperialismus seit dem späten 19. Jahrhundert, inzwischen auf der materiellen Grundlage der Industrialisierung im Spannungsdreieck zwischen Bevölkerungswachstum, Wirtschaftswachstum und Wirtschaftskrisen.

Aber: Wenn laut Sallust dieselben Prinzipien, die den Aufstieg eines Staates begründen, auch seinen Niedergang herbeiführen, so gilt das auch für das System der kollektiven Expansion Europas in Übersee in permanenter nationaler Rivalität zueinander. Sobald die imperialistische Expansion an ihre Grenzen in Form der scheinbar grenzenlosen Kugelgestalt der Erde gestoßen war, als die meisten Machtvakuen in Übersee ganz oder annähernd mit der Macht eines imperialistischen Staates angefüllt waren, verwandelte sich stimulierende Konkurrenz in tödliche machtpolitische Rivalität. Die Expansion des lateinischen Westens über den Atlantik führte ihr jüngstes und mächtigstes Produkt, die USA, über den Atlantik und den Pazifik in den Fernen Osten, kommerziell nach Japan und als Kolonialmacht in die Philippinen als Sprungbrett nach China. Die kontinentale Ostexpansion Rußlands führte über die Beringsee nach Alaska und Kalifornien in den Neuen Fernen Westen, so daß sich „Ost und West" doch machtpolitisch trafen, entgegen Rudyard Kiplings Diktum. Im selben Jahr, als die USA in Manila auftauchten, machte sich auch die deutsche „Weltpolitik" auf zu ihrem Aufbruch in das imperialistische Weltabenteuer.

Mit der Bildung neuer Nationalstaaten in Europa im Laufe des 19. Jahrhunderts traten neue Teilnehmer im Wettlauf um die Kolonialexpansion auf den Plan – Belgien, Italien, Deutschland. Früher oder später stürzten sie sich alle in den Versuch, ein eigenes Kolonialreich aufzubauen und komplizierten die Rivalitätsstrukturen noch weiter, vor allem zwischen England und Frankreich. Außerhalb Europas schlossen sich Japan und die USA an, jeweils nach schweren internen Modernisierungskonflikten, chronologisch erst die USA mit ihrem Bürgerkrieg 1861/65, dann Japan im bürgerkriegsartigen Übergang vom Shogunat zur Meiji-Restauration 1866/67.

Der plötzlichste, mächtigste und brisanteste aller Neuankömmlinge auf der imperialistischen Weltbühne war Deutschland. Die Reichsgründung 1871 erwies sich nur als Zwischenantwort auf die vielzitierte, aber nie definierte Deutsche Frage.[13] Deutschland war die größte, komplizierteste und explosivste aller nationalen Fragen im 19. Jahrhundert mit den erschütterndsten Konsequenzen für Deutschland, Europa und die Welt. Die Deutschen, quantitativ stets die zweitstärkste Nation in Europa, erst hinter den Franzosen, später hinter den Russen, waren seit ihrer gewaltigen Kulturexplosion von 1800 auch qualitativ zu einem mächtigen Faktor aufgestiegen, zumal seit ihrer raschen und intensiven Industrialisierung. Als bestausgebildete und -organisierte Gesellschaft in der Welt bedeutete schon das kleindeutsche Reich unter Führung Preußens eine enorme Machtzusammenballung auf dem Kontinent, als neue Super-Großmacht. Ihre Zahl, ihr hoher Bildungsstand und die zentrale Position der Deutschen in Europa gaben ihrem Zusammenschluß zu einem Nationalstaat automatisch eine ungeheure Dynamik.

Wie auf das Gleichgewicht der Kräfte in Europa hatte die deutsche Reichsgründung auch auf der Weltbühne imperialistischer Expansion eine umstürzende Wirkung, nur nicht sofort und schlagartig, wie Disraeli für Europa rasch sah, sondern erst nach einer knappen weiteren Generation, als Deutschlands Macht durch Wachstum der Bevölkerung und seiner Wirtschaft noch weiter angestiegen war. Wie jedes neue Machtzentrum bisher in der Weltgeschichte wollte auch das neue Deutsche Reich expandieren. Wegen seiner zentralen Position, umgeben von allen anderen Großmächten und einigen kleineren Nachbarstaaten (Dänemark, Holland, Belgien, Luxemburg, Schweiz), konnte Neu-Deutschland nur in Übersee expandieren, ohne in direkten Konflikt mit den übrigen Großmächten des Kontinents zu geraten. Expansion in Übersee allerdings machte den Zusammenstoß mit England, der größten See- und Kolonialmacht, unvermeidlich, schon aus geographischen Gründen.

Wie für die nationalen Fragen Europas die Deutsche Frage die brisanteste war, hatte auch der deutsche Anspruch auf Beteiligung an der imperialistischen Expansion in Übersee für das sich abzeichnende Weltsystem explosive Folgen. So war die „Weltpolitik“ als deutsche Variante des Imperialismus für die Welt besonders gravierend. Wie auf dem Kontinent nahmen die Deutschen seit der Reichsgründung auch in der Welt eine einzigartige Stellung ein. Nicht daß die Deutsche Frage kriegerisch gelöst wurde, war das entscheidende Problem, denn alle anderen nationalen Fragen waren damals oder später auch mit Kriegen verbunden. Viel ernsthafter war die sensationelle Leichtigkeit, mit der das werdende Deutschland zwei Großmächte nacheinander geschlagen hatte, Österreich 1866 und Frankreich 1870/71, aber auch die Art, wie das junge Reich die beiden anderen Großmächte der Pentarchie zu deklassieren drohte, das agrarisch-rückständige Rußland sofort, das industrialisierte England nach einer weiteren Generation der Industrialisierung: Deutschland überholte die Pioniernation der industriellen Revolution ab 1900 qualitativ auf den modernsten Leitsektoren, Elektro- und Chemische Industrie, und forderte England als bisher unumstrittene Weltmacht Nr. 1 mit dem Bau einer erstklassigen Schlachtflotte auch militärisch zur See automatisch heraus.

Die Blitzkriege von 1864, 1866 und 1870/71 unterstrichen nur noch, daß selbst das neue kleindeutsche Reich eine latente Hegemonie auf dem Kontinent innehatte. Die Frage war kaum noch ob, sondern wann und wie die Deutschen ihre latente in eine offene Hegemonie umwandeln würden, als Basis für die eigene Expansion in Übersee, und wer die Kosten dafür zu tragen hätte, so wie Dänemark, Österreich und Frankreich machtpolitisch die Kosten für die Reichsgründung zu tragen hatten.

Die Antwort kam nach 25 Jahren Konsolidierung der Gewinne durch Bismarcks „Kontinentalpolitik" mit der wilhelminischen „Weltpolitik". Obwohl die „Weltpolitik" mit des Kaisers Namen verbunden ist, war sie keineswegs nur eine persönliche Marotte eines irrlichternden Monarchen, die der Souverän seinem unwilligen Volk von oben auferlegt hätte. Im Gegensatz zu (älterer wie neuerer) Personalisierung mit moralisierenden Anklängen, die den Kaiser (nach seinem Scheitern) zum willkommenen Sündenbock für Deutschlands politische Gebrechen macht, war die Realität sehr viel komplizierter.

1. Wilhelm II. verband zwar in seiner individuellen Persönlichkeitsstruktur oberflächliche Brillanz mit Anfällen geistiger Unzurechnungsfähigkeit (oder umgekehrt: geistige Unzurechnungsfähigkeit mit Anfällen intellektueller Brillanz).[14] Aber in all

dem verkörperte er nur die führenden Klassen seines Reiches fast perfekt.[15]

2. Ob es im wilhelminischen Deutschland je eine wirklich tragfähige Alternative zur „Weltpolitik“ gab, ist heute nur nachträgliche pure Spekulation: Die SPD um 1900 war zahlenmäßig noch zu schwach und in ihrer sozialistischen Fundamentalopposition geistig noch unreif zum Regieren. Ihre einzigen potentiellen inneren Verbündeten, die Liberalen, waren geradezu strukturelle Verfechter der „Weltpolitik“. Die Kräfte, die gegen die „gräßliche Flotte“ maulten, damit auch gegen die neudeutsche Expansion in Übersee, waren die konservativen Junker Ostelbiens, mit denen die sozialdemokratische Innen- und Sozialpolitik nichts am Hut haben wollte, denn sie verteidigten verbissen ihre Hochburgen der Reaktion gerade gegen die SPD. Die Partner einer nur akademischen Alternativ-Koalition zur wilhelminischen „Weltpolitik“ neutralisierten sich daher wechselseitig nach innen bzw. außen: Gerade die Liberalen, als potentielle Verbündete der SPD, drängten nach außen auf die „Weltpolitik“ als deutschem Beitrag zum modernen und modischen Imperialismus. Während die preußischen Konservativen, die sich mit der SPD im Widerwillen gegen die „Weltpolitik“ nach innen trafen, für die praktische Innen-, Sozial- und Wirtschaftspolitik jedoch zu reaktionär waren.

Aus denselben strukturellen Gründen, die, zuerst von Eckart Kehr und George W. F. Hallgarten so brillant erklärt, ein Bündnis des Reichs in Europa mit Rußland oder England blockierten, war das Reich unfähig, sich zwischen den allein für ein Bündnis in Frage kommenden Weltmächten England oder Rußland zu entscheiden: Die agrarischen Interessen, repräsentiert von ostelbischen Junkern, die sich von Hause aus ideologisch auf den konservativ-reaktionären Zarismus stützten, kollidierten mit denen Rußlands. Der forcierte russische Agrarexport zur Teilfinanzierung der geplanten Industrialisierung Rußlands fiel zeitlich mit der Tendenz zum Übergewicht der industriellen Produktion gegenüber der agrarischen im neuen Reich Ende der 70 Jahre zusammen. Die ostelbischen Junker, bisher als Getreideexporteure Freihändler, waren auf den einheimischen Markt zurückgeworfen und suchten sich durch Schutzzölle gegen das billigere Getreide aus Ost (Rußland) und West (Amerika) zu schützen, trafen damit aber vor allem den unmittelbaren Nachbarn, das zaristische Rußland. Ihr agrarischer Schutzzoll von 1879, 1887 drastisch erhöht zu regelrechten Kampfzöllen, kam einer ökonomischen Kriegserklärung an Rußland gleich, die, wie so oft in der Geschichte, einem richtigen Krieg voranzugehen pflegt, in diesem Fall um 35 bzw. 27 Jahre.

Andererseits hatte sich die junge deutsche Industrie, überwiegend in Westdeutschland, politisch und ideologisch am Westen, England und/oder Frankreich, orientiert. Der industrielle Schutzzoll, den die Industrie ebenfalls 1879 durchsetzte, eröffnete später den englisch-deutschen Gegensatz, nicht so sehr wegen der Wirtschaftskonkurrenz, wie später die deutsch-nationale Kriegs- und Geschichtspropaganda behauptete („Handelsneid"). Entscheidend wurde vielmehr in der Gesamtwirkung, daß zwanzig Jahre später die Wende zur „Weltpolitik" mit dem Schlachtflottenbau zusammenfiel, der gleichzeitig ein massives direktes ökonomisches Interesse für die deutsche Schwerindustrie wurde.

Der delikate Interessen- und Klassenkompromiß zwischen Landwirtschaft und Industrie, auf dem das Deutsche Reich im Grunde seit dem politischen Scheitern der deutschen Revolution von 1848/49 als Kompensation für die entgangene Reichsgründung durch ein liberales Parlament von unten beruhte, verhinderte so aus einer denkwürdigen Überkreuzlage ökonomischer Interessen und außenpolitischer Konfrontationen zwischen Ost und West auch auf Weltebene eine Wahl zwischen England oder Rußland: Holsteins Taktik der „freien Hand" auf Weltebene erwies sich als die große Lebenslüge der wilhelminischen „Weltpolitik": Schon aus strukturellen Gründen konnte sich Deutschland auch außerhalb des Europäischen Systems für keinen Bündnispartner entscheiden. Es mußte zuletzt notgedrungen seine „Weltpolitik" im Alleingang verfechten, provozierte sich aber so letzten Endes die Welt-Koalition der im Ersten Weltkrieg halb stolz, halb national-masochistisch so apostrophierten „Welt von Feinden" selbst zusammen. Die sog. „Einkreisung" entpuppt sich in Wirklichkeit als eigenhändige, wenn auch unfreiwillige „Auskreisung" Deutschlands.

Nun lassen sich paralysierende Dilemmastrukturen gewiß auch in anderen historischen Konstellationen finden, die unvereinbare Gegensätzlichkeit innerer und äußerer Faktoren aufweisen. Aber selten dürften sie so extreme Konsequenzen gehabt haben wie im deutschen Fall der „Weltpolitik" – einen ganzen Weltkrieg, genaugenommen auch einen zweiten, da sich nach der Niederlage 1918 die Grundstruktur deutscher Politik im Prinzip nicht änderte.

Drei absolute Ausnahmen, die welthistorisch die Deutsche Frage aufzuweisen hatte, erwiesen sich spätestens seit Eintritt Deutschlands in die „Weltpolitik" als tödlich:

1. Nur den Deutschen fiel, allein durch ihren vollständigen oder annähernden Zusammenschluß in einem Staat, automatisch die Hegemonie in ihrer Region zu – 911, 1871, 1938.

2. Alle neuen Machtzentren in der Weltgeschichte brauchten eine erhebliche Zeit, bis sie zur Hegemonie ihrer Region aufstiegen, Jahrzehnte oder gar Jahrhunderte. Nur das neue deutsche Machtzentrum von 1871 schoß, buchstäblich über Nacht, mit seiner Bildung aus dem traditionellen Status nach Machtvakuum sofort zur Position der zumindest latenten Hegemonie empor. Als Senkrechtstarter und stärkste Macht auf dem Kontinent fiel dem neuen Kaiserreich die Position von selbst zu, ob es sie wollte oder nicht.

3. Neue Machtzentren entstanden bisher stets am Rande älterer, schwächer werdender Machtzentren, von wo aus sie ungestört jenseits der Peripherie in „barbarische" oder gar „wilde" Machtvakuen expandieren konnten, um früher oder später das alte Machtzentrum selbst zu übernehmen, ganz oder teilweise. Das Deutsche Reich allein in der Weltgeschichte etablierte sich in einem explosionsartigen Vorgang in der Mitte eines Machtzentrums des Europäischen Systems, das direkt oder indirekt, durch Kolonien und Protektoraten, Klientelstaaten oder Interessensphären tendenziell schon fast die gesamte übrige Erde beherrschte. Deutschlands Mittellage im Zentrum des Europäischen Machtzentrums zog unvermeidlich das nach sich, was in Deutschland „Einkreisung" hieß.

Sie hatte zwei Konsequenzen, die in entgegengesetzte Richtungen wiesen: Einerseits war dem jungen und dynamischen Reich, eingezwängt zwischen allen drei Großmächten auf dem Kontinent und England über die Nordsee, jene machtpolitische Expansion versperrt, die für neue Machtzentren sonst als „normal" galt, da sie nur über eine bis alle Großmächte hätte gehen können: Nach dem Debakel Österreichs und Frankreichs wollte das

Europäische System keine Wiederholung von 1870/71 hinnehmen, weil sie Deutschlands latente Hegemonialstellung auf dem Kontinent zur offenen umgewandelt hätte. Ein Krieg gegen alle oder fast alle Großmächte gleichzeitig wäre für ein isoliertes Deutschland nicht zu gewinnen gewesen.

Andererseits: Solange sich Deutschland mit Bismarcks Kontinentalpolitik defensiv verhielt, brauchte es auch eine „Einkreisung" durch Kontinentalgroßmächte, die einzeln alle schwächer waren als das neue Deutsche Reich, strategisch nicht zu fürchten, zumal nachdem der Zweibund mit Österreich 1879 das Gleichgewicht der Kräfte auf dem Kontinent strategisch zugunsten Deutschlands verschoben hatte. Erst mit seiner „Weltpolitik" als Ersatz für die blockierte Kontinentalexpansion durch imperialistische Expansion in Übersee aktualisierte es die 1871 nur latente „Einkreisung", denn die Mechanismen des Europäischen Systems setzten sich auch auf der globalen Ebene imperialistischer Expansion fort: Deutschland benötigte für seine „Weltpolitik", wie zuvor seit 1879 auf dem Kontinent, auch auf Weltebene wenigstens *einen* mächtigen und zuverlässigen Partner.

Das Problem für das wilhelminische Deutschland, einen Verbündeten auf Weltebene für seine imperialistische „Weltpolitik" zu finden, gewinnt seine dramatische Zuspitzung jedoch erst gegen den Hintergrund zweier anderer Konsequenzen aus der Grundentscheidung, von der bescheideneren „Kontinentalpolitik" zur glänzenderen, aber auch riskanteren „Weltpolitik" überzugehen.

(1) Der Grundsatzentscheidung im wilhelminischen Deutschland ging keine *öffentliche* Debatte voraus, die sorgfältig das Für und Wider des Kurswechseln abgewogen hätte. Immerhin ging es, wie der spätere Admiral v. Müller *intern* in dem einzigen bekanntgewordenen Positionspapier zu Recht formulierte, um Sein oder Nichtsein des wilhelminischen Reiches, denn es setzte alles auf die eine Bank der „Weltpolitik", wie bei einer grandiosen Spekulation. Der Grund für die bemerkenswerte Abwesenheit einer öffentlichen Debatte über ein so zentrales Problem erinnert an Sherlock Holmes, wenn er an das merkwürdige Verhalten des Hundes in der Nacht erinnerte und zur Antwort erhielt: "The dog did nothing the night", worauf er selbst erwiderte: "That was the curious incident."

Warum also gab die deutsche Öffentlichkeit vor Aufbruch in das halsbrecherische Abenteuer der „Weltpolitik" keinen Laut? Die Antwort scheint jüngste Forschung zu geben: Die Grundsatzdebatte hatte in Deutschland schon ein halbes Jahrhundert zuvor stattgefunden, unter den für die Öffentlichkeit in der zweiten Hälfte des 19. Jahrhunderts dominierenden Liberalen, längst vor der Revolution von 1848[16]: Schon vor 1848 klärte eine scheinbar nur akademische Diskussion unter den politisch damals fast noch ohnmächtigen Liberalen des noch zersplitterten Deutschland die Grundfrage, ob, nach der erhofften Wiedergründung eines Deutschen Reiches, Deutschland auch über See expandieren solle oder nicht. Nach einem gewissen Schwanken zwischen befürwortenden und ablehnenden Stimmen schien sich 1848 ein mehrheitlicher Konsens für die spätere Übersee-Expansion abzuzeichnen, für das, was später „Imperialismus" hieß. Die Logik bisheriger Machtpolitik, wie die Beispiele der auch sonst modellhaften westlichen Großmächte England und Frankreich, sprachen für den neuen Konsens ebenso wie handgreifliche ökonomische Interessen der nach 1850 stürmisch expandierenden Industrie.

Nachträglich erscheint es geradezu selbstverständlich, daß sich nach der Gründung eines schon auf dem Kontinent mächtigen Deutschen Reiches der liberale Grundkonsens nach 1871 fortsetzte und sich noch in der Phase der „Kontinentalpolitik" unter Bismarck mit den Anfängen der deutschen Kolonialpolitik 1884/85 erstmals auch politisch umsetzte. An der Schwelle zur eigentlichen „Weltpolitik" drängte der liberale Grundkonsens in Sachen Übersee-Expansion triumphierend an die Oberfläche als selbstverständliches Gemeingut des neu-deutschen Bürgertums.

Schon in der Bulgarienkrise 1885/86, als die oppositionelle Linke aus Zentrum, Liberalen und Sozialdemokraten Bismarck zum Großkrieg gegen das zaristische Rußland an die Seite Englands gedrängt hatte, sprach aus dem Protest des liberalen ›Berliner Tageblatt‹ gegen Bismarcks zögerlichen Konservativismus in der Außenpolitik, der das zaristische Rußland noch schonte, ein Machtgefühl, das für die spätere „Weltpolitik" typisch wurde:

„Wenn die Grundlagen des europäischen Friedens derart erschüttert sind, daß derselbe nur durch ein Mittel erhalten werden kann, welches die Moral in den Völkern untergräbt, dann ist doch eine Frage berechtigt, ob nicht ein gesunder Krieg einem so krankhaften Frieden vorzuziehen sei.“[17]

Als knapp ein Jahrzehnt Max Weber als liberaler Jung-Alldeutscher in seiner berühmten Freiburger Antrittsrede von 1895 den deutschen Willen zur Weltmacht mit schon fast dithyrambischer Prosa proklamierte, gab es nur noch überwältigende Zustimmung:

> Wir müssen begreifen, daß die Einigung Deutschlands ein Jugendstreich war, den die Nation auf ihre alten Tage beging und seiner Kostspieligkeit halber besser unterlassen hätte, wenn sie der Abschluß und nicht der Ausgangspunkt einer deutschen Weltmachtpolitik sein sollte.[18]

(2) Ferner ist die deutsche Sicht von der Welt und dem angemessenen Platz der Deutschen in ihr zu erläutern, wieder buchstäblich die „Welt-Anschauung“ der „Weltpolitik“ im Zeitalter des Imperialismus: Um 1900 nahmen die Deutschen (zu Recht) die großen Veränderungen wahr, an denen sie auch teilhaben wollten – die Expansion des Industrialismus und die Expansion Europas in Übersee trafen sich im Imperialismus. Einher gingen neue Konzentrationsbewegungen zur Bündelung ökonomischer und politischer Macht in riesigen Machtstrukturen in Ost und West: Rußland trat in die erste Phase seiner intensiven Industrialisierung, seitdem die Bauernbefreiung von 1861 den Weg für gezielte Modernisierung von oben durch Industrialisierung freigemacht hatte, vielleicht am spektakulärsten symbolisiert durch den Bau der Transsibirischen Eisenbahn ab 1891. Dahinter zeichnete sich das Schreckgespenst einer sich industrialisierenden kontinentalen Super-Weltmacht ab, die vor allem die unmittelbaren Nachbarn der Deutschen tangiert hätte. Verständlicherweise sahen die Deutschen noch nicht weder die zur Revolution tendierende Instabilität des zaristischen Ancien Régime durch Industrialisierung, wie sie in den russischen Revolutionen 1905/06 und 1917 explodierte, noch, im revolutions-dialektischen Umschlag, das Scheitern des kommunistischen Experiments, das sich heute handgreiflich offenbart. In England erscholl erstmals der Ruf nach Vorzugszöllen für das Britische Empire, die es zum größten Wirtschaftsblock der Erde gemacht hätten. Von Deutschland aus gesehen hinter England im Westen und Rußland im Osten schickten sich die USA und Japan an, zu Flügelmächten

des neuen imperialistisch gewordenen Europäischen Systems der um (formal) Italien und das Osmanische Reich erweiterten Pentarchie der europäischen Großmächte aufzusteigen – im Grunde noch jenseits des europäischen Horizontes, aber schon auf dem Sprung zum Status als kommende Weltmächte.

An der Schwelle zu ihrer eigenen imperialistischen Expansion in Gestalt der „Weltpolitik" und weiterem industriellen Wachstum sah sich das Deutsche Reich bei dem Versuch, der Enge des Europäischen Systems durch einen Ausbruch in die weite Welt zu entkommen, auf Weltebene von den Flügelmächten des Europäischen Systems als Weltmächten direkt in seiner imperialistischen Bewegungsfreiheit gehemmt, England und Rußland, indirekt von den neuen Flügelmächten des neuen Weltsystems, den USA und Japan als kommenden Weltmächten. Aus der neuen „Weltreichslehre"[19] zog die politische Elite im Deutschen Reich ihre eigenen Schlüsse. Bis dahin war ihre Welt-Analyse durchaus noch realistisch. Theoretisch stimmte auch die politische Konsequenz aus der deutschen „Welt-Anschauung" zu Beginn der deutschen „Weltpolitik": Deutschland und der europäische Kontinent westlich von Rußland würden sich gegenüber den schon bestehenden und hinter ihnen aufsteigenden Weltmächten nur durch einen Zusammenschluß behaupten können. Die Führung eines geeinten Europas aber würde automatisch der stärksten Macht auf dem Kontinent zufallen – Deutschland.

Selbst bis dahin war die deutsche Argumentation noch im Einklang mit der Logik traditioneller Machtpolitik, nur jetzt auf die nun wirklich global gewordene Weltpolitik des Imperialismus projiziert. Aber harte Realitäten in derselben Welt verbanden sich mit anderen universalen historischen Mechanismen, die die theoretisch so plausible Begründung deutscher „Weltpolitik" zu ignorieren vorzog. Von hier an wurden die Konsequenzen aus der insgesamt eben doch fehlerhaften Welt-Analyse zur Begründung wilhelminischer „Weltpolitik" katastrophal, für die Deutschen wie, wegen ihres enormen intellektuellen, ökonomischen und politischen Potentials, auch für die Welt als Ganzes: Als industrieller Senkrechtstarter oder Schneller Brüter ohne konstitutionellen Berstschutz zog das Reich mit seiner hektischen „Weltpolitik" die wichtigsten Konfliktlinien in der Welt auf sich und brachte sie zur Entladung – im Ersten Weltkrieg.

Vielleicht war es die zentrale Schwäche der Folgerungen, die die „Weltpolitik“ aus der deutschen „Welt-Analyse“ zog, daß sie den traditionellen Widerwillen des Europäischen Systems gegen jede aus Europa kommende hegemoniale oder imperiale Zusammenfassung des Kontinents souverän übersah. Eine Führung Europas als kommende Weltmacht zur europäischen Selbstbehauptung gegenüber den in die Zukunft projizierten gegenwärtigen und kommenden Weltmächten durch Deutschland hätte den seit Jahrhunderten eingebauten Widerstand Europas gegen eine damit implizierte Hegemonie des Reichs – offene oder versteckte Vorherrschaft – konstruktiv überwinden oder ausräumen müssen. Deutschland hätte Europa vorher vom gesamteuropäischen Nutzen einer deutschen Führung überzeugen müssen, nicht durch Demonstration oder gar Anwendung militärischer Gewalt, sondern mit Geduld, Intelligenz und den sanftesten nur denkbaren Methoden. Vor allem hätte Deutschland beweisen müssen, daß seine Welt-Analyse in sich stimmig war, daß ein nicht zu leugnendes deutsches Interesse mit den aufgeklärten Interessen aller Kontinentaleuropäer zusammenfiel, daß der gedachte Hegemon Deutschland sie als im Prinzip gleichberechtigte Partner, große wie kleine, behandeln würde. Kurz: Die Deutschen hätten eine schier übermenschliche Engelsgeduld mit sich selbst wie mit den übrigen Europäern aufbringen müssen, ein Maximum an Rücksichtnahme, Zurückhaltung und intellektueller Redlichkeit.

Bekanntlich mangelte dem Reich und seiner Führung dieses Maß an sich gebotener politischer Geschicklichkeit, um intelligente und friedliche Konsequenzen aus der an sich teil-realistischen Welt-Analyse zu ziehen. Statt dessen griff die wilhelminische „Weltpolitik“ auf traditionelle und zu ihrer Zeit noch nicht verpönte Großmachtpolitik zurück, gestützt auf sein enormes militärisches Potential, erst zu Lande, mit dem Schlachtflottenbau später auch zur See. Das wilhelminische, ein Weltkrieg später auch das nationalsozialistische Deutschland war der ewige “young man in a hurry”, wie ein Mammut im Porzellanladen, hektisch, nervös alles übers Knie brechen wollend, weil es wußte, daß sich die übrige Welt mehrheitlich gegen diese Art gewaltsamen Aktionismus nun auch auf Weltebene wehren würde, auf Dauer erfolgreich.

Als sich das Deutsche Reich seinem „Weltpolitik“-Trip im

Rausch sich stürmisch weitendener ökonomischer und politischer Horizonte hingab – „Weltpolitik“ als nationale psychodelische Droge –, mußten seine Führer rasch zu ihrer Bestürzung feststellen, daß beinharte Mechanismen des Europäischen Systems, denen sie glaubten, mit ihrer „Weltpolitik“ glücklich entronnen zu sein, sie auch hier unbarmherzig einholten, im neuen Weltsystem: Wie im Europäischen System der Pentarchie gab es auch auf Weltebene so etwas wie ein *horror vacui*, besser: *horror isolationis* – jede Groß- bzw. Weltmacht mußte tunlichst vermeiden, in einem Groß-Krieg allein gegen alle anderen Teilhaber des (europäischen bzw. globalen) Mächtesystems dazustehen. Wenigstens *ein* gleichwertiger Verbündeter war erforderlich, weil keine noch so starke Macht es allein auf sich selbst gestellt mit einer Welt-Koalition der übrigen Groß- und Weltmächte hätte aufnehmen können. Zuletzt noch hatten das napoleonische Frankreich und Rußland im Krimkrieg für die Mißachtung dieser Grundregel der Europäischen Pentarchie bitter zahlen müssen.

Auf europäischer Ebene hatte Deutschland seit dem Zweibund von 1879 zwar formal mit Österreich-Ungarn eine Großmacht als Verbündeten, mit dem Dreibund von 1882 sogar noch Italien. In Wirklichkeit aber war Österreich-Ungarn, seit der Revolution von 1848/49 und dem Ausgleich von 1867, hinter der Fassade seines formalen Großmachtstatus im Niedergang begriffen, tendenziell ein Machtvakuum, ähnlich, aber noch nicht ganz so weit wie das Osmanische Reich – Europas Kranker Mann Nr. 2, an der schönen, blauen Donau. Und Italien war mit seinen historischen Ressentiments gegen Österreich seit den Tagen des Risorgimento und seiner Irredenta-Agitation seit 1877, mit seinen ausgedehnten Küsten und seiner militärischen Schwäche ein eher zweifelhafter Bundesgenosse, auch eine «grande impotenza», wie der italienische Außenminister nach der ersten russischen Revolution über Rußland noch 1912 (schon nicht mehr ganz zu Recht) spottete.[20] Auf Weltebene wollten und konnten beide europäischen Verbündeten dem mächtigeren Deutschen Reich aber nicht mehr aus innerer Schwäche folgen, so daß sich das Reich global doch isoliert sah, seinem formalen Bündnis in Europa zum Trotz.

Seit Beginn seiner „Weltpolitik“ mußte sich das Reich daher entscheiden, ob es zur Weltmacht als Verbündeter und damit zunächst als Juniorpartner der einen oder anderen eigentlichen europäischen Weltmacht, England oder Rußland (Wal oder Bär in der politischen Sprache der Zeit), aufsteigen wollte oder allein auf sich gestellt, nach dem trügerischen Motto: „Der Starke ist am mächstigsten allein!"

Der delikate Klassenkompromiß[21] zwischen Landwirtschaft und Industrie, auf dem das Deutsche Reich beruhte, ließ jedoch keine bündnispolitische Option zu, weder nach Osten (Rußland) noch nach Westen (England). Nach dem formalen Bündnis mit Österreich-Ungarn für den Kontinent blieb dem Deutschen Reich für seine „Weltpolitik" nichts anderes als der Alleingang in die Welt gegen die vielzitierte „Welt von Feinden" des Ersten Weltkrieges, ohne Alternative nach außen oder innen – „freie Hand" zwischen England und Rußland auf Weltebene als die große Illusion oder Lebenslüge deutscher „Weltpolitik".

Laut v. Müller herrschte im Deutschen Reich 1896 für die „Zukunftspolitik" die „landläufige Ansicht" vor, das Reich müsse auf dem Weg zur weiteren Ausdehnung über die Enge des Kontinents hinaus als kommende Weltmacht zuerst gegen England kämpfen.[22] Als Sohn eines sächsischen 1848er hatte er sich aber so viel an rudimentärer liberaler Anglophilie konserviert, daß er, offensichtlich in einer hoffnungslosen Minderheitsposition, im Gegenteil zunächst für ein Bündnis mit England gegen Rußland plädierte, während er es kommenden Generationen überließ, den doch unvermeidlichen Endkampf um die Weltherrschaft mit England auszufechten.

Nachdem sich Deutschland entschieden hatte, aus den oben skizzierten strukturellen, also *internen* Gründen, eine „Weltpolitik" nach außen im Alleingang gegen den Rest der Welt zu wagen, stellten sich bald die Konsequenzen mit beklemmender Präzision ein: Aus Angst vor der atemberaubenden Dynamik des deutschen Senkrechtstarters schlossen sich die älteren und damit in Wirklichkeit schwächeren Groß- bzw. Weltmächte – Frankreich, Rußland und England – zusammen, direkt bzw. indirekt gestützt durch die noch jüngeren (und potentiell noch mächtigeren) Flügelmächte des neuen Weltsystems, Japan und die USA. Sie bereinigten ihre historischen Differenzen und stellten vorläufig ihre weltpolitischen Rivalitäten gegenüber dem neudeutschen Koloß zurück, der sie alle zu deklassieren oder an den Rand zu drücken drohte. Gewiß reichten die historischen und aktuellen Rivalitäten unterschiedlich weit zurück – zwischen England und Frankreich bis ins Mittelalter, mit den USA nur bis zur Trennung vom englischen Mutterland ein Jahrhundert zuvor, während der anglo-russische Gegensatz erst seit dem Frieden von Adrianopel 1829 aufgebrochen war, seitdem England versuchte, das Osmanische Reich vor der russischen Expansion aus dem Norden zu retten. Der russisch-französische Zweibund von 1892/94 war die machtpolitisch logische Antwort auf die Reichsgründung von 1871 innerhalb des Europäischen Systems gewesen. Analog war die Triple-Entente, entstanden in zwei Schüben aus einem kolonialpolitischen Arrangement Englands mit Frankreich über Marokko und Ägypten mit der Entente Cordiale 1904 und dem entsprechenden Ausgleich russischer und britischer Interessen in Asien (Afghanistan, Tibet, Persien) 1907, die logische Antwort im globalen machtpolitischen Rahmen auf die deutsche „Weltpolitik" im Zeitalter des Imperialismus: Für Deutschland war die „Einkreisung" perfekt, für England das, was ein Weltkrieg später Eindämmung ("containment") hieß, wie Sir Eyre Crowe in seinem berühmten Memorandum vom 1. Januar 1907 so brillant analysierte. Die Deutschen hatten keinen Grund zur Klage: War, nach der Reichsgründung, ihre imperialistische Expansion unter der Flagge der „Weltpolitik" normal und gerechtfertigt, so war auch die defensive Antwort der älteren Groß- und Weltmächte „normal" und gerechtfertigt, weil niemand erwarten konnte, daß Groß- oder gar Weltmächte ihren Platz einem so mächtigen Herausforderer freiwillig und kampflos räumen.

Aus der Prämisse deutscher „Weltpolitik" wie aus einer rationalen Analyse des Europäischen Systems und des neuen imperialistischen Welt-Systems ergeben sich logisch die großen Ziele der „Weltpolitik" als deutsche Variante des Imperialismus – koloniale Expansion in Übersee, wo immer sich eine Chance zu bieten schien; Modernisierung und machtpolitische Übernahme des Osmanischen Reichs; Bau einer starken Schlachtflotte. Der zweite Schub kolonialer Expansion zielte auf die Schaffung eines zusammenhängenden Kolonialreiches in Afrika. „Mittelafrika" war das große Ideal, das durch den Erwerb von Belgisch-Kongo und Teilen Angolas und Mozambiques entstehen sollte, evtl. unter Abstoßung seiner westlichsten Kolonie, Togo, das allerdings als deutsche „Musterkolonie" gerade das einzige Parade- und

Vorzeigestück deutscher Kolonialherrschaft war und sich ökonomisch zuletzt einigermaßen selbst trug. Im Ersten Weltkrieg tauchten dieselben schon vor dem Krieg anvisierten Erwerbungen als koloniale deutsche Kriegsziele wieder auf: „Mittelafrika" wurde koloniales Gegenstück zum erträumten „Mitteleuropa" unter deutscher Führung auf dem europäischen Kontinent.[23]

Die ökonomische Durchdringung des Osmanischen Reiches zu seiner politischen Übernahme durch das Reich verknüpfte rein geographisch die deutsche Kolonialexpansion in Afrika mit dem europäischen Kontinent: Das Osmanische Reich hatte bis 1912 noch ein erhebliches Glacis in Europa und erstreckte sich bis zum Persischen Golf und zum Ausgang des Roten Meeres, von wo es nicht mehr weit nach Äthiopien war, das im Ersten Weltkrieg die deutsche Reichspolitik ebenfalls für sich zu gewinnen suchte. Buchstäblich Rückgrat der deutschen Orientexpansion war der Bau der Bagdadbahn. Sie durchschnitt aber Expansionslinien Rußlands und Englands und provozierte damit die Gegnerschaft beider Mächte. Britische Sorgen wurden noch zusätzlich durch die Befürchtung des britischen Vizekönigs Lord Curzon angeheizt, der darauf bestand, daß das Endstück der Bagdadbahn nicht in Kuweit unter deutscher Kontrolle enden dürfe. Immerhin schien am Vorabend des Ersten Weltkriegs die bekannte Kompromißlösung – Endstrecke bis Basra unter britischer Kontrolle – wenigstens diesen Spannungsherd zwischen britischen Weltreichsinteressen und deutscher „Weltpolitik" ausgeräumt zu haben.[24]

Wie irritierend und konfliktproduzierend auch diese beiden Facetten deutscher „Weltpolitik" („Mittelafrika" und deutsche Orientpolitik) namentlich für England gewesen sein mögen – ihr harter Kern für England war der deutsche Schlachtflottenbau. Globalstrategisch wäre die deutsche Hochseeflotte das Hauptinstrument gewesen, um dem Reich den Zugang zum Atlantik und damit in die unbehinderte Expansion in Übersee zu erzwingen. Trotz des Versuchs, ihre wahre Stoßrichtung mit der Tirpitz-Formel von der „Risikoflotte" tunlichst zu verschleiern und so ihr einen defensiven Zweck zu unterlegen – technisch und politisch war sie klar gegen England gebaut, weil ihr Aktionsradius nur bis zur englischen Ostküste reichte.[25] Die Entscheidung der stärksten Landmacht, sich auch noch die zweitstärkste Flotte zu-

zulegen, die ihre Chance gegen die Seemacht Nr. 1, England, wenigstens teilweise durch punktuelle qualitative Überlegenheit suchen wollte, war eine direkte Herausforderung an England. Nach einer gewissen Anlaufzeit seit Beginn des Schlachtflottenbaus 1898 reagierte England entsprechend entschlossen, durch Forcierung des eigenen Flottenbaus und die Suche nach weltpolitischen Partnern. Allerdings weigerte sich auch England in Europa, vor Kriegsausbruch eine formalisierte Allianz zu schließen, weil es hoffte, durch lockere Arrangements so am besten den Weltfrieden gegenüber der deutschen Dynamik zu erhalten.

Alle anderen Probleme zwischen England und Deutschland hätten sich vermutlich friedlich regeln lassen, wie die beiden Verträge über die portugiesischen Kolonien und die Bagdadbahn vom Juni 1914 nahelegen. Nur Deutschlands Weigerung, sich auf eine Begrenzung des kostspieligen und konfliktproduzierenden Wettrüstens zur See einzulassen, blockierte die Verständigung zwischen beiden Staaten.[26] Deutschland bestand auf einer vertraglich festgelegten Voraus-Garantie der britischen Neutralität, die dem Reich in einem Kontinentalkrieg gegen Rußland und Frankreich von vornherein den Sieg und damit die Hegemonie auf dem Kontinent eröffnet hätte.

So führte die deutsche „Weltpolitik", wie von Müller noch vor ihrem eigentlichen Beginn scharfsinnig vorausgesagt (und gewünscht) hatte, zum großen Krieg, nicht aber nur gegen Rußland und das mit ihm inzwischen verbündete Frankreich, sondern auch gegen England, also zum (Ersten) Weltkrieg.

Anmerkungen

[1] Der Aufsatz verwertet – in freier Form – Materialien und Gedankengänge, die in weiteren Zusammenhängen auch schon in einer inzwischen erschienen größeren Darstellung auftauchen; vgl. Imanuel Geiss, Der Weg in die Katastrophe. Vorgeschichte des Ersten Weltkriegs, 1815–1914, München 1990. Dort finden sich auch Hinweise auf weiterführende Literatur.

[2] H.-U. Wehler, Geschichtswissenschaft heute, in: Jürgen Habermas (Hrsg.), Stichworte zur „Geistigen Situation der Zeit", Bd. II, Frankfurt a. M. 1979, S. 736.

[3] Peter Winzen, Bülows Weltmachtkonzept. Untersuchungen zur Frühphase seiner Außenpolitik 1897–1901, Boppard 1977.

[4] Barbara Vogel, Deutsche Rußlandpolitik. Das Scheitern der deutschen Weltpolitik unter Bülow 1900–1906, Düsseldorf 1973.

[5] Fritz Fischer, Krieg der Illusionen. Die deutsche Politik von 1911 bis 1914, Düsseldorf [2]1970.

[6] Imanuel Geiss, German Foreign Policy 1871–1914, London 1976.

[7] Paul M. Kennedy, The Rise of the Anglo-German Antagonism 1860–1914, London 1982.

[8] Volker Berghahn, Der Tirpitz-Plan. Genesis und Verfall einer innenpolitischen Krisenstrategie unter Wilhelm II., Düsseldorf 1971.

[9] Gregor Schöllgen, Imperialismus und Gleichgewicht. Deutschland, England und die orientalische Frage 1871–1914, München 1984.

[10] William H. McNeill, The Pursuit of Power, Chicago 1982; ein eher soziologischer Ansatz bei Michael W. Doyle, Empires, Ithaca/N.Y.–London 1986.

[11] Als erste provisorische zusammenfassende Analyse I. Geiss: The Intercontinental Long-Distance Trade. A Preliminary Survey, in: Itinerario X. 2, 1986, S. 33–51.

[12] Derek McKay/H. M. Scott, The Rise of the Great Powers 1648–1815, London 1983. Als Beispiel für eine systematische Analyse vgl. Hans J. Morgenthau, Politics among Nations, New York 1948, als Beispiel für eine historische Analyse vgl. Paul M. Kennedy, The Rise and Fall of the Great Powers. Economic Change and Military Conflict from 1500 to 2000, London 1988.

[13] I. Geiss, The Continuity of the German Question, in: John and Mary's Journal, no. 10, Carlisle/Pennsylvania, Winter 1985, S. 12–26; ders.: Die deutsche Frage im Internationalen System, in: Hans-Jürgen Schröder (Hrsg.): Die deutsche Frage als internationales Problem, Stuttgart 1990, S, 15–37.

[14] John C. G. Röhl, Kaiser, Hof und Staat, München 1988.

[15] I. Geiss, Wilhelm II., in: Ders., Das Deutsche Reich und der Erste Weltkrieg, München 1985, S. 211–223.

[16] So Hans Fenske in einem Vortrag auf dem Bamberger Historikertag im Oktober 1988, der in einem Sammelband veröffentlicht werden wird. Vgl. vorläufig Günther Wollstein, Das „Großdeutschland" der Paulskirche. Nationale Ziele in der bürgerlichen Revolution 1848/49, Düsseldorf 1972.

[17] So das ›Berliner Tageblatt‹, zitiert nach der Bismarckrede im Reichstag vom 11. 1. 1887, in: Reden des Fürsten Bismarck aus den Jahren 1847–1895, hrsg. v. Hans Kraemer, Bd. 1, Halle a. d. S. o. J., S. 351; weitere instruktive Zitate aus der linksliberalen und Zentrumspresse in der Bismarckrede vom 13. 1. 1887, S. 406 f., 409 f. Als Beispiel vgl. die ›Volkszeitung‹: „Die brutalsten Rechtsbrüche des zarischen Despotismus ruhig hinnehmen, weil ihnen die 'Gewissenlosigkeit' fehlte, einen

‚Krieg mit Rußland zu führen', das konnten die Diplomaten des Deutschen Bundes wirklich auch. Wenn Deutschland in der Weltpolitik auf diese bescheidene Rolle sich beschränken wollte, dann hätte das deutsche Volk sich die Ströme von Blut und Schweiß sparen können, welche dazu gehörten, das Deutsche Reich zu gründen"; ebenda, S. 409.

[18] Max Weber, Gesammelte politische Schriften, hrsg. v. Johannes Winckelmann, Tübingen [5]1988, S. 23; vgl. auch Wolfgang J. Mommsen, Max Weber und die deutsche Politik 1890–1920, Tübingen [2]1974.

[19] Fritz Fischer, Griff nach der Weltmacht. Die Kriegszielpolitik des kaiserlichen Deutschland 1914/18, Düsseldorf [3]1964.

[20] C. J. Lowe/F. Marzani; Italian Foreign Policy 1870–1940, London 1975, S. 124.

[21] Geiss, German Foreign Policy, S. 14 f.

[22] Sein Memorandum „Zukunftspolitik", in: Der Kaiser. Aufzeichnungen des Chefs des Marinekabinetts Admiral Georg Alexander von Müller über die Ära Wilhelms II., Göttingen 1965, S. 36–41.

[23] Fischer, Griff nach der Weltmacht.

[24] Schöllgen, Imperialismus und Gleichgewicht, S. 152–163.

[25] A. J. Marder, From the Dreadnought to Scapa Flow, 5 Bde., London 1961 ff.

[26] Kennedy, Anglo-German Antagonism, S. 450 f.

DEUTSCHE AUSSENPOLITIK IM ZEITALTER DES IMPERIALISMUS: EIN TEUFELSKREIS?

Von Gregor Schöllgen

In den Jahrzehnten vor Ausbruch des Ersten Weltkrieges sah sich das Deutsche Reich einem schwerwiegenden Dilemma konfrontiert: Es war eine europäische Großmacht. Als solche wollte und mußte es – schon um diesen Status zu bewahren – Großmachtpolitik betreiben. Im Zeitalter des Imperialismus aber war Großmachtpolitik gleichbedeutend mit Weltmachtpolitik bzw., wie das in Deutschland hieß, mit „Weltpolitik". Indem nun das Deutsche Reich Weltmachtpolitik trieb, trug es in entscheidendem Maße zur Zerstörung jenes Gleichgewichts der Kräfte bei, das in vieler Hinsicht gerade die Voraussetzung für die Existenz einer deutschen Großmacht in Europa bildete. Dieser Teufelskreis deutscher Außenpolitik im Zeitalter des Imperialismus ist Gegenstand der folgenden Betrachtung.[1]

Schon die Zeitgenossen hatten keinen Zweifel, daß das Deutsche Reich seit seiner Gründung im Jahre 1871 eine europäische Großmacht war. Seine militärische Stärke sowie seine wirtschaftliche Potenz waren dafür die unverkennbaren äußeren, für den Großmachtstatus eines Landes generell wichtigen Merkmale. Hinzu kamen seine territoriale Größe und seine exponierte geostrategische Lage. Beide stellten für die Nachbarn – zumal in der Kombination mit den erstgenannten Faktoren – von vornherein eine potentielle Bedrohung dar: Es war eben kein Zufall, daß die Siegermächte des Ersten Weltkrieges im Jahre 1919 mit ihren Reparationsforderungen, der Demilitarisierung Deutschlands sowie den territorialen Beschneidungen des Reichsgebietes selbst gerade hier die entscheidenden Eingriffe vornahmen. Dabei war ihr Ziel bezeichnenderweise nicht die Auflösung der deutschen Großmacht, sondern vielmehr deren Eindämmung, also gewissermaßen die Reduktion der Weltmacht auf den (allerdings kontrollierten und kontrollierbaren) Großmachtstatus. Die in Paris des weiteren beschlossene Auflösung des deutschen Kolonialreiches ist dafür ein signifikanter Beleg. Offensichtlich galt das Deutsche Reich, und zwar als zur Selbstverteidigung fähige Großmacht, seit 1871 bei seinen Nachbarn als ein Faktor des europäischen Gleichgewichts, der zwar einerseits gefürchtet wurde, dem man aber andererseits – eben auch noch nach 1918/19 – eine erhebliche Bedeutung für die Balance der Kräfte auf dem Kontinent zumaß.[2]

Anders verhielt es sich mit der deutschen Weltmacht, deren Politik ja in erheblichem Maße für die Erschütterung des Gleichgewichts der Kräfte in Europa verantwortlich gemacht wurde. Tatsächlich hatte das Deutsche Reich als eine der stärksten europäischen Großmächte nicht nur die notwendigen Voraussetzungen für den Aufstieg zur Weltmacht besessen, es hatte vor allem auch den entsprechenden Willen entwickelt, „Weltpolitik" zu betreiben.[3] Welche Motive aber lagen diesem für die Entwicklung der internationalen Beziehungen vor 1914 in vieler Hinsicht folgenreichen Entschluß zugrunde?

„Ich bin auch heute der Ueberzeugung, die uns beide erfüllte, als wir vor 27 Jahren gleichzeitig Staatssekretäre wurden, ... dass unser Volk nach seiner Tüchtigkeit, seiner Kultur (im besten Sinne des Wortes) und seiner Vergangenheit ein Recht auf die Stellung hätte, die ich damals den Platz an der Sonne nannte, d. h. das Recht auf Gleichberechtigung mit anderen großen Nationen." Diese Zeilen schrieb noch am 26. November 1924 Bernhard von Bülow an Alfred von Tirpitz.[4] Damit ist das wohl wichtigste Motiv für jenes Auftreten der deutschen Großmacht benannt, das bereits zeitgenössisch als „Weltpolitik" firmierte: In dem Augenblick, als sich das europäische Mächtesystem im Zuge des in den 80er Jahren mit Vehemenz einsetzenden imperialistischen Schubes zum Weltstaatensystem auszuweiten begann, sah sich das Deutsche Reich gleichsam gezwungen, an dem Erwerb überseeischer Besitzungen teilzunehmen. Die Großmachtposition in Europa – so die These – war nur zu halten, wenn man sich auch in der außereuropäischen Welt betätigte und behauptete. Nur so war der Gefahr vorzubeugen, daß „die in Europa gerade erstrittene Gleichrangigkeit in dem nun geltenden Weltmaßstab wieder aufgehoben wurde".[5] Die Großmacht – daran gab es in Berlin, zumal nach 1890, wenig Zweifel – mußte als Weltmacht agieren.

Dieses Empfinden der Zeitgenossen kommt auch heute noch, und gewissermaßen idealtypisch, in dem berühmten Diktum Max Webers zum Ausdruck, das noch vor der öffentlichen Annoncierung deutscher „Weltpolitik" durch Bernhard von Bülow (1897) formuliert wurde. In seiner bekannten Freiburger Antrittsvorlesung hatte Weber 1895 jenes Bild gezeichnet, wonach „die Einigung Deutschlands ein Jugendstreich war, den die Nation auf ihre alten Tage beging und seiner Kostspieligkeit halber besser unterlassen hätte, wenn sie der Abschluß und nicht der Ausgangspunkt einer deutschen Weltmachtpolitik sein sollte".[6]

Die vor Jahren in Mode gekommene historische Kritik am deutschen Imperialismus übersieht in der Regel, daß – in diesem Falle – Max Weber mit seiner implicite getroffenen Forderung nach einer deutschen Weltmachtpolitik durchaus die Ansicht der Mehrzahl seiner Zeitgenossen traf. Und diese subjektive Sicht der Miterlebenden ist nun einmal für die Gestaltung der politischen Verhältnisse maßgeblich, ganz gleich, wie möglicherweise falsch oder verhängnisvoll sie sich in der Rückschau für den stets klügeren Historiker ausnehmen mag. Tatsächlich galt es den meisten Deutschen – ganz unbeschadet ihrer politischen Couleur, von den Konservativen über die Liberalen bis hin zu manchen Sozialdemokraten – seit den 90er Jahren des 19. Jahrhunderts als ausgemacht, daß eine Großmacht, die das Deutsche Reich seit 1871 ja nun einmal war, auch Großmachtpolitik betreiben müsse, und das hieß im Zeitalter des Imperialismus: Weltmachtpolitik. Differenzen gab es lediglich, allerdings in zum Teil kaum überbrückbarer Form, über deren Methoden.

Für diese grundsätzlich zustimmende Einstellung der meisten Deutschen zur „weltpolitischen" Betätigung ihres Landes waren nun zunächst einmal, wie bereits angedeutet, die für den Imperialismus im allgemeinen typischen Antriebskräfte ausschlaggebend.[7] Es waren nicht zuletzt im weitesten Sinne wirtschaftliche Gründe, die dazu führten, daß sich die europäischen Mächte – und unter ihnen eben auch das Deutsche Reich – seit den 80er Jahren wieder verstärkt um den Erwerb von Kolonien bzw., wo dieser nicht möglich war oder nicht opportun erschien, um die Sicherung von Einflußsphären bemühten. Diese sollten vor allem die steigende Nachfrage nach Rohstoffen befriedigen, aber auch als Absatzmärkte für die Produkte der expandierenden Industrien oder als Regionen für finanzielle Investitionen, beispielsweise auf dem Gebiet des Eisenbahnbaus, dienen. Hinzu kamen weitere, eher zweitrangige Motive, wie diejenigen der Missionierung der überseeischen Welt, der Unterdrückung des Sklavenhandels oder der sogenannten „Kulturarbeit" in den weniger entwickelten Ländern der Erde. Daß diese hohen Erwartungen, welche die Zeitgenossen mit dem Erwerb bzw. der Kontrolle von überseeischen Gebieten verbanden, nur in seltenen Fällen erfüllt wurden, sei hier nur am Rande und der Vollständigkeit halber erwähnt.[8]

Schließlich aber war für dieses letztmalige, synchrone Ausgreifen der Mächte an die Peripherie Europas ein Motiv entscheidend mitverantwortlich, das in den voraufgegangenen Epochen imperialistischer Expansion kaum eine Bedeutung besessen hatte, dem aber gerade für den Neuling unter den europäischen Großmächten eine erhebliche Bedeutung zukam. Dieses war das Motiv des Prestiges bzw. – anders gewendet – der Gleichberechtigung, also der Versuch, dem Deutschen Reich eine angemessene „Stellung und Geltung" im europäischen Staatensystem zu verschaffen, die eben im Zeitalter des Imperialismus nur – und hier schließt sich der Kreis – durch Teilnahme am Wettlauf um die Aufteilung der außereuropäischen Welt zu erhalten waren: Konnte also eine Macht, die sich nach 1890 selbstbewußt nicht nur als gleichberechtigter Partner im Zentrum des Kontinents wie an dessen Peripherie wähnte, sondern auch – und dies nicht ganz zu Unrecht – als den entscheidenden Faktor des europäischen Geschehens, konnte eine solche Macht überhaupt etwas anderes tun als das, was zeitgenössisch als wirtschaftlich notwendig und durch das Prestige einer Großmacht geboten empfunden wurde?

Welche enorme und zugleich ständig wachsende Bedeutung dieses Motiv gerade für die deutsche „Weltpolitik" besaß, läßt erst das Studium der entsprechenden Akten in ganzem Ausmaß erkennen. Diese zeigen im übrigen auch, daß die Frage von „Behauptung" und „Blamage" für die deutsche Außenpolitik ein um so größeres Gewicht bekam, je mehr sie sich – selbstverschuldet oder auch nicht – in die Defensive gedrängt sah. So führten etwa, um diesen Befund nur an einem Beispiel zu illustrieren, die Ereignisse der Jahre 1904/05, also die Bildung der englisch-französischen «entente cordiale» und die erste sogenannte Marokkokrise, zu entsprechenden, eindeutigen Reaktionen deutscher Politiker und Diplomaten.

„Wir brauchen", so notierte beispielsweise der damalige Vortragende Rat und spätere Botschafter in London, Max Fürst von Lichnowsky, bereits fünf Tage nach Abschluß der Entente,[9] „einen Erfolg in der auswärtigen Politik, da doch allgemein die englisch-französische Annäherung ... als eine Niederlage für uns aufgefaßt wird." Lasse man sich daher in Marokko „stillschweigend auf die Füße treten", so prognostizierte mit Friedrich von Holstein einer der Routiniers innerhalb des Auswärtigen Amtes,[10] dann komme das einer Ermutigung zu einer „Wiederholung anderswo" gleich. Insofern traf der bayerische Gesandte in Berlin, Graf Lerchenfeld, sicherlich den Kern der ganzen Angelegenheit, als er unter dem Datum des 13. Oktober 1905 nach München schrieb[11]: „Wenn ich die Interessen Deutschlands richtig verstehe, so hat es sich in der ganzen Marokko-Sache weniger um die Stellung des Reiches in diesem afrikanischen Staate, als um die deutsche Weltstellung gehandelt. Man hatte versucht, uns im Konzert der Mächte zu isolieren und lahm zu legen. Gegen diesen Versuch wurde mit Fug und Recht die Marokko-Aktion eröffnet und mit Erfolg durchgeführt. Deutschland hat bewiesen, daß man es nicht ungestraft übersehen kann." Der „erste und hauptsächlichste Punkt" bei einer wie immer gearteten Beilegung des Konflikts mit Frankreich sei daher auch, so definierte Holstein bezeichnenderweise einmal mehr den eigentlich wichtigen Aspekt der ganzen Angelegenheit, „daß Frankreich nicht versucht, uns vor der Welt zu blamieren". Dann müsse man eben intervenieren, selbst wenn dies die eigene Zukunftsinteressen, in diesem Falle in Marokko, schädige.[12]

Die Deutschen hatten mithin selbst wenig Zweifel, daß ihre „Weltpolitik" einerseits eine geradezu logische Konsequenz aus der Begründung der Großmacht Deutsches Reich und andererseits im Zeitalter des Imperialismus eine Frage der „Gleichberechtigung mit anderen großen Nationen" (Bülow), also der Selbstbehauptung im neuen „Weltstaatensystem" war. Wie aber wurde diese Analyse in konkrete Politik umgesetzt?

Hier wird man grundsätzlich feststellen müssen, daß sich die Wirklichkeit deutscher „Weltpolitik", jedenfalls gemessen an ihren Erwartungen und verglichen mit derjenigen Großbritanniens oder Frankreichs, eher „bescheiden" ausnahm. Das haben im übrigen bereits viele Zeitgenossen so gesehen. Max Weber ist dafür nur ein prominentes Beispiel.[13] Angesichts des insbesondere bei den Nachbarn Deutschlands bis heute weiterlebenden, zuletzt noch einmal pointiert von Raymond Poidevin[14] vorgetragenen Mythos von der Einzigartigkeit der deutschen „weltpolitischen" Erfolge gilt es diesen Befund wohl wieder deutlicher ins Bewußtsein zu rücken. Bescheiden nahmen sich die deutschen Erfolge auf dem Gebiet „weltpolitischer" Betätigung nach 1890 aber auch im Vergleich mit denjenigen der Kolonialpolitik Bismarcks in den Jahren 1884/85 aus. Damals war das Deutsche Reich immerhin in den Besitz seiner Südsee- und seiner afrikanischen Kolonien gekommen, welche dann auch bis 1914/18 die eigentlichen Schwerpunkte seines Kolonialreiches bleiben sollten. Abgesehen von dem Erwerb kleinerer Territorien bzw. Stützpunkte, wie demjenigen Kiautschous, eines Teils der Samoa-Inseln oder der Karolinen, Marianen und der Palau-Inseln, bestanden die deutschen Erfolge nach 1890 im wesentlichen in gewissen Fortschritten auf dem Gebiet des informellen Imperialismus, namentlich im Bereich des Nahen Ostens.[15] Und dieser Nahe Osten bekam nun eine um so größere Bedeutung im Rahmen deutscher Außen- und „Weltpolitik", je mehr sich einerseits andere Regionen als bereits verteilt oder grundsätzlich nicht verfügbar erwiesen und je deutlicher sich andererseits und vor allem ein für die Nachzügler besonders ernüchternder Befund abzeichnete: Spektakuläre weltmachtpolitische Erfolge nämlich, wie sie etwa der zweite Neuling im Kreis der europäischen Großmächte, Italien, 1911/12 mit der Okkupation Libyens vorweisen konnte, solche Erfolge blieben dem Deutschen Reich nicht nur versagt, vielmehr endeten vergleichbare Aktionen in Debakeln. Die beiden Marokkokrisen der Jahre 1905 und 1911 sind dafür charakteristische Beispiele.[16]

Damit aber drängt sich die Frage geradezu auf, warum es ausgerechnet die weltmachtpolitischen Aktivitäten bzw. Ambitionen dieses Deutschen Reiches waren, welche den Argwohn der etablierten Groß- und Weltmächte Großbritannien, Frankreich und Rußland auf sich zogen und die dazu führten, daß sich diese bis 1907 in einer Koalition zusammenfanden. Wohl nicht zufällig kam diese sog. Tripel-Entente über „periphere" Fragen zustande und richtete sich zusehends gegen die deutsche Welt- bzw. Großmacht, auch in Europa selbst.[17] Maßgeblich verantwortlich für diese Entwicklung zeichnete wohl die Furcht jener Mächte, daß das Reich durch noch so bescheidene weltmachtpolitische Erfolge an der Peripherie des europäischen Geschehens auch seine Großmachtposition auf dem Kontinent noch weiter verstärken und dadurch vollends zu einer hegemonialen Stellung in Europa selbst emporsteigen könne.

Allerdings hätten wohl die einzelnen Aktionen der deutschen „Weltpolitik", für sich genommen, bei den anderen Mächten, auch in Großbritannien, noch keine nachhaltige Beunruhigung auslösen müssen. Was diese so gefährlich erscheinen ließ, war der Umstand, daß sie sich, jedenfalls aus englischer Sicht, zunehmend als eine konsequente und vor allem den britischen Interessen zuwiderlaufende Linie deutscher Außenpolitik darstellte. Tatsächlich schien ja die deutsche Weltmacht auf mehreren Gebieten gleichzeitig insbesondere mit Großbritannien in Konkurrenz zu treten, ja, die Inselmacht aus deren Perspektive möglicherweise sogar beerben zu wollen. Bestätigt wurde eine solche Vermutung für englisches Empfinden häufig genug, vom Krüger-Telegramm des Kaisers[18] über die Haltung der deutschen Öffentlichkeit während des Burenkrieges[19] oder die beiden Marokkokrisen bis hin vor allem zur deutschen Orientpolitik, die mit ihrem wichtigsten Vorhaben, dem Bau der Bagdadbahn, aus englischer Sicht direkt ins Zentrum des britischen Weltreiches zu zielen schien.[20] Im besonderen gilt dies schließlich für den deutschen Flottenbau.[21] Denn dieser war von seiner, durch Tirpitz entwickelten Konzeption her kaum mehr als ein Bestandteil deutscher „Weltpolitik" im engeren Sinne zu verstehen, sondern wurde als unmittelbare Bedrohung der Insel selbst betrachtet.[22] Überdies lieferten die Aktionen der deutschen Dreibundpartner seit 1908, insbesondere in Südosteuropa und Nordafrika, noch zusätzliche Belege für die skizzierte allgemeine Einschätzung der deutschen Außenpolitik. Zwar war diese an der Vorbereitung etwa der Annexion Bosniens und der Herzegowina durch Österreich-Ungarn (1908)[23] oder der Okkupation von Tripolis und der Cyrenaika durch Italien 1911[24] nicht unmittelbar beteiligt. Aber es ist doch unübersehbar, daß sie dann für derartige Aktionen häufig ex post mitverantwortlich, ja gelegentlich sogar allein verantwortlich gemacht wurde.[25]

Daß die deutsche Politik selbst zu derartigen Lageanalysen beitrug, ist unübersehbar. So war beispielsweise die schließlich in einer internationalen Krise kulminierende Marokkopolitik des Jahres 1911 aus deutscher Sicht nicht zuletzt eine „Flucht nach vorn", die eine Machtverschiebung zuungunsten des Reiches und seiner Allianzen aufhalten und durch die erhoffte Spaltung der Entente ablenken sollte.[26] Sosehr dieser Wille zur Selbstbehauptung nun auch das eigentliche und insofern auch im Rückblick noch nachvollziehbare Motiv deutscher Großmachtpolitik gewesen sein mag, so wenig stieß es im französischen oder im britischen Außenministerium auf Interesse oder gar Verständnis, im Gegenteil: Mit einer sich von der Realität zusehends entfernenden Konsequenz wurde das Deutsche Reich jetzt auch für die nächste, sich mit dem italienischen Ultimatum an die Türkei abzeichnende Krise verantwortlich gemacht.

Ganz in diesem Sinne wurde bereits am 26. September 1911, also gewissermaßen vorsorglich, bei Sir Arthur Nicolson, dem einflußreichen Unterstaatssekretär und Koordinator antideutscher Strömungen im Foreign Office, angefragt, ob er es für möglich halte, daß Deutschland die italienisch-türkischen Spannungen „abgewartet" habe, „um sich eine für Blitze geeignete Atmosphäre zu schaffen". Daß diese Anfrage von jenem Mann stammte, der 30 Jahre später zunächst zu einem der erbittertsten Gegner der deutschen „Blitzkriegführung" wurde und dann maßgeblich zur endgültigen Auflösung der deutschen Welt- und Großmacht beitrug, ist sicher bemerkenswert.[27] Aber damit nicht genug: Vor dem Hintergrund der mühsam beigelegten Marokkokrise sowie des soeben von Italien eröffneten Krieges in Nordafrika zeigte sich beispielsweise der Vizekönig von Indien, Sir Charles Hardinge, überzeugt, "that it would not be long before a similar situation arises owing to the demands of Germany for territory in some part of the globe. I have always thought – and still think – that in 1913 the great Armageddon will occur".[28] Hardinge glaubte sogar prognostizieren zu können, wo Deutschland dann aktiv werde: "It is not unlikely that Spain might be the possible victim, or even Portugal."[29]

Gewiß, diese und andere Lageanalysen, Prognosen etc. mögen den rückschauenden Betrachter überraschen, ja mitunter amüsieren. Indessen verweisen sie auf einen für die weitere Entwicklung der internationalen Beziehungen vor Ausbruch des Ersten Weltkrieges ausgesprochen wichtigen und folgenreichen Sachverhalt: Insbesondere seit der Jahrhundertwende wurden nämlich in Paris, St. Petersburg und namentlich in London alle die oben genannten Ereignisse, einschließlich der von Deutschland nicht zu verantwortenden Aktionen, als lediglich verschiedene Bestandteile bzw. als unmittelbare Folgen einer einzigen, in sich konsequent erscheinenden Linie deutscher Weltmachtpolitik betrachtet.

Diese Perzeption der Dinge muß nun allerdings den Historiker überraschen: Im Spiegel der deutschen Akten jedenfalls präsentiert sich die Außenpolitik der Wilhelminischen Ära keineswegs gradlinig. Dieser Eindruck mangelnder Konzeption war und ist wohl in erster Linie das Ergebnis der nach 1890 angewandten Methoden. Diese nämlich zeichneten sich zunehmend durch ihre Unberechenbarkeit aus, und eben darin unterschieden sie sich im übrigen auch von denjenigen Bismarcks. Dessen Politik galt selbst den diesbezüglich ausgesprochen sensiblen britischen Staatsmännern als kalkulierbar, auch in jenen Phasen, in denen sie – wie etwa 1884/85 – alles andere als englandfreundlich war. Aber auch Unberechenbarkeit kann konsequent sein oder doch – zumal im Bereich der internationalen Beziehungen – konsequent wirken.

Und es waren wohl diese Methoden deutscher Außenpolitik, verbunden mit ihren weltpolitischen Stoßrichtungen, welche auch in London die Warnungen vor einer gezielt betriebenen „Vergrößerung des Deutschen Reiches auf Kosten Großbritanniens" lauter werden ließen: "In my opinion", so diagnostizierte Lord Curzon, der Vorgänger Hardinges in Indien, bereits im September 1901, "the most marked feature in the international development of the next quarter of a century will be, not the advance of Russia – that is in any case inevitable – or the animosity of France – that is hereditary – but the aggrandisment of the German Empire at the expense of Great Britain; and I think that any British Foreign Minister who desires to serve his country well, should never lose sight of that consideration."[30]

Für zahlreiche britische Beobachter stellte sich die deutsche Weltpolitik seit den 90er Jahren lediglich als zeitgenössische Variante einer nunmehr in der Rückschau schon im 18. Jahrhundert konstatierbaren aggressiven Grundtendenz preußisch-deutscher Politik dar. Das berühmte Memorandum Sir Eyre Crowes vom Januar 1907 ist ein durchaus typisches Beispiel für diese Sicht der Dinge. In diesem Dokument zog der einflußreiche Beamte des britischen Foreign Office eine direkte Linie von der „Wegnahme Schlesiens im tiefen Frieden" durch Friedrich den Großen über die „Annexion Schleswig-Holsteins" oder die „Rückeroberung Elsaß-Lothringens" durch Bismarck bis hin zur „Weltpolitik" seiner Nachfolger. Daß er diese im übrigen als „unruhig, explosiv und verwirrend" bezeichnete, ist mit Blick auf die erwähnten Methoden wilhelminischer Außenpolitik im Spiegel britischer Berichte sicher bezeichnend.[31]

Bezeichnend ist aber schließlich auch, daß gut drei Jahrzehnte später einer der prominentesten Nachfolger Crowes im Foreign Office zu einer ganz ähnlichen Schlußfolgerung gelangte: In einer Denkschrift mit dem bezeichnenden Titel ›The Nature of the Beast‹[32] zog nämlich auch Robert Vansittart am 14. März 1940 diese direkte Linie von der preußischen Politik zur Zeit Friedrichs des Großen bis hin zu den jüngsten Ereignissen seiner Zeit, d. h. also bis zum deutschen Überfall auf Polen. Indessen ließ es Vansittart nicht mehr bei dieser Diagnose bewenden. Immerhin war es ja seit Crowes Memorandum zum Ausbruch zweier Kriege gekommen, die aus britischer Sicht die gleiche Ursache und den gleichen Verursacher hatten. Für den Beamten des Foreign Office stand daher im März außer Frage, daß der „deutschen Gefahr" nur durch eine Ausrottung ihrer preußischen Wurzel begegnet werden könne. Damit war eine Entwicklung angesprochen und in mancher Hinsicht auch schon eingeleitet, die schließlich in der völligen Zerschlagung der deutschen Groß- und damit natürlich auch Weltmacht ihren konsequenten Höhepunkt finden sollte.

Aber kehren wir zurück in die Vorgeschichte des Ersten Weltkrieges, in welcher diese 1945/47 realisierte Theorie ihren Ursprung hat. Sicher spielten die nationalen Perzeptionen, und das heißt nicht zuletzt die Interpretationen der erwarteten Absichten des jeweils anderen, eine nicht zu unterschätzende Rolle bei der Konzipierung und spezifischen Umsetzung der individuell außenpolitischen Strategien. Es dürfte, mehr noch, zu den wohl interessantesten und bislang noch nicht angemessen erforschten Charakteristika dieser Epoche gehören, daß die verantwortlichen

Politiker und Diplomaten aller europäischen Großmächte der Überzeugung waren, zunächst einmal auf die (subjektiv perzipierten) politischen Vorgaben der jeweils anderen Seite zu reagieren. Wie vollends im Verlauf der Juli-Krise deutlich wurde, beraubten sie sich damit in hohem Maße gerade jener Handlungsfreiheit, die in Krisen dieser Art benötigt wurde und benötigt wird. Denn genau betrachtet waren alle militärischen und politischen Planungen darauf abgestellt, nicht den ersten Schritt zu tun, sondern eine von anderer Seite unternommene Aktion schnell und entschieden zu beantworten.

Aber so wichtig die solchen Entscheidungen zugrunde liegenden Perzeptionen auch gewesen sein mögen, eine erschöpfende Erklärung der hier zur Debatte stehenden Entwicklung bilden sie nicht. Es gilt vielmehr die weitergehende Frage nach jenen Faktoren zu stellen, die gewissermaßen unterhalb der skizzierten subjektiven Perzeptionen angesiedelt waren, aber entscheidend zu jenen gravierenden, schließlich im Ausbruch des Ersten Weltkrieges kulminierenden Veränderungen im System der internationalen Beziehungen beigetragen haben.

Gewiß, diese Veränderungen wurden auch, und in nicht unerheblichem Maße, durch manche Fehleinschätzung und Fehlleistung führender Repräsentanten der deutschen Weltmachtpolitik und ihr offensiv wirkendes Auftreten mitbedingt. Diese standen bekanntlich im Zentrum der durch Fritz Fischers Arbeiten ausgelösten wichtigen Diskussionen der vergangenen 30 Jahre.[33] Dennoch war es wohl nicht in erster Linie der konkrete, den Nachbarn zusehends aggressiver erscheinende Kurs dieser deutschen Außenpolitik, welcher als der das europäische Gleichgewicht fundamental erschütternde und letztendlich zerstörende Faktor angesehen werden muß. Es waren vielmehr zwei, in der Entwicklung des Staatensystems während des Zeitalters des Imperialismus selbst angelegte Momente, welche die Balance der Kräfte in Europa entscheidend belastet und schließlich zerrüttet haben.

Zum einen nämlich zeigte sich die Bedeutung des imperialistischen Schubes alsbald in seiner neuen, ihn von früheren Phasen kolonialer Betätigung abhebenden Qualität: Die Stärke und das Ansehen der Staaten schien jetzt aufs engste an den Erfolg geknüpft, den sie bei ihren imperialistischen Unternehmungen und damit bei ihrem gegenseitigen Konkurrenzkampf vor Ort, also an der Peripherie Europas, vorweisen konnten. Ja, mehr noch: Die Stellung der einzelnen Staaten in Europa definierte sich zusehends über ihre Stellung in der außereuropäischen Welt. Die sich daraus seit den 90er Jahren in Übersee ergebenden Spannungen fanden ihren Niederschlag in den sich eben deshalb ständig verschlechternden Beziehungen zwischen den Mächten im Zentrum des alten Kontinents selbst. Die Peripherie hatte das Zentrum eingeholt, der Imperialismus wurde von seinen Folgen überlagert. Und in gewisser Weise war der Erste Weltkrieg unter anderem eine geradezu zwangsläufige Konsequenz dieser Entwicklung.[34]

Das zweite, die europäische Kräftebalance entscheidend erschütternde Moment ist schließlich in der grundsätzlichen Unvereinbarkeit zweier Faktoren zu sehen: Auf deutscher Seite finden wir den Willen zu einer Weltmachtpolitik, die sich aus dieser Sicht geradezu zwangsläufig aus dem Großmachtstatus des Reiches ergab und die im Zeitalter des Imperialismus für eine solche Großmacht als selbstverständlich galt. Dem stand die Entschlossenheit der bereits etablierten Großmächte gegenüber, ihre traditionellen weltmachtpolitischen Ansprüche ohne wesentliche Abstriche zu behaupten. Eine solche Haltung ließ eben auch keine effektiven Konzessionen an die aufsteigende und in dieser Hinsicht noch ungesättigte Weltmacht zu: Wer fördert schon gerne seine potentiellen Konkurrenten? Dahinter stand freilich die eingangs angesprochene Furcht, auch das Deutsche Reich könne durch weltmachtpolitische Erfolge seine kontinentale Großmachtposition weiter ausbauen. Gerade im Falle des Deutschen Reiches aber, der aufgrund ihrer militärischen Macht, ihrer wirtschaftlichen Potenz und ihrer territorialen Größe ohnehin schon gewichtigsten europäischen Großmacht, mußte diese – wie gesagt im Wesen imperialistischer Expansion selbst angelegte – zusätzliche Stärkung geradezu zwangsläufig mit dem Gleichgewicht der Kräfte in Europa kollidieren. So jedenfalls stellte sich der Sachverhalt aus der nachbarschaftlichen Perspektive dar. Die aus deutscher Sicht zwingende „weltpolitische" Idee – so das Resümee – war mit der nicht minder zwingenden Wirklichkeit des europäischen Staatensystems unvereinbar.

Insofern wird man sich auch heute noch kaum dem Eindruck verschließen können, wonach die deutsche Politik im Zeitalter des Imperialismus durch einen Teufelskreis gekennzeichnet war. Einerseits leitete die zumindest in dieser Hinsicht „verspätete Nation“[35] aus der Gründung ihres Nationalstaates als Großmacht gleichermaßen die Notwendigkeit und die Legitimation zu weltmachtpolitischer Geltung ab und suchte diese in praktische Politik umzusetzen. Andererseits aber entzog sie eben damit in der Konsequenz und sicher wider Willen nicht nur dieser Politik selbst die Basis. Vielmehr trug sie auch und entscheidend zur „Selbstentmachtung“[36] jenes Europa bei, in dem diese deutsche Nation – wenn überhaupt jemals – die Möglichkeit besaß, als Großmacht zu existieren. So richtig wohl die 1731 vom Kronprinzen Friedrich geäußerte Erkenntnis ist, daß in der „großen Politik“ die Macht, die „nicht vorwärts kommt“, mit Notwendigkeit „zurückgeht“,[37] so sehr drängt sich dem Betrachter der preußisch-deutschen Politik bis 1914 der bestimmte Eindruck auf, daß sie eben deshalb, weil sie vorwärts kam, zurückgehen mußte.

Anmerkungen

[1] Angesichts des knappen Raumes muß sich die Analyse auf einige zentrale Aspekte beschränken. Für eine umfassende Darstellung deutscher Weltpolitik auf breiter Quellenbasis vgl. G. Schöllgen, Imperialismus und Gleichgewicht. Deutschland, England und die orientalische Frage 1871–1914, München 1984. Vgl. auch die erweiterte Fassung dieses Beitrages, in: HZ 248 (1989), S. 79 ff.

[2] Sicher spielte in diesem Zusammenhang auch die „bolschewistische Gefahr“ und die Frage ihrer Eindämmung eine wichtige Rolle. Vgl. vor allem A. J. Mayer, Politics and Diplomacy of Peacemaking. Containment and Counter-Revolution at Versailles 1918–1919, London 1967. Die Auflösung der deutschen Großmacht wurde erst im Verlauf des Zweiten Weltkrieges zum Thema. Vgl. zuletzt G. Schulz, “Dismemberment of Germany”. Kriegsziele und Koalitionsstrategie 1939–1945, in: HZ 244 (1987), S. 29 ff.

[3] Vgl. z. B. F. Fischer, Krieg oder Illusionen. Die deutsche Politik von 1911 bis 1914 (^{2}1970), Kronberg/Ts. – Düsseldorf 1978; P. Winzen, Bülows Weltmachtkonzept. Untersuchungen zur Frühphase seiner Außenpolitik 1897–1901, Boppard a. Rh. 1977; P. M. Kennedy, The Rise of the Anglo-German Antagonism 1860–1914, London 1980.

[4] Bundesarchiv/Militärarchiv Freiburg i. Br., Nachlaß Tirpitz, Bd. 173 (Hervorhebung von mir, G. S.).

[5] Vgl. A. Hillgruber, Die gescheiterte Großmacht. Eine Skizze des Deutschen Reiches 1871–1945, Düsseldorf [4]1984, S. 21.

[6] M. Weber, Der Nationalstaat und die Volkswirtschaftspolitik, in: Ders., Gesammelte politische Schriften, hrsg. v. J. Winckelmann, Tübingen [3]1971, S. 23. Vgl. dazu G. Schöllgen, Max Webers Anliegen. Rationalisierung als Forderung und Hypothek, Darmstadt 1985, S. 101 ff.

[7] Vgl. zum Folgenden G. Schöllgen, Das Zeitalter des Imperialismus, München [2]1991.

[8] Das ahnten bzw. wußten bekanntlich auch schon einige Zeitgenossen, wie z. B. J. A. Hobson, Imperialismus. A Study, London 1902.

[9] Aufzeichnungen Lichnowskys vom 13. April 1904, in: GP 20/I, Nr. 6516.

[10] Aufzeichnung Holsteins vom 3. Juni 1904, GP 20/I, Nr. 6521.

[11] Bayerisches Hauptstaatsarchiv München, Abteilung II: Geheimes Staatsarchiv, Außenministerium, Bd. 2683.

[12] Holstein an Radolin, 2. Juli 1905, GP 20/II, Nr. 6757. Vgl. zu diesem gesamten Komplex bereits die frühe Studie von E. Wächter, Der Prestigegedanke in der deutschen Politik von 1890 bis 1914, Diss. Bern, Aarau 1941.

[13] In diesem Sinne stellte Weber 1916 fest: „Vergleicht man den Kolonialerwerb Deutschlands mit dem anderer Staaten in der gleichen Zeitspanne, so ist er wahrhaft lächerlich bescheiden" (Deutschland unter den europäischen Weltmächten, in: Ders., Gesammelte Politische Schriften, S. 159 f.).

[14] R. Poidevin, Die unruhige Großmacht. Deutschland und die Welt im 20. Jahrhundert, Freiburg – Würzburg 1985.

[15] Vgl. dazu im einzelnen G. Schöllgen, Imperialismus und Gleichgewicht, passim.

[16] Vgl. zur ersten Marokkokrise die nach wie vor sehr lesenswerte Untersuchung von E. A. Anderson, The First Moroccan Crisis 1904–1906, Chicago 1930. Zur zweiten Marokkokrise, welche die Forschung wegen ihrer erheblichen Konsequenzen im internationalen Bereich bis heute immer wieder zu eingehenden Analysen stimuliert, vgl. zuletzt: J.-C. Allain, Agadir 1911. Une crise impérialiste en Europe pour la conquete du Maroc, Paris 1976; E. Oncken, Panthersprung nach Agadir. Die deutsche Politik während der Zweiten Marokkokrise 1911, Düsseldorf 1981; G. Barraclough, From Agadir to Armageddon. Anatomy of a Crisis, London 1982.

[17] Entscheidend ist auch hier, daß diese Entwicklung nicht zuletzt auf deutscher Seite so perzipiert wurde. In diesem Sinne schrieb beispielsweise bereits am 27. September 1907 der deutsche Geschäftsträger in St. Petersburg, von Miquel, an den Reichskanzler (GP 25/I, Nr. 8537): „Wie geschickt auch immer der Wortlaut des Vertrages gefaßt sein mag,

der Eindruck bleibt nicht aus, daß die Mächte ein Syndikat gegründet haben, mit dem wir zu rechnen haben werden. Dieses Bedürfnis nach engem Zusammenschluß ist ein wenn auch lästiges Kompliment für das deutsche Heer, die deutsche Marine, unsere Kaufmannschaft und die Entwickelungsfähigkeit des deutschen Volkes überhaupt."

[18] GP 11, Nr. 2610.

[19] Vgl. zum gesamten Komplex bereits R. W. Bixler, Anglo-German Imperialism in South Africa 1890–1900, Baltimore 1932.

[20] Vgl. dazu G. Schöllgen, „Germanophobia". Deutschland, England und die orientalische Frage im Spiegel der britischen Presse 1900–1903, in: Francia 8 (1980), S. 407 ff.

[21] Auch der deutsche Flottenbau hat natürlich schon die Historiker der Zwischenkriegszeit interessiert. Er gehört heute zu den am besten erforschten Kapiteln der Vorkriegsgeschichte. Vgl. vor allem: S. Thalheimer, Das deutsche Flottengesetz von 1898, Diss. Bonn, Düsseldorf 1926; E. Kehr, Schlachtflottenbau und Parteipolitik 1894–1901. Versuch eines Querschnitts durch die innenpolitischen, sozialen und ideologischen Voraussetzungen des deutschen Imperialismus, Berlin 1930; W. Hubatsch, Die Ära Tirpitz, Studien zur deutschen Marinepolitik 1890 bis 1918, Göttingen – Berlin – Frankfurt a. M. 1955; J. Steinberg, Yesterday's Deterrent. Tirpitz and the Birth of the German Battle Fleet, London 1965; V. Berghahn, Der Tirpitz-Plan. Genesis und Verfall einer innenpolitischen Krisenstrategie unter Wilhelm II., Düsseldorf 1971; H. Schottelius/W. Deist (Hrsg.), Marine und Marinepolitik im kaiserlichen Deutschland 1871–1914, Düsseldorf 1972; B. Kaulisch, Alfred von Tirpitz und die imperialistische deutsche Flottenrüstung, Berlin [Ost] 1982; I.-N. Lambi, The Navy and the German Power Politics 1862–1914, Boston – London – Sydney 1984.

[22] Dennoch wird man feststellen müssen, daß die Bedeutung der Flottenfrage in der Forschung, und jedenfalls für die Jahre 1911/12–1914, im ganzen eher überschätzt wurde und wird. Anders als noch um die Jahrhundertwende, als dieses Problem tatsächlich im Vordergrund der politischen und militärischen Planungen Großbritanniens gestanden und schließlich zum sog. "Dreadnought"-Sprung geführt hatte, waren jetzt, nach der zweiten Marokkokrise, selbst ausgesprochen deutschfeindliche Beamte des Foreign Office bereit, die Frage der Flottenrüstung bzw. -begrenzung zugunsten einer sich über „periphere" Fragen anbahnenden politischen Verständigung erst einmal ruhen zu lassen. In diesem Sinne notierte beispielsweise Eyre Crowe in einem auch von Grey und sogar von Nicolson abgezeichneten Vermerk zu einem Schreiben Goschens vom 10. Februar 1913: „Ich bin fest überzeugt, daß einer der Hauptgründe, warum die englisch-deutschen Beziehungen jetzt herzlicher sind (– ich übersehe nicht die naheliegenden anderen Gründe –) der ist, daß

wir ganz aufgehört haben, die Frage einer Rüstungsbeschränkung zu erörtern. Ebenso sicher bin ich, daß eine Wiederaufnahme dieser Erörterung die unvermeidliche Folge haben wird, die Beziehungen wieder zu verschlechtern. Ich hoffe, daher ernstlich, daß wir die Sache nicht wieder auffrischen werden" (BD 10.II.2, Nr. 457).

[23] Vgl. zur sog. bosnischen Annexionskrise die Arbeiten von B. E. Schmitt, The Annexation of Bosnia 1908–1909 (1937), New York 1970; M. Nintchich, La crise bosniaque (1908–1909) et les puissances européennes, 2 Bde., Paris 1937; H. A. Gemeinhardt, Deutsche und österreichische Pressepolitik während der Bosnischen Krise 1908/09, Husum 1980.

[24] Vgl. dazu des näheren: F. Malgeri, La Guerra Libica (1911–1912), Rom 1970; C. Zaghi, L'Africa nella coscienza europea e l'imperialismo italiano, Neapel 1973; R. A. Webster, Industrial Imperialism in Italy 1908–1915, Berkeley – Los Angeles – London 1975.

[25] Zu Beginn der bosnischen Annexionskrise bestand selbst bei vielen türkischen Politikern die „Ansicht, daß Deutschland in der Sache die treibende Kraft war". Dies jedenfalls berichtete Marschall am 4. Oktober 1908 nach Berlin (GP 26/I, Nr. 8980).

[26] Vgl. Oncken, Panthersprung nach Agadir, S. 419.

[27] Churchill an Nicolson, 26. September 1911, BD 9.I., Nr. 240. Churchill war zu dieser Zeit Erster Lord der Admiralität.

[28] Hardinge an Nicolson, 15. Oktober 1911, PRO/FO, Nachlaß Nicolson, 800/357.

[29] Ders. an dens., 30. November 1911, ebd., 800/352.

[30] Curzon an Hamilton, 25. September 1901, India Office London, Nachlaß Hamilton, Bd. 9.

[31] BD 3, Appendix A.

[32] PRO/FO, 371/24389. Mit dem "beast" war hier keineswegs Hitler oder der Nationalsozialismus gemeint, sondern eben der „deutsche Charakter", den es zu bekämpfen gelte.

[33] Beginnend mit F. Fischer, Deutsche Kriegsziele, Revolutionierung und Separatfrieden im Osten 1914–1918, in: HZ 188 (1959), S. 249 ff. Vgl. zuletzt, den Stand der Forschung resümierend, G. Schöllgen, Griff nach der Weltmacht? 25 Jahre Fischer-Kontroverse, in: Historisches Jahrbuch 106 (1986), S. 386 ff.

[34] Insofern war es eben kein Zufall, daß die Détente-Bemühungen seit 1911 eben dort ansetzten, d. h. in dem Versuch bestanden, durch (vertragliche) Vereinbarungen in solchen „peripheren" Fragen zu einer allgemeinen Verbesserung des internationalen Klimas beizutragen, um in einem zweiten Schritt und auf der solchermaßen erreichten Vertrauensbasis zu einer Verständigung in den „zentralen" Fragen und damit zu einer allgemeinen Entspannung zu gelangen. Vgl. dazu im einzelnen G. Schöllgen,

Richard von Kühlmann und das deutsch-englische Verhältnis 1912–1914. Zur Bedeutung der Peripherie in der europäischen Vorkriegspolitik, in: HZ 230 (1980), S. 293 ff.; ders., Imperialismus und Gleichgewicht, S. 329 ff.

[35] Die Wendung stammt von Helmuth Plessner, Die verspätete Nation. Über die Verführbarkeit bürgerlichen Geistes, zuletzt Frankfurt a. M. 1974.

[36] So der Titel des Buches von E. Hölzle, Die Selbstentmachtung Europas. Das Experiment des Friedens vor und im Ersten Weltkrieg, Göttingen u. a. 1975.

[37] Brief an seinen Kammerjunker von Natzmer, Februar 1731, in: Die Werke Friedrichs des Großen, hrsg. v. G. B. Volz, Bd. 7, Berlin 1913, S. 197.

DIE JULIKRISE: UNVEREINBARE AUSGANGSLAGEN UND INNERSTAATLICHE ZIELKONFLIKTE[1]

Von Gustav Schmidt

Das Krisenszenario in der Phase zwischen dem Attentat von Sarajevo und dem Ultimatum der Donaumonarchie an Serbien – in den drei Wochen zwischen dem 28. 6. und dem 23. 7. 1914 – war geläufig: Die Julikrise begann wie viele Konflikte zuvor. *Berlin* übte zum einen Druck auf den Verbündeten Österreich-Ungarn aus, er solle Serbien zur Raison bringen, um nicht die Kontrolle über die im Vielvölkerreich lebenden Bevölkerungsgruppen zu verlieren; zum anderen nutzten die 'Militärs' die Krisenstimmung, um neue Aufrüstungsprogramme gegen das ständig wachsende Potential des Zarenreichs zu verlangen. Die Führungsgruppen der *Donaumonarchie* schwankten zwischen Hasardeurspiel und Auflehnung gegen die deutsche Kriegstreiberei. In *London* vertraute man – auch im Hinblick auf die Präokkupation mit "domestic conflicts" – zum einen auf die Chance, als Vermittler eingreifen und dabei „Ring frei" für die unmittelbaren Konfliktparteien erreichen zu können; zum anderen war man aber fest entschlossen, die Feuerprobe der Solidarität mit der "Dual-Alliance" zu bestehen. Wie stets zuvor, war die Frage offen, erstens ob *Paris* auf Rußland mäßigend einwirken wollte und konnte, zweitens ob das *Zarenregime* unter dem Druck der öffentlichen Agitation und des militärischen Establishments für die Aufnahme des Kampfes gegen die deutsche „Drohpolitik" die Flucht nach vorn ergriff oder abwarten wollte, wie weit die Unterstützung der „Westmächte" für den serbischen "war by proxy" ginge und dementsprechend über Einlenken oder Ausweitung des Konfliktes zu entscheiden.

I

Um das Umschlagen der Julikrise in den Ersten Weltkrieg zu erklären, stellen sich zwei Interpretationsprobleme:

- Was ist spezifisch an dieser Konstellation (über die Annahme hinaus, daß irgendwann statt der Wiederholung des Krisenablaufs die 'Katastrophe' kommen müsse)?
- Wie tragfähig sind die generellen Erklärungen des Kriegsausbruchs 1914, wenn die gleichen Konfliktstrukturen: (I) Gewalteskalation im internationalen Staatensystem; (II) Krisenanfälligkeit der politischen Systeme;[2] (III) Imperialismus; (IV) Militarismus – weder in der Bosnien- und in den Marokko-Krisen noch in den Dauerkonflikten auf dem Balkan seit dem italienischen Ausgreifen Ende September 1911 nach Tripolis den Staatenkonflikt auslösten?

Beide Fragen überlagern sich, denn es ist das spezifische Verhältnis zwischen den Kernpunkten der allgemeinen Deutungsraster, die die Zuspitzung der Julikrise zum Kriegsausbruch erklären helfen:

(1) Die Bedeutung des Faktors „Militär" für die Außenpolitik als „Drohpolitik"[3] (Deutsches Reich) bzw. als Druckhebel Frankreichs und Rußlands gegenüber den Mittelmächten und die Machtstellung des Militärs im außenpolitischen Entscheidungshandeln bewirkten im Juli 1914 die Fusion zwischen der politischen Führungskrise im Innern und der Instabilität des internationalen Systems.

(2) Außenhandel bzw. Kapitalexport, die im Aktionsfeld „Außenwirtschaftsbeziehungen" als Avantgarde des politischen Einflusses, als Unterpfand der Bündnistreue und/oder als Substitut der direkten Geltendmachung von Militärmacht fungierten, beschworen im Hinblick auf bevorstehende Entscheidungstermine (z. B. die Erneuerung der Handelsverträge) Situationen herauf, die dem Kalkül der Militärs, „1916" könne sich die Stärkerelation gravierend verändern, ziemlich genau entsprachen.

(3) Der Anspruch der Militärs auf Autonomie für einen Gestaltungsrahmen, der dem politischen Erwartensdruck an die Streitkräfte entspräche, „Sicherheit" zu gewährleisten, wann immer die „Diplomatie" mit ihren Wirkungsmöglichkeiten ans Ende komme, kollidierte mit jenen innerstaatlichen Kräften – den

Friedensbewegungen ebenso wie dem 'international capital' –, die auf der Grundlage internationaler Wirtschaftsverflechtungen die Gewaltandrohung als überholtes, untaugliches Mittel moderner internationaler Politik ausgaben. Die Diplomatie der Militärs erwies sich in der Julikrise allerdings als wirksamer und durchdringender als die Internationalität der Handels- und Finanzbeziehungen. Als Gegenkraft brachte der Faktor "finance" sich einzig in London mit Nachdruck in Erinnerung, ohne das letzte Wort zu behalten.[4]

Aus diesen Vorüberlegungen lassen sich die Anforderungen an die Interpretation der Julikrise präzisieren: (1) Wenn die Julikrise zunächst wie eine Balkankrise begann, dann müssen *Grundmuster diplomatischer Aktivitäten* erkennbar sein, die bis dato eine stabile Krise im internationalen System ausmachten, nun aber einem Kriegsausbruch zuarbeiteten. Die Partner der politischen Aktionsgemeinschaften und militärischen Verbindungen, so der eine wichtige Anhaltspunkt, hatten bislang gleichsam auf eigene Rechnung gewirkt und sich gerade nicht als 'Blockpartei' in die Verfügungsgewalt eines bedrohten Partners begeben; insbesondere Großbritannien konnte noch als "uncommitted principal power" gelten. (2) Die *'Politik' hatte den 'Militärs'* nicht nur die Mittel, sondern auch – dies gilt in abgestufter Form für alle Großmächte – und *vor allem die Autonomie gewährt, Vorkehrungen für den Ernstfall nach ihren Kriterien zu treffen*. Die Militärstrategien, die – gemäß der entscheidenden Vorgabe in Form des Schlieffen-Plans – sowohl auf 'Offensive' angelegt waren als auch auf den Mehrfrontenkrieg und von daher Teilmobilmachung als Selbstgefährdung verwarfen, kollidierten demnach mit den Bedingungen, unter denen Diplomatie (als politische Gestaltung eines Interessenkonflikts) die Krise in den Griff bekommen könnte. Die Julikrise ist also jener Fall, in dem die überlieferten *Handlungsmuster* auf politisch-diplomatischer Ebene mit den *Militärstrategien* in einen Verdrängungswettbewerb traten und in dem die *unvereinbaren Ausgangslagen* der Großmächte und die *Zielkonflikte* innerhalb der Staaten ans Licht traten und aneinandergerieten.

II

Selbst wenn man diese grundsätzlichen Erklärungen vertiefen wollte,[5] bliebe immer noch die Aufgabe zu bewältigen, die Faktoren zu bestimmen, die den abweichenden Verlauf der Julikrise gegenüber den Konflagrationen zuvor ausmachen.

Um eine der Situation „Julikrise" angemessene Antwort zu ermöglichen, müssen folgende Elemente des sich seit 1911 abzeichnenden Krisenszenarios einbezogen werden; sie machen die *„Instabilität des europäisch-internationalen Staatensystems"* aus.

(1) Eines hatten die *Balkanländer* allen Großmächten vor Augen geführt: Sie würden zu den Waffen greifen, wann immer sie die Gunst der Stunde erkannten, und nur zu stoppen sein, wenn die Großmächte blockübergreifend intervenierten. Weder konnte Rußland die Balkanliga kontrollieren, noch erlaubten die Zielkonflikte zwischen Berlin und Wien Zuverlässigkeitskontrolle über Bulgarien oder Rumänien. In der Balkanregion herrschte, wie die Serie von Kriegsausbrüchen und die unterschiedliche Zusammensetzung der 'Kriegsbeute'-Pakte signalisierte, eine *Konfliktdynamik eigener Provenienz*. Die direkt beteiligten Balkanmächte waren von ihrer innenpolitischen Ausgangslage her nicht in der Lage, die für „Friedenserhaltung" erforderlichen Energien aufzubringen; die Versuche von außen, eine diplomatische Regelung aufzuerlegen, endeten als Demonstration der Ohnmacht des 'Konzerts der Großmächte'. Der Hauptgrund dafür war, daß – parallel zum Verfall des Osmanischen Reiches – die Habsburgermonarchie unter den Parteien des Balkankonflikts die einzige Großmacht war; die Donaumonarchie mußte um ihren Status als Großmacht kämpfen; als Exponent eines älteren Organisationsprinzips, eines Vielvölkerreichs unter den Bedingungen einer Doppelmonarchie, traf Österreich-Ungarn in Serbien auf einen Widersacher, der nicht nur nationale Selbstbestimmung auf Kosten eines Teils der Doppelmonarchie begehrte, sondern auch aus den Balkankriegen gestärkt hervorging und den Status einer Großmacht unter Zurückdrängung Habsburgs vom Zugang zum Mittelmeer (Albanienkonflikt) anstrebte. Während das Zarenregime (und notgedrungen auch Frankreich) den Machtdrang Serbiens unterstützte, mußte Österreich-Ungarn die unangenehme Erfahrung machen, daß alle anderen Großmächte – einschließ-

lich des deutschen Verbündeten – weitere Annexionen der Habsburgermonarchie als Gefährdung der Gesamtlage bewerteten.

(2) Mit der Balkanliga schuf sich das Zarenreich ein Instrument, das es – wie auch Großbritannien beklagte – jedoch nicht zu kontrollieren vermochte. Der *Konflikt zwischen Rußland und der Donaumonarchie*, der nach Beendigung des „Stillhaltens" 1897–1907 den Krisenherd 'Balkan' wieder ins Rampenlicht der europäischen Diplomatie rückte, verblieb im Rahmen organisierter Friedlosigkeit. Die Parteinahme des Deutschen Reichs für den Verbündeten Österreich-Ungarn fiel direkter und massiver aus als das Engagement Frankreichs für den russischen Verbündeten, jedenfalls vor dem Herbst 1913.

(3) Die vorübergehende Entzerrung der Spannungslagen in den Balkankrisen hing damit zusammen, daß zwischen den lokalen Parteien, aber insbesondere zwischen einigen der Hauptmächte Teillösungen erzielt werden konnten. Die Bereitschaft, Lösungen für regionale Konflikte zu finden, trug vor allem in den deutsch-britischen Beziehungen zu einem Rückgang der Differenzen bei. Das *deutsch-britische Verhältnis* bestand aus dem Konflikt zwischen Stabilisierung und Aufbrechen des prekären Gleichgewichts zwischen Dreibund und Triple-Entente; "Germany's crime was to be Britain's isolator" et vice versa.[6] Auf dieser Konfliktebene hatte sich ein Nebeneinander von Flottenwettrüsten und Verständigung in Nebenfragen einerseits und dem Wettbewerb um die Gunst Rußlands andererseits eingespielt.[7] Immer dann, wenn Rußland und Frankreich dem britischen Außenminister zu bestimmt erschienen, löste sich Grey von den Ratschlägen und Warnungen seiner 'Pro-Entente'-Diplomaten, alles zu unterlassen, was die Partner als 'Verrat' auslegen könnten; Grey bemühte sich darum, "good terms with Germany" zu erreichen.[8] Frankreichs Drängen, Berlin die politische Isolierung zu demonstrieren, oder Rußlands aggressives Vorgehen in Persien veranlaßten Grey, nach Teillösungen in bilateralen britisch-deutschen Interessenkonflikten und in Balkanfragen zu suchen, um nicht auf die "anti-German bloc"-Option fixiert zu werden, die ihm von Poincaré/Cambon und vom Foreign Office als unverzichtbar nahegelegt wurde.

(4) Damit stellt sich – im Hinblick auf die Erklärung des Unterschiedes zwischen den Balkankriegen und der Julikrise –

die *entscheidende Frage*, wie weit die Verringerung der Spannungslage im deutsch-britischen Verhältnis zugleich die Erhöhung der Chancen bedeutete, daß beide sich zu verständigen vermochten über die Vorgehensweise in Konflikten, die zwischen ihren Partnern ausbrachen, und über das Ausmaß der Rückendeckung, das sie ihren Partnern schuldig zu sein glaubten, ohne dadurch das Konfliktrisiko auszuweiten. Das schließt die Frage ein, wie weit die Handlungsmaximen, die die britische und die deutsche Weltpolitik im allgemeinen und ihre 'Orientpolitik' im besonderen bestimmten, kompatibel waren. Reichte der Grad der Kompatibilität aus, um beiden Seiten das Vertrauen zu bieten, sie könnten die 'Krisenparteien' gemeinsam durch den Konfliktfall steuern? Dies setzt ferner voraus, daß die Entscheidungsträger in Berlin und London nicht durch innenpolitische Vorgänge zur Parteinahme statt zu Verhandlungspraktiken zwischen den Fronten gedrängt wurden. Von gleicher Bedeutung für den Krisenverlauf mußte es sein, ob die lokalen Konfliktparteien (Balkanländer, inkl. Österreich-Ungarn) mit Hilfe anderer Metropolen – wie Paris und/oder Petersburg – die Lokalisierungsstrategie Großbritanniens und des Deutschen Reichs aushebeln könnten bzw. ob London und Berlin von sich aus Gründe entdeckten, warum sie fortan nur die Option hätten, ihre Zuverlässigkeit als Verbündeter unter Beweis zu stellen. In jedem Fall stellte sich für die britische ebenso wie für die deutsche Politik die Frage, welchen Einfluß Berlin auf Wien resp. London auf Paris und Petersburg habe und in welcher Richtung es diesen geltend machen wollte, und umgekehrt, welches Gewicht die Balkanländer sowie die anderen Metropolen Großbritannien beimaßen, falls es sich in der Krise mit einer Lokalisierungsstrategie als Streitschlichter, in ihrer Sicht jedoch: als Wegbereiter eines Triumphs der 'deutschen Mittelmächte' betätigen wollte.

III

Nach diesen Vorüberlegungen, wie man am besten die Interpretation der Julikrise angeht, sollen im nächsten Schritt die Verhaltensmuster vorgestellt werden, die sich in den Vorkriegskrisen herausgebildet hatten. Dabei sind zwei Aspekte zu unterscheiden:

a) die in den Krisen wiederkehrenden, die Interessenlage ausmachenden *Ausgangslagen der Hauptakteure*;

b) die *Umgangsformen zwischen Deutschland und England* als derjenigen Variablen, die als spannungsmindernde oder konflikteskalierende Komponente den Krisenverlauf bestimmen würde (s. o. (4)); hier lassen sich *zwei Grundmuster* aus den Vorkriegskrisen herausfiltern, wobei das erste – „Lokalisierungsstrategie“ (bei unterschiedlichen Motiven der deutschen und der englischen Politik) – in den beiden ersten Phasen der Julikrise (28. 6.–17. 7.; 17./19. 7.–25./26. 7. 1914) und das zweite – „Einkreisung“ als einziger Weg, um durch politische Übermacht die deutsche Drohpolitik am Erfolg zu hindern bzw. das Auseinanderfallen der Entente zu vermeiden – in der dritten Phase vorherrschte.

a) In *Petersburg* spitzte sich die Situation immer deutlicher auf einen Machtkampf zwischen den Wortführern eines unvermeidlichen Kriegs des Slawentums gegen das Germanentum und den 'besonnenen' Kräften zu, die aus Sorge um die politische und finanzielle Belastbarkeit des Zarenregimes vor einem großen Krieg warnten. Den Ausgang der Auseinandersetzungen brachten die Kontrahenten immer stärker in einen Zusammenhang mit dem Maße der Unterstützung, die sie im Falle einer Vorwärtsdiplomatie bzw. der Ausgleichspolitik von den westlichen Verbündeten, von Frankreich und Großbritannien, erwarten könnten.[9]

Erstmals im Oktober 1913[10] gab *Frankreich* (Poincaré) die Parole aus, daß man dem russischen Partner in dem Umfang Rükkendeckung gewähren müsse, in dem Berlin Österreich-Ungarn zum Triumph verhelfen wolle. Diese Entschlossenheit resultierte zum einen aus dem neuen Selbstvertrauen, das die Lagebeurteilung des französischen Generalstabschefs Joffre mit sich brachte, wonach die französischen Streitkräfte dem deutschen Gegner ebenbürtig seien, und zum anderen aus dem Wissen um den Zusammenhang zwischen dem enormen Finanzvolumen, das Frankreich in Rußlands „Staatskredit“ und Industriepotential investiert hatte, und dem Sachverhalt, daß Rußland die Zinsdienste nur leisten könne, wenn dem Zarenreich die Hoheit über die Meerengen als 'outlet' für die Getreideexporte und Industriegüterimporte zustände. Es genügte nicht länger, daß Frankreich dem russischen Standpunkt beipflichtete “any dislocation would bring disaster" – vielmehr kam auf Frankreich unter einem zweiten Aspekt die Nagelprobe zu, nämlich Rußland zu einer Vormachtstellung an dessen Zugängen zum Mittelmeer zu verhelfen, die das Zarenreich aus eigener Kraft nicht hatte erzwingen können. Frankreich mußte nicht nur bei der Verfolgung seiner eigenen 'Orientinteressen' auf russische Empfindlichkeiten stärker Rücksicht nehmen, sondern sich auch demonstrativer mit den Interessen des Verbündeten auf dem 'Balkan' identifizieren.[11] Seit der Etablierung der Vormachtstellung in Ägypten und entlang des Suezkanals hatte Großbritannien kaum noch strategische Interessen an einer Kontrolle über die Meerengen als Bastion bei der Verteidigung der Wege, die nach Indien, dem 'Juwel' des British Empire, führten. In der Annahme, daß Frankreich und Großbritannien ihre Bekundung wahrmachen müßten, daß sie keine weitere Demütigung Rußlands durch die deutschen Mächte tolerieren würden – weil andernfalls Berlin dem Ziel, die Entente zu sprengen und Rußland herauszuziehen, näherkäme –, konnte Petersburg in neuen Balkankrisen offensiver operieren als in den früheren, von der doppelten Ungewißheit über die eigenen Machtchancen und über die als Kompensation dafür gewertete Unterstützungsbereitschaft der Entente-Partner gekennzeichneten Krisensituationen.[12]

b) *Großbritannien* und das *Deutsche Reich* hatten sich in den Vorkriegskrisen teils als Sachwalter eines 'Concert of Europe', teils als Parteigänger ihrer Bündnispartner betätigt. Im ersten Fall sorgte London sich um eine Koordination mit der deutschen Politik; im zweiten Fall erstrebte Großbritannien ein Zusammenwirken der Entente-Mächte, und zwar aus der Besorgnis heraus, daß Frankreich und Rußland eigene Wege (bis hin zum Wettlauf um die Gunst Berlins) einschlagen könnten, falls London sich den Begehren des Zarenregimes bezüglich der russischen Balkaninteressen (wie im April/Mai 1913) zu entziehen drohte.

Die *Parallelen zur Julikrise*, und zwar für das Nebeneinander beider Krisenszenarios, hat man wiederholt in den Vorgängen Ende November/Dezember 1912 gesehen.

Die dramatische Komponente – *Grundmuster II* – ergab sich daraus, daß Wilhelm II. die rigorose Warnung "that England would not tolerate a suppression of the French [falls Frankreich gegenüber Rußland Bündnishilfe leiste in Reaktion auf deutschen Beistand an Österreich-Ungarn] under any circumstances" als moralische Kriegserklärung auslegte und den sogenannten *Kriegsrat* (8. Dezember 1912) anberaumte.[13] Die Unterredung der britischen Kabinettsminister Grey und Haldane mit Botschafter Lichnowsky fand nur wenige Tage nach dem Briefwechsel zwischen Grey und Cambon statt, der das britisch-französische Flottenabkommen vollzog. Gegenüber dem französischen Botschafter äußerte Grey die Besorgnis, daß die vom deutschen Reichskanzler bekundete Solidarität mit der Donaumonarchie (in der Reichstagsrede vom 2. Dezember 1912) einer Parteinahme gleichkomme, die zum einen jegliche Aussicht auf Schlichtung durch desinteressierte Mächte (England, Frankreich, Deutschland) vernichte und zum anderen Rußland provozieren müsse. Wie Wilson zu Recht hervorhebt, störte Grey sich bei seiner Demarche nicht daran, daß die Mehrheit des Kabinetts nicht interventionistisch eingestellt war und den Notenwechsel mit Frankreich ausdrücklich als Sicherung gegen eine Verwicklung in einen Krieg auf dem europäischen Kontinent betrachtete. Für Grey war ausschlaggebend, daß St. Petersburg nicht ein weiteres Mal in die Situation wie z. Zt. der Bosnienkrise im März 1909 geriete. Fast scheint es so, als ob er nicht den Konfliktausbruch zwischen den Großmächten für das größere Übel hielt, sondern den Wechsel Rußlands ins gegnerische Lager.[14]

Genau diesem Szenario entspricht die Kalkulation, die wir in der Julikrise 1914 – durch die Suggestionskraft der Riezler-Tagebücher – als Strategie des kalkulierten Risikos[15] bezeichnet finden. Die Befürchtung, Deutschland könne, falls es abgestuft auf eine Balkankrise reagiere, die Entente sprengen und sich Rußlands wohlwollender Neutralität oder gar Mitwirkung bei der Stabilisierung der Donaumonarchie versichern, durchzog vor allem das Denken der Amtsspitze des Foreign Office; die 'Nicolson'-Gruppe sorgte dafür, daß dieses Deutungsraster – Grundmuster II – in allen Krisensituationen auf britischer Seite in die Entscheidungsfindung einging.

Dagegen stand ein anderes Aktionsmuster – *Grundmuster I* –, das ebenfalls auf deutscher und auf britischer Seite in der *Dezemberkrise 1912* und in der Julikrise 1914 den Krisenverlauf mitprägte. Es beinhaltete das Risiko, daß Deutschland zwar seine politische und strategische Situation verbesserte, aber vom Streben nach einem großen Erfolg mit Hilfe eines Waffengangs („Je eher, desto besser"-Präventivkriegsempfehlung Generalstabschefs Moltke) Abstand nahm und bereit war, 'dämpfend' auf Österreich-Ungarn einzuwirken. Mit dem Ergebnis, die politisch-diplomatische Situation des Reiches zu verbessern, endete der sogenannte Kriegsrat; die Entschärfung der Balkankrise ließ nicht lange auf sich warten. *Grundmuster I* richtete sich also darauf, die konfliktführenden Parteien, d.h. primär Rußland als „Patron" Serbiens und Österreich-Ungarn, zum Aushandeln einer Ausgleichs-Regelung zu veranlassen, wobei Großbritannien (und Frankreich) auf Rußland und Deutschland auf Wien einwirken sollten, so daß der Konflikt keine weiteren Kreise ziehen würde.[16] „England habe sich in der Balkankrise durchaus loyal verhalten und namentlich auf Rußland mäßigend eingewirkt. Es wolle eben keinen Kontinentalkrieg, weil es selbst in einen solchen verwickelt werden würde, aber nicht selbst fechten mag ... insofern hätten Rußlands Verpflichtungen gegen Frankreich doch etwas Gutes."[17]

Die *Lokalisierungsstrategie* – "keep the ring for them", so daß die Hauptkontrahenten Petersburg und Wien ein Arrangement direkt aushandeln könnten – bedeutete, daß die 'Flankenmächte' ihren Verbündeten zwar Rückendeckung zur Durchsetzung bestimmter Forderungen gewährten, aber die Bremsen anzogen, falls die Konfliktparteien Anstalten machten, zu Militäraktionen zu greifen, um ihre Ausgangsposition am Verhandlungstisch aufzubessern. Dieses Manövrieren setzte voraus – was 1912 der Fall war –, daß London und Berlin erstens im großen und ganzen Einvernehmen darüber erzielten, was als legitime Forderung der jeweiligen Konfliktpartei gelten sollte bzw. was der Stabilität des internationalen Systems zuträglich schien, zweitens bereit und in der Lage waren, die Entwicklung unter Kontrolle zu halten, und zwar dadurch, daß sie dem vom 'Flankenschutz' abhängigen Verbündeten rechtzeitig die Grenzen der Unterstützungsbereitschaft in Erinnerung brachten. Die Formel dafür hieß, daß man für 'bloß' russische resp. Habsburger Interessen keine Kriegsgefahr riskieren werde. Im Sinne des Deutungsrasters kam hinzu, daß in Großbritannien innenpolitischer Druck auf Grey einwirkte, er solle Deutschland einen Ausweg offerieren, damit der Reichskanzler die deutsche Politik auf seinem Kurs halten könne, wie er ihn in dem komplizierten Machtkampf-Szenario mit den 'Militärs' und Tirpitz[18] abgesteckt hatte. Bethmann Hollweg wollte das Reich aus der zugespitzten, Großbritannien wegen der Bedeutungslosigkeit als 'Heeresmacht' unterschätzenden Spannungslage zwischen den Blöcken herausführen und demonstrieren, daß Berlin mit politischen Mitteln – nach innen und nach außen – „Weltmacht"-Status und Sicherheit mehren könne. Das schloß auch ein, daß der Reichskanzler den Ausbau des Heeres favorisierte – auch unter Berufung auf die prekäre „Mitte-Macht"-Situation, die zum Wagnis der Schlieffen-Strategie als Königsweg im Fall des Zweifrontenkriegs geführt hatte –, und zwar primär zu Lasten der Tipitzschen Risikoflotte. „Entspannungs"schritte gegenüber Großbritannien auf mehreren Feldern (Kolonialpolitik; Bagdadbahn), aber auch „Dämpfungs"politik gegenüber Österreich-Ungarn sollten verdeutlichen, daß man den Handlungsspielraum als Weltmacht auch ohne Kriegsgetön ausbauen könnte.[19] Mittelsmänner sorgten dafür, daß – eingebettet in das Aktionsmuster der "doves versus hawks"-Konstellation – die britische und die deutsche Führung einander signalisierten, daß und wo sie von außen Entlastungsmanöver erwarteten, um ihre Position als 'Friedenspartei' gegen die „Kriegshetzer" zu behaupten und zu festigen. Daß man einander wechselseitig durch solche Signale zu Vertrauensbildung verhalf und dabei auch an den Ausgang entsprechender Auseinandersetzungen im Zarenreich und in Paris dachte, gehört zu den Grundbedingungen, die eine „politische" Handhabung der Krisen ermöglichten – und in der Julikrise entsprechende Hoffnungen auf die Wirksamkeit dieses Grundmusters stützten.

IV

Das doppelpolige Szenenbild wiederholte sich, freilich mit wichtigen Variationen, in der *Julikrise 1914*; hier sollen nur noch die 'neuen', von den Vor-Krisen abweichenden Momente aufgeführt werden.

1. Der Erste Weltkrieg war in erster Linie der dritte Balkankrieg.[20] Nach Serbiens Sieg über Bulgarien im Sommer 1913 schien es so, als ob Wien die Desintegration der *Donaumonarchie*

nur noch durch die Schwächung Serbiens aufhalten könne. Das Deutsche Reich, insbesondere Kaiser Wilhelm II., liebäugelten in der Balkanpolitik mit einer Koalition, die außer Österreich-Ungarn auch Serbien neben Griechenland und Rumänien einbezog. „1914" differierten an der Spitze der Doppelmonarchie zwar die Auffassungen über 'Krieg und Frieden', aber daß man gegen Serbien aktiv vorgehen müsse, war unstrittig. "In the light of Serbian actions", so argumentiert Evans zu Recht, "and attitudes on both sides of the frontier, [Berchtold] henceforth perceived little difference between war and peace anyway."[21]

2. Nach dem definitiven Wiedererstarken – ab 1913 – war *Rußland* die einzige Macht, die eine grundlegende Umgestaltung der politischen Landkarte Europas vornehmen konnte und dies zu gegebener Zeit zu tun beabsichtigte. "Whereas Russia had been humiliated before in the Balkans and been able to restore her authority",[22] so war das Zarenreich auch die einzige europäische Großmacht, die ihres künftigen Weltmacht-Status sicher sein konnte, so sehr auch innere Erschütterungen oder außenpolitische Niederlagen und Rückschläge den Aufstieg unterbrechen mochten. "The Tsar regime was prone to resort to war even if circumstances were not all that favorable."[23] Die westlichen Verbündeten, die Rußland – nach dem Fernost-Abenteuer 1890–1905 – als Balkanmacht zurückwünschten, erwarteten, daß Rußland die Aufgabe als "stumbling bloc to Germany's domination of Europe" erfüllte; aufgrund dieses übergeordneten Gesichtspunktes neigten sie dazu, Zweifel an Rußlands „Friedensfähigkeit" zu unterdrücken; als imperiale Rivalen erfuhren sie mehr als einmal, daß Petersburg schwer zufriedenzustellen war. Rußland nutzte alle Hebel, um seine Einflußbegehren auf dem Balkan in London und in Paris zu Gehör zu bringen. Die Befürchtung, in Europa ein Gegengewicht zum Deutschen Reich zu verlieren und an den 'imperialen Fronten' wieder auf Rußland als ernsthaften Gegner zu treffen – also die eigene Politik um die Früchte der Entente resp. des Zweibunds zu bringen –, machte die britische und die französische Politik in gewisser Weise erpreßbar, und Rußland erkannte die damit verbundenen Möglichkeiten. Die Botschafter am Zarenhof wurden nicht müde, London und Paris zu erinnern, wie unangenehm die 'Feindseligkeit' Rußlands – auch im Vergleich mit Deutschland – sein könne, und begründeten da-

mit ihre Empfehlung, russischen Forderungen entgegenzukommen.

3. Ähnlich wie Moltke, so erkannten auch die *französischen Militärs (Joffre)*, daß die Streitmacht des Reichs der französischen nicht länger eindeutig überlegen wäre.[24] Die französische Militärstrategie ging – was für unsere Analyse des Umschlagens der dritten Balkankrise in den Bündniskrieg von Belang ist – ebenso wie Moltke von der Einschätzung aus, daß das Deutsche Reich sich in eine nachteilige Situation manövrierte, wenn es militärisch in einen 'Balkan'krieg an der Seite der Donaumonarchie interveniere; im Grundzug war den französischen Militärplanern (anscheinend) der Stand der Aufmarschplanung Conrads und der Stand der deutsch-österreichisch-ungarischen Generalstabsgespräche – neben dem Schlieffenplan als Eckpunkt der französisch-russischen Bündnisstrategie – bekannt. Joffre war genauso wie sein Gegenspieler Moltke davon überzeugt, daß a) die Entscheidung in jedem Fall vom Ausgang der Kampfhandlungen zwischen Frankreich und dem Reich abhänge; b) Deutschland, aber auch Frankreich ihren jeweiligen Hauptverbündeten davon abhalten müßte, eine Teilmobilmachung einzuleiten, mit dem Ziel, einen 'lokalen Krieg' zu führen; c) Frankreich und Deutschland sich bemühen müßten, die Aufmarschfähigkeit des Verbündeten so zu verbessern, daß dieser den Verbündeten – Rußland resp. Österreich-Ungarn – so lange in Schach hielt, wie Deutschland bzw. Frankreich benötigten, um mit ihrer jeweiligen Offensivstrategie zum Ziel zu kommen.[25]

Ohne die hinlänglich bekannten Strategien – Schlieffenplan und Joffres „Plan XVII" – und deren inhärente 'Fehlerquellen' zu skizzieren, soll hier nur auf die Implikationen für das politisch-diplomatische Krisenmanagement verwiesen werden. Der militärisch handlungsfähigere Partner – Deutschland resp. Frankreich – schritt ein, um die 'regionalen' Konfliktparteien (Rußland bzw. Österreich-Ungarn) von Lokalisierungsstrategien/Teilmobilmachungen abzubringen.[26] Frankreich und Rußland hatten in den Generalstabsgesprächen (September 1913) verabredet, daß Frankreich nahezu alle Streitkräfte gegen Deutschland konzentrierte und am 11. Tag der Mobilmachung die Offensivhandlungen eröffnen würde; Rußland sollte 800000 Mann an der deutschen Grenze zusammenziehen und am 15. Tag der Mobilmachung die Offensive beginnen. Für Joffres strategisches Kalkül war essentiell, daß Rußland die Generalmobilmachung einleitete und nicht die Kräfte verzettelte, um spezifische politische Gelegenheiten gegenüber Österreich-Ungarn auszuschlachten. Der russische Generalstab (26. 7.) begriff die Einberufung der Reservistenklassen im europäischen Rußland als erste Stufe eines 'bündnis-konformen' Mobilmachungsprozesses. Teilmobilmachungen sollten nicht das Aufgebot der 'Bündnis'kräfte stören, sondern dazu beitragen, daß die Offensivstrategie Frankreichs resp. Deutschlands die 'angemaßte' Kriegsentscheidung auch erzielte. Die Militärs mußten nicht nur den Verbündeten, sondern vor allem auch die eigene Regierung darauf festnageln, daß der Fahrplan der Mobilmachung nicht durcheinandergebracht wurde. Die politische Entschlossenheit, die Poincaré bei seinem Staatsbesuch in Petersburg bekräftigte, daß es in dieser Krise darum gehe, die Mittelmächte ins Unrecht zu setzen und den politischen Schulterschluß, aber auch die militärische Position der Stärke zu nutzen, um den Spieß umzudrehen und Berlin zum Einlenken zu zwingen, hatte zur Folge, daß auf russischer Seite die Kräfte obsiegten, die auf ein „Durchhalten" im Stärketest und militärisch auf die Generalmobilmachung drängten. Das will nicht besagen, daß Frankreich – ähnlich dem deutschen Blankoscheck (5. 7. 1914) – den russischen Verbündeten zum Kriegsrisiko 'verleitet' habe.

Unbestreitbar ist jedoch, daß Frankreich – vertreten durch Poincaré und Botschafter Paléologue sowie durch den 'Draht' Joffre–Militärattaché Ignatiew–Generalstabschef Yanushkewitsch (26.–28. 7. 1914)[27] – dem russischen Partner zuredete, dieses Mal müsse man den 'Test' gemeinsam bestehen. Da mit einem Krieg gerechnet werden müsse, hätten beide Partner gemäß den Vorabsprachen einander durch die Offensivstrategien Entlastung zu schaffen.[28] Darüber hinaus verwendete Frankreich seinen Einfluß auf London darauf, Grundmuster II abzurufen, d. h. jene von Grey in der Phase der Bündniskonstruktion entwickelte Handlungsmaxime (Februar 1906) zu aktivieren: "an entente between Russia, France and ourselves would be absolutely secure. If it is necessary to check Germany, it could then be done."[29]

4. Zu klären bleibt demnach noch die Frage, ob und vor welchem Hintergrund die *britische Politik* auf die von den Entente-

Partnern entwickelte Lesart der Julikrise einschwenkte (Grundmuster II) oder ob sie Möglichkeiten für ein Wiederanknüpfen an Grundmuster I erkannte, und inwieweit die *deutsche Politik* trotz aller Befürchtungen, den einzigen militärischen Verbündeten zu verlieren,[30] dennoch eine Lokalisierungsstrategie von solchem Zuschnitt bevorzugte, daß ein Spielraum für abgestimmtes Vorgehen mit Großbritannien gewahrt wurde.

Diese Aufgabe war besonders schwierig, weil als Ausweg aus dem Balkankonflikt nur ein Modus in Betracht kam, der Österreich-Ungarn die Perspektive gewährte, die eigene Zukunft zu bestimmen – und das hieß unter dem Szenario der Sarajewo-Krise: Strafaktion gegen Serbien. Rußland – mit französischer Rückendeckung – meinte, dies um jeden Preis verhindern zu müssen.[31] Die deutsche Reichsleitung hingegen behauptete, man müsse Wien wenigstens diese eine Genugtuung zugestehen. Die Auffassung der 'Militärs' und des Kaisers in der Frühphase (2.–5. 7. 1914), daß weder Rußland noch Frankreich im Moment – aus innenpolitischen, finanziellen Gründen und hinsichtlich der Mobilmachungsfähigkeit – kriegsbereit seien, begünstigte die politische Einschätzung in Berlin, eine Risiko-Strategie einzuleiten,[32] d. h. Wien zu ermutigen, sich schnell und energisch gegenüber Serbien Genugtuung zu verschaffen.

V

Konnten Berlin und London einen gemeinsamen Nenner finden, um den *Konflikt* zu *lokalisieren*?

Ein Anknüpfungspunkt dafür war, daß die Einschätzung der europäischen Mächtekonstellation in deutschen und britischen Regierungskreisen vor Ausbruch der Julikrise durchaus konvergierte.

> The truth is that whereas formerly the German government had aggressiv intentions ..., they are now genuinely alarmed at the military preparation in Russia, the prospective increase in her military forces and particularly at the intended construction at the instance of the French government and with French money of strategic railways to converge on the German frontier ...[33]

By way of contrast, Grey thought at this moment (late June 1914) the

German government are in a peaceful mood ... and anxious to be on good terms with England.[34]

Damit verband sich ein Unbehagen darüber, daß Paris und Petersburg die britischen Befürchtungen vor einem übermächtigen Deutschen Reich zu eigenen Zwecken ausgeschlachtet hatten; während sie selbst sich mit Berlin akkommodierten, warfen sie britischen Annäherungen an Berlin 'Verrat' an den Entente-Partnern vor. Das Gefühl, sich selbst erpreßbar gemacht zu haben, suggerierte die Notwendigkeit, die britisch-deutschen Beziehungen zu normalisieren bzw. zu verbessern.[35]

Die Beobachtung, daß Frankreich und Rußland kräftemäßig dem Zweibund Paroli bieten konnten, nährte die auch aus anderen Gründen im britischen Kabinett vorherrschende Auffassung, daß Großbritannien auch dann im Friedenszustand verharren könne, wenn auf dem Kontinent ein Krieg ausbräche.[36] Wie Brock zu zeigen vermag, tendierten der britische Premierminister Asquith und die Mehrheit des Kabinetts, aber auch Außenminister Grey in der ersten und zweiten Phase der Julikrise dahin, daß Großbritannien eine Politik betreiben solle, die die Position als ungebundene Großmacht bewahrte und diese Position zugunsten einer Verhandlungslösung einbringen sollte.

Dies wiederum setzte – wie in der Dezemberkrise 1912 – voraus, daß auch die Reichsregierung sich nicht als Parteigänger Österreich-Ungarns – über eine 'legitime', begrenzte Unterstützung für eine Strafaktion gegen Serbien hinausgehend – festlegte. In diesem Sinne verstand Grey den über Botschafter Lichnowsky lancierten Appell Bethmann Hollwegs (6.7. 1914), Verständnis für die „mißliche Lage" zu zeigen, wie sie der Reichskanzler darlegte. Bethmann Hollweg erwartete, daß beide Seiten – ähnlich wie in einigen Phasen der Balkankrisen und in der Liman-von-Sanders-Krise – einander ihre Probleme erklärten und zur Rettung der Situation 'dämpfend' auf die Verbündeten einwirkten.[37] Grey ließ Bethmann Hollweg am 9.7. ausrichten, „daß ich die gleiche Politik wie während der Balkankrise fortführen ... würde ... Je größer die Gefahr eines Krieges sei, desto zäher würde ich an dieser Politik festhalten".[38]

Das Dilemma, für das Bethmann Hollweg um englisches Verständnis warb, ist in Riezlers Notizen deutlicher ausgesprochen[39]:

Russlands militärische Macht schnell wachsend; bei strategischem Ausbau Polens die Lage unhaltbar. Oesterreich immer schwächer und unbeweglicher; die Unterwühlung von Norden und Südosten her sehr weit vorgeschritten. Jedenfalls unfähig, für eine deutsche Sache als unser Verbündeter in den Krieg zu ziehen. Die Entente weiss das, wir infolgedessen völlig lahmgelegt ...

Dem fügte Riezler – unter dem Datum des 8.7. – den Satz hinzu, der als Strategie des kalkulierten Risikos in die Forschungskontroverse eingegangen ist und gleichsam Bethmann Hollwegs 'Rationale' für den vom Kaiser erteilten Blankoscheck an die Habsburgermonarchie beinhaltet[40]:

Kommt der Krieg aus dem Osten, so dass wir also für Oesterreich-Ungarn und nicht Oest[erreich]-Ungarn für uns zu Felde zieht, so haben wir Aussicht, ihn zu gewinnen. Kommt der Krieg nicht, will der Zar nicht oder rät das bestürzte Frankreich zum Frieden, so haben wir doch noch Aussicht, die Entente über diese Aktion auseinanderzumanoeuvrieren ..."

Die von der Reichsleitung selbst konstruierte und für ihre Englandpolitik generell, aber gerade auch speziell in der Julikrise signifikante Deutungsfigur einer von ihr geführten 'Friedenspartei' („Weltmacht ohne Krieg"), die sich gegen die 'Kriegspartei' („Präventivkriegsgedanken" Moltkes) im Falle einer Resonanz für das von ihr gewünschte zwischenstaatliche Zusammenspiel deutscher und britischer „Friedenskräfte" behaupten könnte, wäre – so schlußfolgerte die 'Fischer-Schule' – als Täuschungsmanöver enthüllt: Die deutsche Politik wollte Rußland aus der Entente 'heraussprengen' und damit jene Konstellation schaffen, die Grey nie und nimmer habe akzeptieren können. Hinzu komme, daß der Reichskanzler – wie u. a. die Aufregung über die Nachrichten von britisch-russischen Sondierungen über eine Marinekonvention als Gegenstück zum Grey-Cambon-Schriftwechsel zeige – selbst nicht mit der Neutralität Großbritanniens im Falle eines 'Kontinentalkriegs' gerechnet habe. Die wiederholten Warnungen aus London – so auch in der Dezemberkrise 1912 –, daß Großbritannien, falls Deutschland Krieg gegen Frankreich/Rußland führe, auf der Seite der Gegner des Reiches eingreifen müsse, hätte ihre Wirkung auf die Reichsleitung nicht verfehlt.[41] Schließlich habe sich die Reichsleitung, wenn auch vergebens, gegen die Einschätzung der 'Militärs' gewehrt, wonach die britische "Expeditionary Force" (150000 Mann) keinen Unterschied hinsichtlich der Stärkerelation an der Westfront mache.[42]

Wir gehen davon aus, daß Berlin die Situation zu Beginn der Julikrise richtig deutete, daß nämlich England friedlich und Rußland sowie Frankreich wenig kriegsbereit gestimmt seien.[43] Es traf durchaus zu,[44] wenn Bethmann Hollweg dem Kaiser noch am 23.7. darlegte, daß ein sofortiger Beitritt Großbritanniens in den Konflikt unwahrscheinlich sei. Schufen die Lagebeurteilungen und die Erfahrungen, die wir unter *Grundmuster I* zusammengefaßt haben, also ein Vertrauenskapital, auf das Bethmann Hollweg rekurrieren konnte? Mit anderen Worten: Würde Großbritannien mitspielen, wenn das Deutsche Reich seinem Verbündeten zu einem 'schnellen' Erfolg der „Strafaktion" gegen Serbien verhalf, und würde Grey die "keep the ring"-Devise für Verhandlungen zwischen dem Zarenreich und der Donaumonarchie wiederum anwenden?

VI

Die Interpretation muß sich an folgende Punkte halten:

1. Mit Evans[45] stelle ich fest: "The high policy makers of the Habsburg Monarchy actively provoked that war", d.h.: Wien wartete nicht auf 'Instruktionen' Berlins, um gegen Serbien Krieg zu führen, obwohl die Präsentierung des deutschen 'Blankoschecks' (5.7.) natürlich die Entscheidungsfindung im Ministerrat der Doppelmonarchie beschleunigte.

2. Bethmann Hollwegs Entschluß (5./6.7.1914),[46] Österreich-Ungarns Demonstration des 'Großmacht'-Willens gegenüber Serbien zu unterstützen, jedoch den Krieg zu lokalisieren, war in die Situationsanalyse eingebunden, daß es darauf ankomme, die von den 'Militärs' (Moltke, 2.7.; Falkenhayn/Ludendorff, 5.7.) geforderte Alternative eines Präventivkriegs gegen Frankreich/Rußland abzuwehren. Die Reichsleitung (Bethmann Hollweg und Außen'minister' Jagow) erhielt – Berghahn zufolge[47] – gleichsam ein Mandat, es mit ihrem Plan zu versuchen, d.h. schnell ein fait accompli zu schaffen und dann 'freundlich' gegenüber der Entente aufzutreten. Worauf es ankam, war eine Lokalisierung der Kampfhandlungen auf Österreich-Ungarn/Serbien. Gezielt auf Preußens Erfolgsstrategie 1866 anspielend,

wünschte die Reichsleitung, daß der Verbündete einen schnellen Waffengang erfolgreich abschloß und dann die Bereitschaft zum Friedensschluß signalisierte.[48]

Aufgrund der Schwierigkeit, den Widerstand des ungarischen Ministerpräsidenten Tisza zu überwinden, aber auch wegen der Ungewißheit, ob man das Ultimatum besser vor oder nach Poincarés Aufenthalt in Petersburg (20.–23. 7.) an Serbien aushändigen sollte, konnte Wien die beiden von Bethmann Hollweg gemachten Voraussetzungen nicht erfüllen: erstens eine zügige Präsentation des Ultimatums an Serbien; zweitens alles zu unterlassen, was das Mißtrauen der Triple-Entente-Mächte gegen die deutschen Mittelmächte steigern könne.

3. Das Vorhaben, eine Strafaktion durchzuführen, bevor Rußland mobil machte, war kompatibel mit der Vorstellung Greys, daß eine Verständigung zwischen Österreich-Ungarn und Rußland die beste Aussicht auf eine Stabilisierung der Region „Balkan" böte; fraglich war allerdings, ob Petersburg einen (wenn auch begrenzten) Anfangserfolg Österreich-Ungarns über den Verbündeten Serbien 'tolerieren' wollte bzw. konnte. In keinem Fall würde Grey sich jedoch damit abfinden, wenn Berlin im Falle eines Teilerfolgs die Kontrahenten Wien und Petersburg in der Absicht zusammenbrachte, Rußland von der Entente zu separieren.

4. Von maßgeblicher Bedeutung ist, daß Bethmann Hollwegs „kalkuliertes Risiko" eine Militärstrategie begünstigte, wie sie der Generalstabschef des Verbündeten, Conrad von Hoetzendorf, konzipierte – eine Teilmobilmachung gegen Serbien („Plan B")[49]: Doch kollidierte diese mit der von Moltke modifizierten Schlieffenplan-Strategie. Falls also Rußland nicht 'passiv' der „Strafaktion" Wiens gegen den russischen Verbündeten zuschaute, sondern einesteils die Entente-Partner mit der Parole, es gelte, das 'kleine' Serbien vor dem deutschen 'Aggressor' zu schützen, zum Schulterschluß aufforderte und andernteils durch eine Teilmobilmachung eine Intervention auslöste (so am 25./26. 7.),[50] würde Bethmann Hollweg sich mit den Konsequenzen seiner Politik konfrontiert sehen: (1) Die deutschen 'Militärs' (Moltke und Kriegsminister Falkenhayn) würden von „Politik und Diplomatie" verlangen, die Begleitaktionen für die militärische Offensive gegen Frankreich als der einzig möglichen strate-

gischen Option durchzuführen; (2) die russische Regierung (Außenminister Sasonov) und die französische Diplomatie (statt der 'abwesenden' politischen Spitze Poincaré/Viviani) würden die britische Regierung vor die Wahl stellen, a) entweder zu helfen, den 'Aggressor' zu stoppen, oder – besser noch – durch rechtzeitige Parteinahme dem Zweibund zur politischen Übermacht zu verhelfen, so daß Berlin/Wien nachgeben müßten, oder aber b) isoliert zu werden: Im Falle eines deutschen Siegs würde Großbritannien dann allein den Mittelmächten ausgeliefert sein, im Fall eines Waffenerfolgs Frankreichs/Rußlands würde Großbritannien tatsächlich zu spüren bekommen, wovor die „Einkreisungs"politiker im Foreign Office die Kabinettsminister wiederholt gewarnt hatten, nämlich „daß es weit nachteiliger wäre, ein unfreundliches Frankreich und ein unfreundliches Rußland zu haben als ein unfreundliches Deutschland".[51]

Für Bethmann Hollweg stand fest – als 'Lehre' aus den Konfliktverläufen vergangener Jahre –,[52] daß die politische Offensive des Reichs sich auf London konzentrieren müsse, sollte die Strategie des kalkulierten Risikos aufgehen. Daß Großbritannien mißtrauisch würde, je weniger Berlin (und/oder Wien) über die beabsichtigten Schritte gegen Serbien mitteilten, mußte man einkalkulieren. Ausschlaggebend war, ob Außenminister Grey selbst zu der Überzeugung gelangte und diese auch im Kabinett vermitteln konnte, daß es notwendig geworden sei, Deutschland als kriegstreibende Kraft hinter dem Aufbäumen Österreich-Ungarns zu stoppen – was nur durch politisches und ggf. militärisches Zusammenwirken mit Frankreich/Rußland möglich wäre –, oder aber, ob Grey am "doves vs. hawks"-Parameter festhielt. Meldungen über Differenzen unter den „zivilen" und militärischen Ratgebern des Kaisers, die dieses Deutungsschema nähren konnten,[53] erreichten auch jetzt wieder (23. 7. 1914) Grey und Haldane. Dieses Parameter glich einem Verteidigungswall, hinter den die 'Friedenspartei' sich zurückziehen konnte, falls die Interessengegensätze oder Anlässe zum Mißtrauen die Entwicklung in Richtung Grundmuster II drängten.

Nach Aushändigung des Ultimatums an Serbien – das bewußt so abgefaßt war, daß die Kriegserklärung folgen müßte – sahen sich Bethmann Hollweg und Grey zu einer Doppelstrategie verpflichtet. In dieser *dritten Phase der Julikrise* (ab 25./26. 7. 1914) suchte die Reichsleitung nach Mitteln und Wegen, um einerseits die Militärs hinzuhalten; dazu dienten u. a. auch die ambivalenten Formeln[54]: „Ich will keinen Präventivkrieg, aber wenn der Kampf sich bietet, dürfen wird nicht kneifen" und: Deutschland müsse ruhig bleiben, damit Rußland sich ins Unrecht setze. Die zweite Formel machte Moltke seinerseits gegenüber Conrad (30. 7.) geltend.[55] Auf der anderen Seite wollte Berlin den Draht nach London pflegen, um trotz veränderter Bedingungen doch die Lokalisierung des Konflikts zu erreichen. Zu diesem Zweck mußte Berlin den gerade angelaufenen und von deutscher Seite (durch die Vorverlegung der Kriegserklärung vom 29. auf den 28. 7. 1914) angestachelten Elan der Habsburgermonarchie wieder abbremsen (26.–30. 7.). Zwar half Generalstabschef Moltke dem Reichskanzler, das Begehren Kriegsminister Falkenhayns nach Verkündung des Kriegsgefahrenzustands aufzuhalten, doch bereitete er gleichzeitig (26. 7.) die Stipulationen des Ultimatums an Belgien vor.[56]

Auf britischer Seite mußte Außenminister Grey darauf Rücksicht nehmen, daß das Kabinett nach jüngst überstandenen schweren inneren Konflikten („Ulsterrebellen"/Irlandfrage; "industrial unrests") nur wenig Neigung zeigte, auf ein dramatisierendes Szenario zu hören, welches aus dem Konflikt zwischen Wien und Belgrad eine Gefährdung der Sicherheitsinteressen Großbritanniens herleitete. Die Regierung präferierte eindeutig diplomatische Aktivitäten zugunsten von Konferenzlösungen und beschwor in diesem Zusammenhang das "doves vs. hawks"-Parameter als Leitfaden für den Umgang mit dem Kaiserreich; Grey hatte dieses für ihn während der 1. und 2. Phase der Julikrise gültige Deutungsmuster als nicht mehr zutreffend abgeschrieben.[57] Von der Annahme ausgehend, daß die französischen und russischen Streitkräfte den 'deutschen Gegnern' ebenbürtig seien, war das Kabinett Asquith auch darauf eingestellt, die Passage deutscher Truppen südlich der Maas-Sambre-Linie zu tolerieren, um auf den französischen Gegner zu treffen.[58] Daraus spricht nun allerdings die Unkenntnis sowohl über die französische Offensivstrategie (Joffres Plan XVII) als auch und erst recht über den Schlieffenplan mit dem Kern, die Festung Lüttich als erstes Operationsziel zu nehmen.[59]

Aber auch auf deutscher Seite war es genauso bestellt: Die Reichsleitung erfuhr erst am 31. Juli 1914 von der im April 1913 getroffenen Entscheidung des Generalstabs, den Ausgang der Offensivstrategie gegenüber Frankreich von der Eroberung Lüttichs abhängig zu machen.[60] Keine Frage: Die deutsche Militärstrategie implizierte, daß Mobilmachung und 'Kriegsausbruch' nahezu identisch waren. "The German plan was of such character", so stellte schon Churchill fest, "that the most irrevocable steps of actual war, including the violation of neutral territory, must be taken at the first moment of mobilisation."[61] Die Reichsleitung wußte,[62] daß die deutschen Militäraktionen unter Verletzung der belgischen Neutralität (bei 'Schonung' der Niederlande) auf die Niederwerfung Frankreichs in einer bestimmten Frist nach Kriegsbeginn abzielten. Dieses Ziel mußte die Asquith-Regierung dazu bringen – auch unabhängig von der Frage, ob und wie die Neutralität Belgiens (mit den o. g. Einschränkungen) bewahrt werden könne –, an der Seite Frankreichs in den Krieg zu ziehen. Entsprechende Vorkehrungen hatte der britische Generalstab (Sir Henry Wilson) in den Sondierungen mit Frankreich und entsprechend dem eigenen Verständnis der Entente-Verpflichtungen getroffen.

Bevor es dazu käme, die für den 'Bündnisfall' festgelegte Option in die Tat umzusetzen, war die Vorfrage auszuloten, ob London genauso wie Berlin einen Spielraum erkannte, um den 'eastern conflict' zu lokalisieren; die Alternative war, sich dem 'Diktat' der Bündnismechanismen zu unterwerfen. Wenn auch auf andere Weise, so hatte sich ja auch die britische Politik Fesseln angelegt. Denn die intern und extern (gegenüber französischen Gesuchen, Belgien in die französische Offensivstrategie einzubeziehen) getroffene Festlegung, daß die russische Armee – und die Royal Navy – Frankreich Schutz vor der deutschen 'Übermacht' bieten solle,[63] hatte zur Konsequenz, daß Großbritannien zugunsten Frankreichs eingreifen mußte, wann immer Frankreich den 'Bündnisfall' als gegeben wertete. Denn die französische Militärstrategie hatte für den Eventualfall nur die eine Option entwickelt, und das war „Plan XVII“ als Gegenstück zum Schlieffenplan. Frankreich verpflichtete sich zu Offensivaktionen, um den russischen Verbündeten zu Entlastungsaktionen an der 'Ostfront' und nicht nur gegen Österreich-Ungarn anzuhalten. Die britische Politik hatte sich ihrerseits gegenüber Frankreich 'gebunden' (“moral bonds”, wie Poincaré/Cambon und das Foreign Office erinnerten), dem Partner gegen Deutschland zu helfen – und dafür die “Expeditionary Force” bereitzuhalten –, wenn Frankreich seine Bündnispflicht durch Rußlands Aufmarsch gegen den Zweibund feststellte. London konnte sich dem Festzurren jener Fesseln nur erwehren, wenn es aktiv wurde, um eine Lokalisierung des östlichen Konflikts zu ermöglichen. Die Voraussetzung dafür war, daß Berlin restringierend in Wien einschritt und daß London den Hebel in Petersburg und in Paris ansetzte. Im Hinblick auf Berlin mußte man auf eine 'peace party' setzen, die zum Zuge kommen könnte, wenn London seinerseits konfliktmindernd auf den Zweibund einwirkte. Im britischen Kabinett machte sich H. Samuel, eine einflußreiche Persönlichkeit in der Liberalen Partei und wichtiger Partner von Asquith in der Innenpolitik, zum Sprecher der “doves vs. hawks”-Gruppe und damit zum profilierten Widersacher Greys, der in Richtung Grundmuster II argumentierte.[64]

Das Drängen der russischen und französischen Diplomatie (verstärkt seit Beginn der Mobilmachung Österreich-Ungarns gegen Serbien am 25./26. 7.), Großbritannien solle rechtzeitig Partei ergreifen,[65] war ganz offenkundig von dem Wunsch geprägt, den Spieß umzudrehen und die Drohpolitik nunmehr gegen ihren deutschen Urheber zu kehren. Die Aufforderung, Großbritannien solle sich an einer gemeinsamen Démarche in Wien beteiligen, sollte aller Welt zeigen, daß Berlin, das die Strafaktion gegen Serbien für eine legitime Reaktion auf „Sarajewo“ hielt, der Drahtzieher des Konflikts sei.

VIII

Unter dem doppelten Druck – der Verbündeten zugunsten Grundmuster II, der Kabinetts'mehrheit' zugunsten Grundmuster I – stehend, suchte Grey Modelle ausfindig zu machen, um die Eskalation der Krise zu unterbrechen. Die ersten Vorschläge, die er von seinen 'beamteten' Ratgebern übernahm, entsprachen den französisch-russischen Plänen für eine Botschafterkonferenz; die Absicht war, die Forderungen an Serbien abzumildern. Die Konferenzlösung würde, so sah man es in Berlin und in Wien, der Habsburgermonarchie das souveräne Recht auf eine Strafaktion gegen Serbien nehmen; auf eine solche Aktion glaubte Wien ein verbrieftes Anrecht zu haben, insofern Serbien in der Bosnienkrise – unter dem Druck eines von Deutschland gedeckten Ultimatums – „Wohlverhalten" gegenüber Österreich-Ungarn im Fall von 'Störmanövern' von serbischem Territorium aus zugesichert hatte. Die Konferenzpläne beschworen in Berlin und in Wien überdies das 'Algeciras'-Syndrom herauf. Sie erledigten sich gleichsam von selbst, nachdem russische und französische Kommentare den Verdacht bestätigten, daß nicht Serbien, sondern Österreich-Ungarn auf die Anklagebank gesetzt werden solle. Die Zurückweisung der britischen 'Ideen' bedingte aber, daß nunmehr die deutsche Reichsleitung Kompensationen anbieten mußte, um Verhandlungsbereitschaft zu signalisieren und einen 'Partner' anzuwerben, der für die Lokalisierung eintrat.

Die Vermittlungspläne der nächsten Phase standen schon unter dem Vorzeichen des Wettlaufs mit der „Zeit", d. h. der knapp bemessenen Zeiträume zwischen Vorbereitung des Kriegsgefahrenzustands (Einberufung der Reserveklassen etc.) und der Präsentierung von Ultimaten, daß die 'Gegenseite' die Mobilmachung anhalten müsse. Hier schien ein Schwenk der russischen Politik (28.–30. 7.), die eine sichtbare 'Bestrafung' Serbiens nicht mehr grundsätzlich ausschloß, die von Bethmann Hollweg lancierte und von Grey aufgegriffene Idee zu begünstigen, nämlich, daß Österreich-Ungarn sich nach dem Bombardement Belgrads mit einem „Halt vor Belgrad" begnügen und – mit dem Faustpfand ausgestattet – in direkte Verhandlungen mit Rußland treten oder den Weg zu internationalen Verhandlungen freigeben sollte. Obwohl die Donaumonarchie – wie es Conrad Berchtold in Erinnerung brachte[66] – mit der Invasion Serbiens frühestens am 12. 8. beginnen konnte, das Bombardement der serbischen Hauptstadt also ein 'verfrühter' Akt war, reagierte sie widerwillig auf das

– gegenüber den britischen Ansinnen verspätete – Drängen Berlins, sich für eine politische Lösung offen zu zeigen.

IX

Die Situation in Berlin, aber auch die deutsch-britischen Beziehungen gerieten mit den ersten Meldungen über die Ausrufung der Kriegsvorbereitungsmaßnahmen und dann der Teilmobilmachung Rußlands zunehmend in den Sog eines anderen 'Fahrplans', der von den Bündnisabsprachen bestimmt war. Man kann sagen, daß der französische Generalstab mit der Abmahnung des russischen Verbündeten vor einer bloßen Teilmobilmachung als Gefährdung der operativen Ziele der Bündnisstrategie (28.7.1914) auf den Entscheidungsprozeß in Rußland eine ähnliche Wirkung – hinsichtlich der dritten Phase der Julikrise – hatte wie der sogenannte deutsche Blankoscheck auf den der Habsburgermonarchie in der ersten Phase.

Bethmann Hollweg gründete den Versuch, auf eine diplomatische Offensive zu setzen, gleichzeitig aber nach innen die Parteiführungen auf den Konfliktfall zwischen Österreich-Ungarn und Rußland einzustimmen und nach außen Rußland ins Unrecht zu setzen (27.7.1914),[67] auf die Annahme, daß Großbritannien nicht um russischer Balkanambitionen willen in eine europäische Konflagration hineingezogen werden wollte. Ein Zusammenwirken mit London mit dem Ziel, die Ausweitung des „Balkankriegs" zu unterbinden, sollte noch möglich sein.[68] Unter Anspielung auf die Parallele 1912/13 wiederholte der Reichskanzler am 27.7. über Botschafter Lichnowsky den Appell an Grey. Die Dringlichkeit der 'Kontaktnahme' lag auf der Hand: Die 'Militärs' schalteten sich in Berlin nicht nur in den innenpolitischen Entscheidungsprozeß ein, sondern entfalteten ihre eigenen 'diplomatischen' Aktivitäten (auf der 'Schiene' der Militärattachés).[69] Früher oder später mußte sich die Situation ergeben, daß man in London fragte, wer in Berlin regiere: Moltke oder Bethmann Hollweg? Die Reichsleitung ging davon aus, daß Grey den Einfluß Großbritanniens in Petersburg geltend machen würde, Rußland solle von feindseligen Akten Abstand nehmen. Dementsprechend definierte Bethmann Hollweg die russische Mobilmachung als „feindseligen Akt“ und instruierte den Botschafter in London, diese deutsche Auffassung zu verdeutlichen.[70] Rußlands Mobilmachung, so ließ er ausrichten, werde das Deutsche Reich auch gegen seinen Willen zwingen, Gegenmaßnahmen zu treffen; Rußlands Mobilmachung bringe den Kriegsausbruch näher. In deutlicher Anspielung auf Greys Vorwurf in der ersten Phase der Dezemberkrise 1912 ließ Bethmann Hollweg den britischen Außenminister wissen, daß die Erklärung, er könne Großbritannien nicht länger aus dem Konflikt heraushalten, die Lokalisierungsstrategie unmöglich mache, da niemand mehr übrig sei, um zwischen den Bündnissen zu vermitteln.[71] Um Rußland und Frankreich einen Beweis der Solidarität zu liefern und um Deutschland zu warnen, hatte Grey der Veröffentlichung der Entscheidung Marineminister Churchills zugestimmt, die Kriegsmarine nach der ›Spithead Review‹ zusammenzuhalten.[72] Alarmiert bzw. verunsichert über die Richtung, die die deutsche Politik nehmen würde, verstärkte Grey zwar den Druck auf Berlin; parallel dazu blieb er bemüht, der deutschen Politik ‘Zeit’ zu sichern, damit die Friedenspartei restringierend auf Wien einwirken, d. h. Österreich-Ungarn an den Verhandlungstisch mit Rußland bringen könne.[73] Im Gegenzug mußte London bereit sein, in Petersburg darauf zu drängen, daß der Verhandlungsweg genutzt werde. Von Rußland erwartete die deutsche Reichsleitung, daß es die Mobilmachung nicht vollzog, nachdem Österreich-Ungarn „Halt vor Belgrad“ und die Respektierung der territorialen Integrität Serbiens zusagte.[74]

Der Gefahr bewußt, daß Frankreich und Großbritannien für Rußland Partei ergreifen würden, schon um das Zarenreich nicht zu entfremden,[75] intensivierte Bethmann Hollweg die Bemühungen um Kooperation mit Großbritannien. Gemäß den Nachrichten über die Einleitung der Mobilmachungsmaßnahmen Rußlands[76] verstärkten die ‘Militärs’ den Druck auf die Reichsleitung, aber auch auf den gegen Serbien kriegführenden Verbündeten Österreich-Ungarn, sich für den Ernstfall zu wappnen. Nachdem Moltke vergeblich auf die Einwilligung des Reichskanzlers zur Erklärung des Kriegsgefahrenzustands gedrungen hatte,[77] verlangte der Generalstabschef am Morgen des 30. 7. von Österreich-Ungarn (über den Militärattaché in Berlin) die sofortige Mobilmachung gegen Rußland. Das war notwendig, weil Moltke im Frühjahr 1913 – nach den Stabsgesprächen mit Conrad – die Aufmarschpläne für die 'Ostfront' eingestellt hatte; nur 13 Divisionen der 8. deutschen Armee waren für die Narew-Front vorgesehen. Die 'Ernstfall'-Planung kannte nur die Option,[78] den 'Fahrplan' des modifizierten Schlieffenplans genauestens einzuhalten; dies schloß ein, daß Wien die Aufgabe erfüllte, den russischen Aufmarsch zur Entlastung des französischen Verbündeten aufzufangen und zu 'beschäftigen', so daß die deutsche Streitmacht sich auf den Entscheidungsschlag an der Westfront konzentrieren könne. Moltke tröstete den Verbündeten mit der Aussicht, daß die russische Mobilmachung nur langsam voranschreiten würde, so daß die deutschen Waffen im Westen die Entscheidung herbeiführten, bevor die 'russischen Massen' an der Ostfront anrücken könnten. Ohne an diese These selbst zu glauben, verlangte die deutsche Planung, daß Österreich-Ungarn die vereinbarten Truppenkontingente gegen Rußland aufböte. Moltkes Einwirken auf den Verbündeten konterkarierte die Bemühungen des Reichskanzlers, die „Halt vor Belgrad"-Formel als Plattform für eine politisch-diplomatische Lösung zu nutzen,[79] und zwar gerade auch als Antwort auf englische Vorstöße in der gleichen Richtung. Die britische Regierung, aber – vorübergehend – auch Sasonow[80] signalisierten die Bereitschaft, jener Formel eine Chance zu geben. Gelang es, die Mobilmachung in Wien und Österreich-Ungarn zu verlängern und durch Viermächte-Vermittlung (Frankreich/England – Deutschland/Italien) zu flankieren (30./31. 7. 1914), dann schien zumindest die Aussicht auf eine Lokalisierung des Konflikts gegeben.

Kaiser Wilhelm II. forderte am 31. 7. – im Sinne Moltkes – den Habsburgermonarchen auf, seine Hauptstreitmacht gegen Rußland zu mobilisieren, statt die Ressourcen durch eine gleichzeitige Offensive gegen Serbien – wie es Conrad am 31. 7. angeordnet hatte[81] – zu zersplittern. Am Abend des gleichen Tages (31. 7.) offerierte Wilhelm II. der britischen Regierung, daß seine Regierung in Wien zur Zurückhaltung mahnen werde, falls London sich gegenüber dem Zarenregime um einen Aufschub der Generalmobilmachung bemühe. Der britische Monarch richtete – am 1. August 1914 (1.30 h in der Frühe) – zwar einen entsprechenden Appell an den Zaren, doch hatten andere Ereignisse längst dafür gesorgt, daß ein solcher Schritt wirkungslos blieb.

X

Diese Entwicklungslinien wollen wir abschließend nachzeichnen. In Petersburg wurde (vor allem in der Duma) Stimmung gemacht, daß das Zarenregime nie wieder vor einem deutschen Ultimatum zurückschrecken dürfe, andernfalls drohe dem Zaren der Verlust des Thrones.[82] Frankreich und Rußland zeigten sich entschlossen – und dies war bei Poincarés Staatsbesuch festgeklopft worden –, die serbische Frage als Stärketest zwischen der Triple-Entente und dem Dreibund zu handhaben.[83] In diesem Sinne wurden sie in London vorstellig, an gemeinsamen Schritten in Wien und gegenüber Berlin mitzuwirken.[84] Falls Österreich-Ungarn gegen Serbien marschiere, wäre der Kriegsausbruch in Europa unvermeidlich, ließ Paris den britischen Partner wiederholt wissen und klagte die Bündnis-Militärhilfe ein. Die Schritte kontrastierten mit Greys Vorhaben, die Angelegenheit auf die Ebene Rußland – Österreich-Ungarn zu verlagern. Für Großbritannien spitzte sich alles auf die Frage zu, ob eine neue Situation eingetreten sei – ein Konflikt zwischen Rußland und Deutschland –, und zu entscheiden, ob nur noch die von seinen 'Beamten' und den Botschaftern vorgestellte Alternative bestehe "to choose between giving Russia active support or renouncing her friendship".[85] Die Mehrheit im Kabinett Asquith hingegen vertrat immer noch die Linie "to maintain an equivocal position, because if both sides do not know what we shall do, both will be less willing to run risks".[86]

Diese zu 'Neutralität' einladenden Tendenzen hielt Grey für ein falsches Signal; eine 'private warning' sollte Berlin vor Fehlspekulationen bewahren (29. 7.). Bethmann Hollweg erhielt die Warnung jedoch erst, nachdem er sein Neutralitätsangebot schon übermittelt hatte. Nach der Rückkehr vom Kronrat am 29. 7.,[87] auf dem Wilhelm II. Greys Warnungen in den Wind geschlagen hatte und Prinz Heinrich von Neutralitätszusagen Georgs V. berichtete, unterbreitete Bethmann Hollweg das Angebot auf denkbar ungeschickte Weise. Denn für das Heraushalten aus den Kampfhandlungen versprach die Reichsleitung lediglich, daß Deutschland im Siegesfall keine Gebietsansprüche auf Kosten Frankreichs (nicht aber des Kolonialreichs) erheben und Belgiens Integrität beim Friedensschluß wiederherstellen werde. Der Struktur nach ähnelte das Angebot dem Rezept, das Tisza in den Entscheidungsprozeß der Doppelmonarchie eingebracht hatte, nämlich die anderen Großmächte mit der Zusage, keine Annexionsabsichten zu verfolgen, von einer Intervention abzuhalten. Das deutsche Angebot hatte aber nicht nur eine fatale Ähnlichkeit mit den Usancen, wie sie 'Großmächte' gegen 'Kleinstaaten' praktizierten, sondern der Vorstoß traf auf einen Außenminister, der sich anschickte, mit dem Rücktritt zu drohen, falls das Kabinett sich weigerte, über die Konsequenzen zu befinden, die aufgrund der 'moral bonds' gegenüber Frankreich eigentlich keiner Diskussion mehr bedürften.

Sobald Bethmann Hollweg das Neutralitätsangebot als Fehler erkannte und befürchten mußte, daß Grey den französischen Verbündeten über die Angelegenheit informieren würde, beeilte er sich, auf Wien Einfluß zu nehmen, um Raum für die von Großbritannien gewünschte Vermittlungsaktion zu schaffen. Die britische Regierung sollte überzeugt werden, daß Berlin die Weichen nicht in Richtung Krieg stellen wollte, allerdings auch nicht umhin könne, entsprechend den Mobilmachungsaktionen der anderen, insbesondere Rußlands, die Vorbereitung auf den Kriegsfall zu beschleunigen. Dem Reichskanzler ging es darum zu verhindern, daß der Kriegsausbruch unter Bedingungen erfolgte, die Deutschland mit der Kriegsschuld belasteten. Die Militärs bestanden darauf (29.7. abends), daß unbeschadet der von Bethmann Hollweg beabsichtigten diplomatischen Bemühungen an der Seite Großbritanniens nunmehr die französische und die russische Regierung aufgefordert wurden, von weiteren militärischen Vorkehrungen Abstand zu nehmen.[88]

Das entbehrte nicht der Berechtigung. Denn dadurch, daß die französische Militärstrategie, die ja in Kenntnis der Schlieffenplan-Strategie konzipiert war, den russischen Verbündeten verpflichten konnte, den Zeitraum zu verkürzen, innerhalb dessen russische Armeen gegen das Reich in Marsch gesetzt werden konnten (ab 15. Tag nach Mobilmachung), erhöhte sich für das Deutsche Reich die Gefahr des Zweifrontenkriegs.[89] Diese ließ sich nur mindern, so der deutsche Generalstab, je rigoroser der Terminplan eingehalten wurde, den die deutsche Westoffensive vorsah. Die britische Politik hatte, sobald Frankreich und Rußland den Bündnismechanismus auslösten – und damit ihr politisches Einvernehmen, nie wieder vor deutscher Drohpolitik zurückzuschrecken, in die Tat umsetzten –, überhaupt nicht mehr die Möglichkeit, Zeit herauszuholen und Vermittlungsaktionen zwischen den 'Blöcken' auf den Weg zu bringen.[90]

Als Rußlands Generalmobilmachung am 31.7. in Berlin bekannt wurde, bestand Moltke auf der Ausrufung des Kriegsgefahrenzustands, auf einem Ultimatum an Petersburg, binnen 12 Stunden die Militärmaßnahmen gegen Österreich-Ungarn und das Reich einzustellen und den Krieg zu erklären, falls Rußland dem nicht willfahre. Dazu kam es am 1. August 1914, um 18 Uhr. Parallel dazu hatte Moltke das Ultimatum an Belgien und den Aufmarsch gegen Frankreich betrieben. Die Kriegsentscheidung, die die 'Militärs' auf deutscher Seite durchsetzten, ließ auf englischer Seite – so die Sicht der Verbündeten, insbesondere Frankreichs, und die der konservativen Opposition – auf sich warten.

Es gelang Außenminister Grey nicht, im Kabinett eine Beschlußfassung darüber herbeizuführen, daß Großbritannien den Bruch der Neutralität Belgiens als Kriegsgrund behandeln werde; vielmehr sollten Deutschland und Frankreich (31.7) aufgefordert werden, die Neutralität Belgiens zu respektieren. Der These Greys eingedenk, daß "naval strength" den britischen Bündniswert verbürge, willigte das Kabinett nur ein (31.7.), Frankreich entsprechend den Abmachungen vom November 1912 den Schutz der Ärmelkanal-/Nordküsten zuzusagen (2.8.1914). Diese Zusage erfolgte ausdrücklich in Verbindung mit dem Hintergedanken, dadurch einem "continental commitment" einen Riegel vorzuschieben.[91] Obwohl der britischen Regierung bekannt war, daß der französische Partner nicht die Ansicht teilte, daß die Royal Navy Frankreich vor den deutschen Armeen retten könne – denn dafür waren gleichfalls nach britischer Auffassung die russischen Truppen 'zuständig' –, suchte sie sich hinter dieser „Zwischen"lösung zu verschanzen. Die auf 4 Divisionen begrenzte "British Expeditionary Force" (BEF) sollte überdies nur zur Hälfte auf den Kriegseinsatz vorbereitet werden; Asquith und Grey wollten zwei Divisionen wegen der Befürchtungen zurückhalten, daß die "domestic unrests" wiederaufleben könnten. Selbst der Hinweis, daß Großbritannien dem französischen Partner einen Loyalitätsbeweis schuldig sei, nutzte Grey nichts bei seinem Vorstoß, die Zustimmung des Kabinetts für eine

Erklärung im Parlament zu erhalten, daß Großbritannien die BEF nach Frankreich entsenden werde, falls das Deutsche Reich in den Krieg ziehe. Die Entscheidung darüber, ob die BEF gemäß den Vorabsprachen der 'Militärs' den linken Flügel der 5. französischen Armee im Gebiet um Maubeuge entlasten solle, fiel erst am 5./6. 8., also nach der Kriegserklärung gegen Deutschland.

Das britische Kabinett versuchte bis zuletzt, die Krise unter einem 'Primat des Politischen' zu behandeln. Das unterscheidet die britische Position von den Entscheidungsprozessen, die in den anderen Hauptstädten die 'Anpassung' der 'Politiker' an die von den Militärs vorgestellten Handlungsbedürfnisse sah. Durch ihre eigenen Prämissen hatte die britische Politik jedoch gleichfalls, wie wir gezeigt haben, die Ausrichtung an den 'Bündnismechanismen' begünstigt. Statt der vermeintlichen 'Lenkungs'funktion verfügte sie nur über die Option entsprechend Grundmuster II, wie sie dem Foreign Office, den Militärs um Wilson und letztlich auch Grey zusagte.

Zusammenfassung

In den Vorkriegsjahren hatten die politischen Führungen sich in Abhängigkeiten von den 'Militärs' begeben, und zwar auf doppelte Weise: (1) durch die Disposition, Konferenzlösungen einer Niederlage gleichzuachten („Algeciras"-Syndrom). Ließ sich mit „Diplomatie" allein nur wenig „Sicherheit" erringen, mußte man sich auf einsatzfähige Militärmacht verlassen, um Handlungsspielräume zu bewahren und auszubauen. (2) In der Julikrise speziell waren die Kontrahenten überzeugt, daß man dem Gegner keinen diplomatischen Erfolg zugestehen dürfe. Die Militärs schienen dazu auserkoren, anstelle der 'Politiker' den Auftrag zu erledigen, Sicherheit als Grundlage für die „Eigenbestimmung der Zukunft" zu schaffen. Die Regierungen hatten dafür insofern vorgesorgt, als sie den Militärs zu jenen Ressourcen verhalfen, die diese begehrten, um die als 'Erfolgsgarantie' ausgearbeiteten Offensivstrategien im Ernstfall durchzuführen. Die Militärs hatte man im Gegenzug nicht dazu angehalten, den politisch Verantwortlichen die Grundlagen ihrer Planung offenzulegen, d. h. die Notwendigkeit zu begründen, warum die Mobilmachung Offensivaktionen dienen müsse. Diese Notwendigkeit war darin begründet, daß nur das Versprechen, offensiv vorzugehen, die Moral des Verbündeten stärke und damit die Garantie biete, daß dieser Verbündete die zur Entlastung der eigenen Offensivstrategie erforderliche Konzentration der Streitkräfte ermögliche, d.h. tatsächlich rechtzeitig durch seinen Aufmarsch die Kräfte des 'Juniorpartners' der gegnerischen Hauptmacht binde. Die Gleichung: *Solidarität = Offensivstrategie = frühestmögliches Eingreifen der Bündnispartner ins Kriegsgeschehen* bedeutete, daß Politik/Diplomatie sich den (politischen) Zielsetzungen des militärischen Establishments unterordneten, statt die Operationsplanung der 'Militärs' auf die Bedürfnisse politisch-diplomatischer Krisenbewältigung zu verpflichten. Um zu verhüten, daß der Bündnispartner, auf den man sich angesichts der Gleichwertigkeit des deutschen und des französischen Streitkräftepotentials angewiesen glaubte, unzuverlässig/eigenwillig agiere oder gar ins Gegenlager überwechsle, legten Frankreich (erstmals im Oktober 1913) und das Deutsche Reich sich darauf fest, dem Alliierten Rückendeckung zu geben, und zwar politisch ebenso wie militärisch, und damit den Konflikt als Anliegen des Bündnisses zu handhaben. Die Perspektive, 'beim nächsten Mal' stehe eine Konfrontation zwischen den Bündnisblöcken an, beinhaltete, daß die Generalstäbe/Kriegsministerien die Bemühungen intensivierten, die Infrastruktur des Partners zu verbessern und die Aufmarschpläne so gut wie möglich aufeinander abzustimmen.

Das Wettrüsten hatte auf lange Zeit dem Zweck gedient, die eigene Position der Stärke auszubauen; es zielte weniger darauf ab, den Gegner in einen Krieg zu verwickeln. Je mehr aber (1) die Generalstäbe – in Berlin und in Wien ebenso wie in Petersburg und Paris – feststellten, daß sich das relative Kräfteverhältnis zwischen den Blöcken zugunsten Frankreichs/Rußlands verschob, und (2) die Politiker den Schulterschluß zwischen den Verbündeten betrieben – angespornt durch die Warnungen der Militärs, daß die Aufrüstung der Gegner die Sicherheit beider Partner des eigenen Bündnisses gefährde –, desto deutlicher tendierten die 'Blöcke' zu der Einstellung, es auf ein 'showdown' im nächsten Krisenfall ankommen zu lassen (so Rußland und Frankreich nach der Liman-von-Sanders-Krise). Das erste Indiz eines neuen, eskalationsträchtigen Elements war die Bereitschaft der deutschen und französischen Regierungen, die Bündnisfreudigkeit in Wien bzw. in Petersburg zu stärken und deshalb die Balkan-Interessen dieser Partner als integralen Bestandteil des Bündnisses anzuerkennen. Bislang hatten Berlin resp. Paris den Verbündeten eher gewarnt, daß man nicht 'lokaler', 'rein' Habsburger resp. russischer Interessen wegen den 'Bündnisfall' ins Auge fassen werde. Während die 'Politiker' sich nunmehr entschlossen zeigten, den Hauptverbündeten gegen Erpressung durch die Hauptmacht des Gegenblocks zu schützen und ihm gleichzeitig zur Durchsetzung seiner Forderungen gegenüber dem 'Juniorpartner' des Gegenblocks zu verhelfen, widersetzten sich die deutschen und die französischen Militärs solchen Bestrebungen, da dies eine Lokalisierung des Konflikts bedeuten, d. h. nur zu einer Teilmobilmachung führen könne. Statt dessen erinnerten sie den Verbündeten an die Verpflichtung, dem Deutschen Reich bzw. Frankreich die Konzentration auf die 'Entscheidung im Westen' zu ermöglichen, d. h. dort eine 'Lokalisierung' zuzulassen, indem man an der Ostfront die Kräfte des verbündeten Gegners 'band'. Verlagerte man die Rolle der Militärmacht vom 'bloßen' Wettrüsten hin zu 'Pflichterfüllung' als Verbündeter – mit dem Ziel, dauerhafte Garantien für die 'Sicherheit' zu erlangen –, dann ließ sich nicht vermeiden, daß die 'Militärs' in der Krise intervenierten und begehrten, den Bündnisfall festzustellen und ihre Offensivstrategie anzuwenden. Erwarte man von ihnen, jenen Durchbruch in der Frage der 'Sicherheitsbelange' zu erstreiten, den die Politiker/Diplomaten mit ihren Mitteln vergebens anstrebten, dann müßten sie – die Militärs – auch ihre Rezepte, d. h. die Offensivstrategie als Antwort auf die Zweifrontenkrieg-Situation, unbehelligt anwenden. Die Delegierung der Verantwortung in Sicherheitsbelangen an die Militärs war gleichbedeutend mit der Auslieferung an Amtsträger, deren Denken sich in Zwangsläufigkeiten eigener Art gefangen hatte. Das Kalkül, aber auch die inhärenten Denkfehler der 'Militärs', hat Farrar meisterhaft zusammengefaßt[92]:

> Immediate French surrender after defeat was a precondition for German success. By committing themselves to an immediate attack, the French committed the Russians to an eventual attack, i. e. to a protracted war against Germany. The French would therefore not be isolated and need not surrender even if defeated ...

Obwohl Frankreich und Rußland den Ententepartner Großbritannien ständig unter Druck setzten, rechtzeitig Partei zu ergreifen und damit der annähernden Gleichwertigkeit der militärischen Kampfkraft zwischen den Bündnissen die politische Übermacht der Triple-Entente hinzuzufügen, verschloß sich das liberale Kabinett dieser Versuchung, die 'Einkreisung' zu vollenden. Dennoch war die britische Politik nicht länger in dem Maße ungebunden, wie sie sich dies vorstellte. Auf militärischem Gebiet hatten die zuständigen Planer die British Expeditionary Force auf eine Aufgabe fixiert, die sich am französischen Aufmarschplan orientierte. Der Vorbehalt, daß solche Absprachen die britische Regierung nicht hinsichtlich ihrer Entscheidungshoheit binden könnten, besagt wenig, solange das Kabinett keine Alternative zu „Plan W" ausarbeiten ließ. Im Ernstfall konnte die Regierung zwar die Überführung der für ein "continental commitment" vorgesehenen Divisionen zeitlich strecken etc., aber nicht die Planung ändern. Die Schlüsselfiguren des Asquith-Kabinetts hatten sich – teils unter dem Druck der konservativen Opposition, teils unter dem der militärischen und diplomatischen Ratgeber als „Sprachrohren" für Bündnisinteressen – ebenfalls festgelegt: In der Überzeugung, daß Großbritannien niemals neutral bleiben dürfe, falls Deutschland gegen Frankreich Krieg führe – und zwar unbeschadet davon, daß Frankreich zuvor seine Bündnispflicht gegenüber Rußland anerkannte –, hatten sie die Ententen abgeschlossen und intensiviert. Die von ihnen parallel verfolgte Linie, "eastern conflicts" zu lokalisieren und zu diesem Zweck den Draht nach Berlin zu pflegen, um auf Österreich-Ungarn als einen der Kontrahenten in 'Balkankrisen' einzuwirken, stand und fiel mit dem Urteil, ob die dem "doves vs. hawks"-Parameter zugrundeliegenden Annahmen über die Zielkonflikte und die Kräfteverteilung in Berlin (noch) zutrafen. London hatte stets gute Gründe, solange wie möglich auf die Lokalisierung von Balkankrisen hinzuarbeiten. Da jedoch weder die British Expeditionary Force – als Verstärkung des linken Flügels der 5. französischen Armee – Deutschlands Militärs abschreckte, noch Frankreich britischen 'naval support' als ausreichende Rückversicherung gegen die Schlieffenplan-Strategie wertete, war die britische Politik im Ernstfall mit der Situation konfrontiert, daß Frankreich sich auf Rußland als Gegengewicht zu Deutschland verlassen mußte. Wollte London einen deutschen Triumph über Frankreich verhüten, mußte es für Frankreich/Rußland Partei ergreifen und von der Lokalisierungsstrategie Abstand nehmen.

Die Julikrise glich früheren Balkankrisen und nahm doch einen anderen Verlauf. Das auf Lokalisierung ausgerichtete Grundmuster I deutscher und britischer Verständigungsdiplomatie beeinflußte die 1. und 2. Phase der Krise; das aus der Sorge vor einer Abspaltung Rußlands aus der Entente resultierende Grundmuster II mündete in der 3. Phase in den Krieg zwischen den Blöcken. Die Ausführungen sollten die „Rationale" aufzeigen, die die Aktionen bestimmten, welche Grundmuster I ausmachen, die konträren Positionen beleuchten, die in den Militärstrategien vorherrschten, und schließlich hervorheben, wie die Zielkonflikte innerhalb der deutschen und der britischen Politik den Boden für die Dominanz des Grundmusters II in der Endphase der Julikrise bereiteten.

Anmerkungen

[1] Der Aufsatz hält sich im Aufbau und in der Diktion an den Text, der für den Vortrag in Oxford am 3. März 1989 ausgearbeitet wurde. Den Bezugspunkt der Ausführungen bildet mein Buch: Der europäische Imperialismus, München 1985 (Oldenbourg).

[2] Siehe hierzu meine Aufsätze: Innenpolitische Blockbildungen in Deutschland am Vorabend des Ersten Weltkrieges, in: Aus Politik und Zeitgeschichte, B 20/72; Parlamentarisierung oder 'Präventive Konterrevolution'? Die deutsche Innenpolitik im Spannungsfeld konservativer Sammlungsbewegungen und latenter Reformbestrebungen (1907–1914), in: G. A. Ritter (Hrsg.), Gesellschaft, Parlament und Regierung, Düsseldorf 1974, S. 249–278; Der deutsch-englische Gegensatz im Zeitalter des Imperialismus, in: H. Köhler (Hrsg.), Deutschland und der Westen, Berlin 1984, S. 59–81; in diesem Beitrag lege ich die unterschiedlichen Konfliktkonstellationen im europäischen Staaten- und Weltwirtschaftssystem dar.

[3] V. R. Berghahn, Rüstung und Machtpolitik, Düsseldorf 1973.

[4] "Ministers also had to take account of the City's strong opposition to war. Even more important, the financial chaos in late July was such that even Grey was thinking that Great Britain might have to stay out as the only means of preventing complete collapse of European credit." M. Eckstein/Z. Steiner, The Sarajevo Crisis, in: F. H. Hinsley (Hrsg.), British Foreign Policy under Sir Edward Grey, Cambridge 1977, S. 406.

[5] A. J. Mayer, The Persistence of the Old Regime, London 1981; W. J. Mommsen, Europäischer Finanzimperialismus vor 1914, in: HZ 224 (1977), S. 17–81.

[6] K. M. Wilson, Imperial Interests in the British Decision for War, 1914, in: Ders., Empire and Continent. Studies in British Foreign Policy from the 1880s to the First World War, London–New York 1987, S. 155.

[7] In britischer Sicht bildeten nicht länger Tirpitz' Risikoflotte (wegen der Konzentration der Seestreitkräfte und des Flottenabkommens mit Frankreich) oder die weltpolitischen Ambitionen („Deutsches Indien in Afrika") die sog. "German Threat"; vielmehr sorgte man sich, daß Deutschland durch weitere Erfolge der 'Drohpolitik' Rußland, ggf. auch Frankreich, veranlassen könne, sich mit dem Reich zu akkommodieren.

[8] M. G. Eksteins, The Triple Entente on the Eve of the Sarajevo Crisis, in: Hinsley (Anm. 4), S. 346 f.

[9] L. Albertini, The Origins of the War of 1914, Bd. I, London 1965, S. 548; L. C. F. Turner, The Russian Mobilization in 1914, in: JCH, Bd. III (1968), S. 69; D. W. Spring, Russia and the Coming of War, in: R. J. W. Evans/M. Pogge von Strandmann (Hrsg.), The Coming of the First World War, Oxford 1988, S. 70, 64 ff.; V. R. Berghahn, Germany and the Approach of War in 1914, London 1973, S. 143 ff.

[10] R. J. Crampton, The Hollow Détente. Anglo-German Relations in the Balkans, 1911–1914, London 1971; Albertini (Anm. 9), S. 402–418; P. W. Reuter, Die Balkanpolitik des französischen Imperialismus 1911–1914, Frankfurt a. M.–New York 1979.

[11] R. Langhorne, The Collapse of the Concert of Europe. International Politics 1890–1914, London 1981, S. 106 ff.; Berghahn, Approach, S. 140 ff.; R. Girault, Diplomatie européenne et imperialismes. Histoire des relations internationales contemporaines, Bd. I: 1871–1914, Paris–New York 1979; ders., Emprunts et investissements français en Russie, Paris 1973; G. Krumeich, Aufrüstung und Innenpolitik in Frankreich vor dem Ersten Weltkrieg, Wiesbaden 1880; J. F. Keiger, France and the Origins of the First World War, London 1983.

[12] Spring (Anm. 9), S. 72: "... Paris did not want to be associated with another humiliating climb-down by Russia." Vgl. Berghahn, Approach, S. 143 ff.

[13] J. C. G. Röhl, An der Schwelle zum Weltkrieg: Eine Dokumentation über den 'Kriegsrat' vom 8. Dezember 1912, in: MGM 1 (1977), S. 125 und 93. Röhl hat seine Darlegung revidiert: Der militärpolitische Entscheidungsprozeß in Deutschland am Vorabend des 1. Weltkriegs, in: Röhl, Kaiser, Hof und Staat, München 1987, S. 175–202.

[14] Vgl. K. M. Wilson, The British Démarche of 3 and 4 December 1912: H. A. Gwynne's Note on Britain, Russia and the First Balkan War, in: Ders. (Anm. 6), S. 145.

[15] K. D. Erdmann, Kurt Riezler. Tagebücher, Aufsätze, Dokumente, Göttingen 1972; die Kontroverse um die Edition der Riezler-Tagebücher berührt nicht die hier herangezogenen Eintragungen; A. Hillgruber, Riezlers Theorie des kalkulierten Risikos und Bethmann Hollwegs politische Konzeption in der Julikrise, in: HZ 220 (1966), S. 331–351; K. Jarausch, The Illusion of Limited War: Chancellor Bethmann Hollweg's Calculated Risk, Juli 1914, in: CEA (1969), S. 48 ff.

[16] R. J. Crampton, The Balkan, 1909–1914, in: Hinsley (Anm. 4), S. 262.

[17] Bethmann Hollweg an Karl von Eisendecher, 20. Dezember 1912, in: Röhl (Anm. 13), S. 125.

[18] Außer Berghahn, Approach, S. 108 ff., 156 ff., siehe vor allem P. Ch. Witt, Die Finanzpolitik des Deutschen Reiches von 1903–1913, Lübeck–Hamburg 1970; B. F. Schulte, Europäischer Krieg und Erster Weltkrieg: Beiträge zur Militärpolitik des Kaiserreiches, 1871–1914, Frankfurt a. M. 1983; G. Ritter, Staatskunst und Kriegshandwerk, Bd. 2: 1890–1914, München 1960; W. J. Mommsen, Die latente Krise des Deutschen Reichs, 1909–1914, Frankfurt a. M. 1975.

[19] K. Jarausch, The Enigmatic Chancellor: Bethmann Hollweg and the Hubris of Imperial Germany, New Haven 1972; H. J. Henning, Deutschlands Verhältnis zu England in Bethmann Hollwegs Außenpolitik 1909–1014, Köln 1962; Berghahn, Approach, S. 169 ff.

[20] Z. A. B. Zeman, The Balkans and the Coming of War, in: Evans/Pogge (Anm. 9), S. 29; J. Remak, 1914: The Third Balkan War – Origins Reconsidered, in: JMH, Bd. 43 (1971), S. 353–366; H. Hantsch, Leopold Graf Berchtold, 2 Bde., Graz 1963; F. R. Bridge, From Sadowa to Sarajevo. The Foreign Policy of Austria-Hungary 1866-1914, London 1972.

[21] J. W. Evans, The Habsburg Monarchy and the Coming of War (Anm. 9), S. 36; S. R. Williamson, Vienna and July 1914: The Origins of the Great War Once More, in: P. Pastor/W. R. Williamson (Hrsg.), Essays on World War One, New York 1983.

[22] M. Howard, Europe on the Eve of the First World War (Anm. 9), S. 7.

[23] B. Bonwetsch, Rußland und der Separatfrieden im Ersten Weltkrieg, in: GG 1 (1977), S. 125–149; G. Schramm, Das Zarenreich: ein Beispielfall für Imperialismus. Folgerungen aus einem Buch von Dietrich Geyer, in: GG VII (1981), S. 297–310; D. Geyer, Der russische Imperialismus, Göttingen 1977, bes. S. 232 ff.; D. C. B. Lieven, Russia and the Origins of the First World War, London 1983. – Spring (Anm. 9), S. 57 f. sowie Pogge von Strandmann (ebd.) nehmen darauf Bezug, daß auf deutscher Seite wiederholt betont wurde, daß die Mittelmächte den russischen Landmassen nichts entgegenzusetzen hätten, Rußland aber diese 'Ressource' nur sehr langsam mobilisieren könne; daraus folgern sie, daß die

russische Regierung ihre Militärmacht nicht leichtfertig ins Spiel bringen würde; Rußland könne daher nicht als kriegstreibende Macht in der Julikrise ausgegeben werden. Sollte mit solchen Argumenten die Mitverantwortung des Zarenregimes für den Kriegsausbruch in Abrede gestellt werden, so ist dem entgegenzuhalten, daß Sasonov und die Militärspitzen (Yanushkevic, Sukhomlinov, u. a.) in den entscheidenden Sitzungen untereinander und auf den Audienzen beim Zaren verlangten, (1) Rußland müsse durch entschiedenes Auftreten die Mittelmächte zum Rückzug bewegen, (2) Frankreich und England demonstrieren, daß Rußland nicht nachgeben und Serbien opfern wolle.

24 Auf eine entsprechende Anfrage Poincarés trug der französische Generalstab diese Lageeinschätzung im September 1912 vor; S. R. Williamson, The Politics of Grand Strategy: Britain and France Prepare for War, 1909–1914, Cambridge/Mass. 1969; ders., Joffre Reshapes French Strategy, 1911–1913, in: P. M. Kennedy (Hrsg.), The War Plans of the Great Powers, 1880–1914, London 1971, S. 133 ff.; L. C. F. Turner, The Russian Mobilization in 1914, ebd., besonders S. 256.

25 N. Stone, Moltke and Conrad: Relations between the Austro-Hungarian and German General Staffs, 1909–1914, in: Kennedy (Anm. 24), S. 233 ff.; F. Fischer, Krieg der Illusionen, Düsseldorf 1969, S. 581 ff.; G. Ritter, Der Schlieffen-Plan, München 1956, S. 178 ff.

26 Turner (Anm. 24); ders., The Role of the General Staffs in July 1914, in: Australian Journal of Politics and History XI (1965), S. 305–323; ders., Origins of the First World War, London 1970; s. auch die in Anm. 24 genannten Studien.

27 Das Zeugnis – zuerst veröffentlicht in: Internationale Beziehungen, Serie I, Bd. V, Nr. 180 – ist wieder abgedruckt in: I. Geiss (Hrsg.), Julikrise und Kriegsausbruch, 2 Bde., Hannover 1963/64 (Fischer-Tb., S. 216 ff.); ferner Turner, The Russian Mobilization in 1914, in: JCH III (1968), S. 82 ff.

28 Turner (Anm. 27), S. 76 f., sucht nachzuweisen, daß Rußland und Frankreich im Vertrauen auf die Wirksamkeit ihrer Absprachen und auf die Verbesserung ihrer Militärmacht "viewed with equanimity the outbreak of a general European war".

29 Z. Steiner, Foreign Office Views, Germany and the Great War, in: R. J. Bullen et al. (Hrsg.), Ideas into Politics (Joll-Festschrift), London–Syndey 1984, S. 40; K. M. Wilson, British Power in the European Balance, 1906–1914, in: D. N. Dilks (Hrsg.), Retreat from Power, Bd. I: 1906–1939, London 1981, S. 37; Z. Steiner, Britain and the Origins of the First World War, London 1977, S. 43; Lord Grey, Twenty-Five Years, Bd. 2, London 1925, S. 15 ff.

30 Riezler-Tagebücher, 7. Juli 1914. – Zu den 'Gerüchten' über eine Annäherung Österreich-Ungarns an Frankreich sowie den Spannungen zwi-

schen der deutschen und österreichisch-ungarischen Balkanpolitik: F. Fischer, Krieg der Illusionen; D. Löding, Deutschlands und Österreich-Ungarns Balkanpolitik von 1912–1914 unter besonderer Berücksichtigung ihrer Wirtschaftsinteressen, Hamburg 1969.

[31] Pourtalès an Bethmann Hollweg, 21. 7. 1914; Botschafter Szápáry an Berchtold, 24. 7. 1914, ebd.; Pourtalès an Jagow, 25. 7. 1914; in: Geiss (Anm. 27), I, S. 266 ff., 334 f., 351 ff.

[32] Berghahn, Approach, S. 188 ff.; s. die Zeugnisse in: Geiss (Anm. 27), Kap. 1, S. 60 ff., 71 ff.; E. Zechlin, Krieg und Kriegsrisiko: Zur deutschen Politik im Ersten Weltkrieg, Düsseldorf 1979.

[33] Bertie an Grey, 27. Juni 1914; Grey, 16. Juli 1914, zitiert in: Steiner (Anm. 29, Origins), S. 122 ff.

[34] K. Robbins, Grey, London 1971, S. 287.

[35] Steiner (Anm. 29, FO Views), S. 39; M. G. Eksteins, in: Hinsley (Anm. 4), S. 346/47.

[36] M. Brock, Britain enters the war, in: Evans/Pogge (Anm. 9), S. 147, 151 ff., 159.

[37] Eksteins (Anm. 4), S. 345 f.; Steiner (Anm. 29, Origins), S. 220 ff.

[38] Grey an H. Rumbold, 9. Juli 1914, in: BD, Der Ausbruch des Krieges I, Nr. 41.

[39] Riezler-Tagebücher, 7. Juli 1914; s. dazu auch K. Jarausch, Statesmen versus Structures: Germany's Role in the Outbreak of World War One re-examined, in: Laurentian University Review V (1973), S. 139.

[40] Riezler-Tagebücher, 8. Juli 1914, Erdmann, S. 184.

[41] Zimmermann, 9. Juli 1914, in: V. R. Berghahn/W. Deist, Kaiserliche Marine und Kriegsausbruch 1914, in: MGM 1970, S. 48.

[42] F. Fischer, Krieg der Illusionen, S. 567 (Moltke–Jagow).

[43] Riezler-Tagebücher, 17. Juli 1914; vgl. Berghahn, Approach, S. 198 ff.; Jarausch (Anm. 39), S. 145 ff.

[44] Brock (Anm. 36) und Jarausch (Anm. 39) deuten die sich entsprechenden britischen und deutschen Lageeinschätzungen.

[45] Evans (Anm. 9), S. 34 ff.

[46] Zusammenfassend: Berghahn, Approach, S. 188 ff.; A. Hillgruber (Anm. 15); E. Zechlin, Probleme des Kriegskalküls und der Kriegsbeendigung im 1. Weltkrieg, in: GWU 1969, S. 69–83.

[47] Berghahn, Approach, S. 188 ff.

[48] Riezler-Tagebücher, 11. Juli 1914: „Ein schnelles fait accompli, und dann freundlich gegen die Entente, dann kann der Choc ausgehalten werden" (Erdmann, S. 185); zum Vergleich mit Preußens Politik 1866 s. Albertini (Anm. 9), II, S. 154.

[49] Moltke an Bethmann Hollweg, 29. Juli 1914 (in: Geiss, II, S. 261 ff.); Franz Freiherr Conrad von Hoetzendorff, Aus meiner Dienstzeit 1906–1918, Bd. 4, S. 152; Albertini (Anm. 9), Bd. 3, S. 8 ff.; siehe die

Studien von Stone und Turner (Anm. 25/26); G. Ritter, Staatskunst, Bd. 2, S. 320. Conrad entschied am 31. 7. 1914, gegenüber Rußland in Galizien in der Defensive zu bleiben.

[50] Eine Teilmobilmachung Rußlands entlang der Grenze zur Donaumonarchie zwang Österreich-Ungarn zur Generalmobilmachung; dies wiederum bedeutete für das Deutsche Reich den Bündnisfall. Bei einer Teilmobilmachung Rußlands wäre der Distrikt Warschau nicht betroffen, teils, um das Deutsche Reich nicht direkt zu provozieren.

[51] Nicolson an Goschen, 15. April 1912, in: BD VI, Nr. 575; siehe ferner K. M. Wilson (Anm. 6), S. 150 f.; Buchanan an Nicolson, 16. April 1914, BD X/2, Nr. 538. „Rußland wird rasch so mächtig, daß wir uns seine Freundschaft fast um jeden Preis erhalten müssen."

[52] Berghahn/Deist (Anm. 41), S. 48 f.

[53] Ballin informierte Grey und Haldane (23. 7. 1914) über die Situation in Berlin; zur "doves vs. hawks"-Deutungsfigur s. die 'Beispiele' in Steiner (Anm. 29, Origins), S. 220 ff.; Brock (Anm. 36).

[55] Berghahn, Approach, S. 202 f.

[56] Moltke übersandte das Konzept am 26. 7. dem Auswärtigen Amt; der Erlaß – Jagow an Below – ging am 29. 7. 1914 ab; s. Geiss (Anm. 27), II, S. 45 f.; vgl. Albertini (Anm. 9), II, S. 488 ff. Während Falkenhayn den Kriegsgefahrenzustand ausrufen lassen wollte, waren Moltke und Bethmann Hollweg zurückhaltend, s. J. Joll, The Origins of the First World War, London 1984, S. 20.

[57] Brock (Anm. 36), S. 147 ff.; C. Hazlehurst, Politicians at war, London 1971.

[58] Brock, S. 150 f., S. 153 ff.

[59] G. Ritter, Staatskunst, Bd. 2, S. 266 ff.

[60] In der britischen Regierung unterschied man, ohne die deutschen Absichten genauer zu kennen (über den Schlieffenplan hatte der französische Geheimdienst den britischen Partner informiert), zwischen einem Durchmarsch durch Belgien, um den Gegner Frankreich zu treffen, und der Inbesitznahme von Schlüsselstellungen.

[61] L. C. F. Turner, The Schlieffen Plan, in: Kennedy (Anm. 24), S. 213; W. Sp. Churchill, The World Crisis: The Eastern Front, London 1931, S. 93.

[62] Bethmann Hollweg erfuhr bei den Gesprächen mit Moltke und Kaiser Wilhelm II. am 21./22. Dezember 1912 die Grundzüge der Offensivstrategie. Über die Gründe, warum man Hollands Neutralität respektieren müsse, aber im Fall Belgiens die Durchmarsch-Aspekte dominieren müßten, wurde auch im Zusammenhang mit den Problemen der wirtschaftlichen Mobilmachung in der Reichsregierung gestritten; s. L. Burchardt, Friedenswirtschaft und Kriegsvorsorge. Deutschlands wirtschaftliche Rüstungsbestrebungen vor 1914, Boppard am Rhein 1968.

[63] Grey-Memorandum, 28. 4. 1908, siehe Wilson (Anm. 6), S. 163. Zur

britischen Militärplanung siehe – neben Williamson (Anm. 24) – D. French, British Economic and Strategic Planning 1905–1915, London 1982; J. Gooch, Plans for War, London 1974; N. D'Ombrain, War Machinery and High Policy, Oxford 1973; K. M. Wilson, The Policy of the Entente, London 1985.

64 Brock (Anm. 36), S. 147 ff.

65 Tagesaufzeichnung des russischen Außenministeriums, 24. 7. 1914; Buchanan an Grey, 24. 7. 1914; Vortragsaufzeichnung Sasonovs für Nikolaus II., 25. 7. 1914, in: Geiss, I, S. 356–359, 419 f.

66 Turner (Anm. 27), S. 87; Stone (Anm. 25), S. 223 ff.; ders., Die Mobilmachung der österreichisch-ungarischen Armee 1914, in: MGM XVI (1974), S. 67 ff. Conrad ordnete am 25. 7. die Teilmobilmachung gegen Serbien an und revidierte dies am 5. August.

67 Vor dem Hintergrund, daß einerseits Berlin seinen Verbündeten zu schnellen Anfangserfolgen drängte („Halt vor Belgrad") – als 'neue' Variante der Lokalisierungsstrategie – und umgekehrt Rußland auf Konfliktkurs gegen die 'Mittelmächte' zusteuerte, erklärte Bethmann Hollweg dem Kaiser am 27. 7. seine Strategie (DD, Nr. 245; ferner 28. 7., ebd., Nr. 323); W. Görlitz (Anm. 54), S. 7. Über Lichnowsky trat Bethmann Hollweg am 27. 7. an Grey heran (DD, Nr. 248). Zur innenpolitischen Aktivität: D. Groh, Negative Integration und revolutionärer Attentismus. Die deutsche Sozialdemokratie am Vorabend des Ersten Weltkriegs, Frankfurt a. M. 1973; D. E. Kaiser, Germany and the Origins of the First World War, in: JMH, Bd. 55 (1983), S. 444 ff., vertritt wie Groh die 'Flucht nach vorn'-These.

68 Berghahn, Approach, S. 202 ff. – Bethmann Hollweg an Lichnowsky, 26. 7. 1914, und gegenüber Kaiser Wilhelm II., 26. 7. 1914, in: Geiss, II, Nr. 412, 414. – Zur britischen Haltung: BD 11, Nr. 67, 79, 86.

69 Joffre über Militärattaché Ignatieff, 28. 7. 1914 (Internationale Beziehungen, Serie I, Bd. 5, Nr. 180); Turner (Anm. 9), S. 82 ff.; Moltke machte sich an die Ausarbeitung des Ultimatums an Belgien und wurde gegenüber Conrad vorstellig – s. u.

70 Grey-Aufzeichnung über Gespräch mit Lichnowsky, 26. 7. 1914, BD XI, Nr. 103 und 146; Bethmann Hollweg an Lichnowsky, 26. 7. 1914 (in: Geiss, Nr. 414); zu Lichnowskys Bericht über das Gespräch mit Grey am 27. 7. s. K. M. Wilson (Anm. 6), S. 162; ferner Jarausch (Anm. 39), S. 144 f.

71 Bethmann Hollweg an Lichnowsky, 27. 7. 1914 (DD, Nr. 248); Grey gegenüber Botschafter Cambon, 3. Dezember 1912, in: DDF, 3. Serie, IV, Nr. 615.

72 Steiner (Anm. 29, Origins), S. 223; Brock (Anm. 16), S. 158 ff.

73 M. G. Ekstein/Z. S. Steiner (Anm. 4), S. 409 f.; Steiner (Anm. 29, Origins), S. 221 ff.

[74] Bethmann Hollweg an Botschafter Tschirschky (Wien), 28.7.1914 (DD, Nr.323); Wilhelm II. an Jagow, 28.7.1914 (DD, Nr.293).

[75] Buchanan an Grey, 26.7.1914, BD XI, Nr.125; vgl. K.M.Wilson (Anm.6), S.159ff., 143ff.; Steiner, S.223.

[76] Die Einberufung der Reservistenklassen deutete auf eine Generalmobilmachung hin; die Teilmobilmachung am 25.7. war die Reaktion auf den entsprechenden Schritt Österreich-Ungarns. Der Zar widerrief am 29.7. den Befehl zur Generalmobilmachung, doch auf Intervention Sasonovs (die in Abstimmung mit dem Generalstabschef, dem Kriegsminister und dem Generalquartiermeister erfolgte) revidierte der Zar diese Zurücknahme; siehe die Dokumente Nr.224 und 284 in: Internationale Beziehungen, Bd.5; vgl. Spring (Anm.9), S.73ff.

[77] Siehe die Zeugnisse in: Geiss (Anm.27), II, Nr.801 und S.355; G.Ritter (Anm.18), II, S.318ff.

[78] Moltke hatte den Anteil der Truppenstärken, die im Westen bzw. an der 'Ostfront' zu Kriegsbeginn aufmarschieren sollten, dahin verschoben, daß statt $2/3$ nunmehr $8/9$ der Heeresmacht nach 'Westen' aufgeboten werden sollten.

[79] Bethmann Hollweg an Tschirschky, 28.Juli 1914 (DD, Nr.323); Wilhelm II. an Jagow, 28.Juli 1914 (DD, Nr.293); Jarausch (Anm.39), S.148ff.

[80] Botschafter Pourtalès an Jagow, 27.Juli 1914 (DD, Nr.282) und 30.Juli 1914 (DD, Nr.401). Die Reichsregierung hatte Österreich-Ungarn gedrängt, eine Erklärung abzugeben, daß Serbiens Integrität gewährleistet bleibe.

[81] Moltke an Bethmann Hollweg, 29.7.1914 (DD, Nr.349); Conrad von Hötzendorf (Anm.40), Bd.IV, S.152; Albertini (Anm.9), Bd.III, S.8ff.; G.Ritter (Anm.18), S.320ff.; Turner (Anm.9), S.88; Stone (Anm.25), S.223ff.

[82] Vgl. Anm.23, insbesondere die Arbeiten Bonwetschs und Schramms.

[83] Lichnowsky an Außenminister Jagow über Gespräch mit Grey, 27.Juli 1914 (DD, Nr.265).

[84] BD XI, Nr.67, 79, 86; Ekstein/Steiner (Anm.4), S.404ff.

[85] Buchanan an Grey, 26.7.1914, BD XI, Nr.125, S.94.

[86] Eksteins/Steiner, S.401ff.

[87] Berghahn, Approach, S.206ff.; G.Ritter (Anm.18), S.318ff.

[88] Bethmann Hollweg an die deutschen Botschafter Schoen (Paris) und Pourtalès (Petersburg), 31.7.1914 (DD, Nr.490/491). Vgl. Anm.81; R.Langhorne (Anm.11), S.118f. Berlin und Wien zeigten sich bemüht, den Eindruck wettzumachen, den ihre vorherige Zurückweisung der Verhandlungslösungen hervorgerufen hatte; Bethmann Hollweg an Tschirschky, 30.7.1914 (DD, Nr.368, S.395ff.); Lichnowsky an Jagow, 29.Juli 1914.

[89] Vgl. Spring (Anm. 9), S. 73.

[90] Außer Steiner (Anm. 29, Origins), S. 229 f., siehe besonders die klugen Ausführungen K. M. Wilsons, To the western front: British war plans and the 'military entente' with France before the first world war, in: British Journal of International Studies III (1977), S. 151–168; sowie Brock (Anm. 36), S. 158 ff.

[91] Steiner, S. 229 ff.; s. auch Anm. 24 und 89.

[92] L. L. Farrar, The Short-War Illusion. The Syndrome of German Strategy, August – December 1914, in: MGM XII (1972), S. 45.

DER HISTORISCHE ORT DES ERSTEN WELTKRIEGS: EINE URKATASTROPHE*

Von Andreas Hillgruber

Den historischen Ort einer weltgeschichtlichen Zäsur, eines die Weltpolitik fundamental verändernden Geschehens, wie es der Weltkrieg 1914/18 war, zu bestimmen ist von verschiedenen wissenschaftlichen Positionen aus möglich. In der Überzeugung, daß trotz aller prozeßhaften Verläufe und Entwicklungen im ökonomischen und sozialen Bereich die politische Geschichte im großen doch eine Abfolge von Entscheidungen ist, daß in jeder geschichtlichen Situation Alternativen, verschiedene Optionen enthalten sind, im Bewußtsein also der Offenheit der Geschichte nach vorn, in die Zukunft, sollen hier zunächst aus der Rückschau vom Kriegsende, von 1918 aus, eine Zwischenbilanz aus den Erfahrungen dieser bis dahin größten Kriegskatastrophe der Weltgeschichte gezogen und die sich von daher anbietenden Alternativen benannt werden. Dabei wird versucht, die schon in der Vorkriegszeit angelegten, im Kriege dann zum Tragen gekommenen sowie die jetzt sichtbar gewordenen Tendenzen zu sozialen Veränderungen und die neu in Erscheinung tretenden politischen Kräfte soweit wie möglich zu erfassen, ehe in Kenntnis des Folgenden: der großen Entscheidungen – unter Absage an gegebene Alternativen und mögliche Optionen –, der Weg Europas und der Welt in die zweite, noch weitaus größere Kriegskatastrophe und danach in die Epoche der Drohung eines dritten Weltkrieges in wenigen Strichen skizziert und eine behutsame Ortsbestimmung des Weltkrieges 1914/18 innerhalb der Geschichte des 20. Jahrhunderts gewagt werden.

In diesem Rahmen erscheint ein Rückblick bis in den Ausgang des 18. Jahrhunderts sinnvoll; denn der Krieg 1914/18 stellte den Endpunkt einer über hundert Jahre umspannenden Entwicklung des europäischen Staatensystems seit der Großen Französischen Revolution und der Herrschaft Napoleons I. über den größten

Teil des europäischen Kontinents dar. Die Neuordnung auf dem Wiener Kongreß 1814/15 war getragen gewesen vom Bewußtsein aller Staatsmänner, daß trotz des schließlichen Triumphs über Napoleons «Grand Empire» und trotz der – wie es in vordergründiger Betrachtung scheinen mochte – zumindest weitgehenden Restauration des Ancien Régime (im wesentlichen, nicht in den Details) der geistig-politische und gesellschaftliche Siegeszug der Großen Französischen Revolution in Europa während des vorausgegangenen Vierteljahrhunderts dem bis dahin ungebrochenen Selbstverständnis einer ständisch gegliederten, auf die Transzendenz bezogenen Ordnung, in dem die Eliten im vorrevolutionären Alteuropa gelebt hatten, ein unwiderrufliches Ende bereitet hatte. Gegen die aus der Französischen Revolution und der Napoleonischen Epoche – in der Sicht der Eliten, die in den meisten Ländern ihre Führungspositionen behauptet oder sie zurückgewonnen hatten – nachwirkenden Gefahren wie gegen die von den – in der Zeit der Befreiungskriege – als Hilfskräfte in Anspruch genommenen liberalen und nationalen Bewegungen ausgehenden Bedrohungen der durch den Wiener Kongreß konstruierten oder rekonstruierten Ordnung rückte der Gedanke der Solidarität der großen Mächte ins Zentrum der internationalen Politik. Fundament des neuen „Konzerts der Mächte" war eine im Interesse aller wie jeder einzelnen Macht liegende gesamteuropäische Verantwortung gegenüber der sozial- und nationalrevolutionären Gefährdung. Das geforderte solidarische Handeln sollte der aus der Epoche des Spätabsolutismus überkommenen staatsegoistischen Machtpolitik zunächst recht enge, allmählich – mit zunehmender Entfernung von 1815 und damit mit verblassender Erinnerung an den fünfundzwanzigjährigen opferreichen und für die soziale Basis der Großmächte existenzgefährdenden Krieg – immer mehr ausgeweitete Grenzen setzen. Je länger die Friedensperiode in Europa anhielt, je mehr die Französische Revolution und die Herrschaft Napoleons zur reinen, zum Teil gar verklärten Historie wurden, also nicht mehr lebendige Vergangenheit für die Generation führender Staatsmänner in Europa waren, desto stärker zeichnete sich bei den Großmächten die Neigung zur Rückkehr zu einer bindungslosen staatsegoistischen Machtpolitik ab.

Doch es dauerte relativ lange, bis die 1814/15 aufgerichteten Hürden, vor allem auch die psychologischen Hemmungen, die von der proklamierten Solidarität im „Konzert der Mächte" ausgingen, abgebaut waren. Erst in der Generation, die durch die Namen Napoleon III., Palmerston, Cavour und Bismarck gezeichnet werden kann, wurden die in Wien 1814/15 aufgerichteten Schranken insoweit durchbrochen, als sich diese Staatsmänner nicht mehr scheuten, die bis dahin gemeinsam bekämpften liberalen und nationalen Bewegungen in den Dienst ihrer staatsegoistischen Machtpolitik zu nehmen und mit ihrer Hilfe eine Revision der Ordnung von 1815 jeweils zugunsten des eigenen Großstaates auf Kosten anderer Länder anzustreben, allerdings ohne doch – und dies markiert eine immer noch fortdauernde Hemmschwelle oder Grenze für ihre staatsegoistische Machtpolitik – das europäische Mächtesystem total herauszufordern und als Ganzes in Frage zu stellen. Diese Staatsmänner blieben – größtenteils, wenn auch nicht mehr durchgängig erfolgreich – bestrebt, ihrerseits nicht von den sozialen und nationalen Bewegungen abhängig zu werden, die sie in ihre Dienste genommen hatten. Auch diese Generation von Staatsmännern bestimmte noch, bei allem Bestreben, die nun als ideologischer Ballast betrachteten Bindungen einer prinzipiellen, für ganz Europa gültigen sozial-konservativen Ordnung abzustreifen („Realpolitik" kontra „Prinzipienpolitik"), das Bewußtsein einer – wenngleich gegenüber der vorausgehenden Generation enger gefaßten – Solidarität der europäischen Großmächte, präziser gesagt: der Notwendigkeit einer Respektierung der Interessen auch der anderen Großmächte, die diese Staatsmänner vor der mehrfach drohenden Gefahr eines neuen großen Krieges – 1853/56 und 1878 an der neuralgischen Stelle des europäischen Mächtesystems im Orient- und Balkan-Bereich aufflackernd – zurückschrecken ließ. Erst die dann folgende Generation der Staatsmänner verlor – weitaus stärker abhängig geworden als die vorausgehende Generation europäischer Staatsmänner von der Dynamik neuer Gesellschaftsschichten und von tatsächlichen oder vermeintlichen politischen Zwängen – vollends das Bewußtsein einer gerade auch im eigenen Interesse liegenden Solidarität der entscheidenden großen Mächte Europas. Schrankenloser Nationalismus und Imperialismus, zuerst zwecks Ausbau imperialer Positionen in der Welt nach Übersee abgelenkt, dann seit dem russisch-japanischen Krieg von 1904/05 auf Europa zurückschlagend, triumphierten, und die – wenn inzwischen auch schon vor allem durch die Gründung des Deutschen Reiches 1871 erheblich revidierte – Ordnung von 1815, in der das Schwergewicht seit der Bismarck-Zeit von den Flügelmächten in das Zentrum Europas verlagert worden und die dennoch immer noch in ihren Grundstrukturen erhalten geblieben war, versank in der „Ur-Katastrophe" Europas, im Weltkrieg 1914/18.[1]

Wenn für diese letzte Generation der Staatsmänner, die Europa in den Ersten Weltkrieg stürzte, keine herausragenden Namen genannt wurden, so ist damit schon angedeutet, daß es in ihr keine überragenden Gestalten gab, die – gleichsam über dem tagesaktuellen Geschehen und über den punktuellen kleinen Entscheidungen stehend – zu grundlegenden, sich anbahnende große Katastrophen auch unter Zurückstecken der eigenen Ziele unbedingt vermeidenden Fundamentalentscheidungen fähig gewesen wären. Sir Edward Greys Wort: „In Europa gehen die Lichter aus" beschreibt mit dieser Metapher die für diese Generation der Staatsmänner kennzeichnende Tendenz zum passiven Sich-treiben-Lassen im Strom der Bewegungen ebenso wie Bethmann Hollwegs Eingeständnis am Ausgang der Julikrise, „es sei die Direktion verloren und der Stein ins Rollen geraten". Es war für die 1914 Handelnden bezeichnend, daß keiner von ihnen die Folgen des drohenden und schließlich eröffneten Krieges für die eigene Großmachtstellung wie für das europäische Mächtesystem als Ganzes klar erkannte.[2]

Generell galt: An die Stelle des bei allen großen politischen Entscheidungen die eigenen nationalstaatlichen Interessen rational gegen die nationalstaatlichen Interessen der Kontrahenten und der Partner abwägenden Staatsmannes, der die Staatsräson der eigenen Macht zum Maßstab nahm, war in Europa seit 1890 zunehmend der Systemzwang der Allianzen getreten, schließlich der beiden gegeneinander stehenden Gruppierungen Triple-Entente kontra Dreibund. Bündnisse und Staatsräson wurden nun gleichgesetzt – wie James Joll vor kurzem gezeigt hat[3] –, so daß freies, sozusagen block-übergreifendes Handeln einer Macht nicht mehr möglich war, sobald ein Konflikt einen Großmachtpartner oder -kontrahenten tangierte. Solchen außenpolitischen Einschränkungen der Handlungsfreiheit durch bündnispolitische Zwänge entsprach in der Vorkriegszeit eine immer stärker werdende innenpolitische Abhängigkeit der Regierungen von Zeitströmungen chauvinistischer, imperialistischer, zum Teil auch schon rassistischer Tendenz. Dies galt auch für diejenigen Großstaaten, die noch keine Parlamentarisierung der Regierung kannten. Es trat allgemein eine – wenn man es so nennen will – „Demokratisierung“ der im 19. Jahrhundert weitgehend noch als „arcanum“ der Regierungen betrachteten Außenpolitik ein.

Als dritte Grundtendenz, die die Handlungsfähigkeit der Staatsmänner in Krisenzeiten in höchst bedenklicher Weise einschränkte, ist die Reduktion der traditionellen politischen Leitvorstellung des Bewahrens und stetig neuen Ausbalancierens des europäischen Gleichgewichts auf eine rein militärische Angelegenheit, auf eine Frage des Stärkeverhältnisses der Flotten, der Heere, der verschiedenen bedeutenden Waffentypen usw. bei den sich gegenüberstehenden Mächtegruppen zu nennen – mit der Folge, daß tatsächliche oder vermeintliche Verschiebungen zugunsten der eigenen Position oder – richtiger – der Mächtegruppe, der man angehörte, als Chance betrachtet wurden, die ebenso kriegstreibend wirken konnte wie umgekehrt bei offenkundigem Aufholen der Gegengruppe oder gar bei vorauszusehendem Überholtwerden die Befürchtung, daß die im Augenblick noch gegebene Überlegenheit der eigenen Gruppe genutzt werden müßte, da in wenigen Jahren die Gegengruppe eine so bald nicht mehr zu brechende Überlegenheit gewinnen würde. Vor solchem Hintergrund schien ein gerade noch zu gewinnender „Präventivkrieg“ sinnvoll. Das „Einkreisungs“-Syndrom auf seiten der Mittelmächte einerseits, die nur durch eine – so eng wie mögliche – faktische Bindung an die Partner Frankreich und Rußland (weit über vertragliche Verpflichtungen hinaus) zu beschwichtigende Befürchtung auf seiten Großbritanniens andererseits, ja nicht die seit 1907 als Gegengewicht gegen Deutschland für unabdingbar gehaltene Bundesgenossenschaft Rußlands zu verlieren, waren Konsequenzen aus dieser auf das Militärische verengten Vorstellung von “Balance of Power”. Sie verhinderten in der entscheidenden Krise 1914 die der Sache nach gebotene freie, d. h. nicht mit den Bundesgenossen abgesprochene Vermittlung der traditionell als Hüterin des europäischen Gleichgewichts fungierenden britischen Regierung.

Unbeschadet pazifistischer Strömungen in der Zeit vor 1914

blieb bei allen Regierungen und in der Öffentlichkeit aller Großstaaten die Überzeugung dominierend, daß Kriegführung ein legitimes Mittel der Politik souveräner Staaten sei. Ja, Kriege wurden weithin geradezu im Sinne des verbreiteten Sozialdarwinismus als ein Vehikel des Fortschritts, als eine Art Ausleseprozeß zur Ermittlung der jeweils stärksten Kräfte in der internationalen Politik betrachtet. Ins Militärische „übersetzt" bedeutet dies: Es herrschten der Vorrang des Offensivgedankens und – damit verbunden – die Überzeugung, daß eine machtvoll vorgetragene Offensive eine rasche Kriegsentscheidung herbeiführen werde. Die Auffassung, daß in Zukunft die Kriege kurz sein würden, wurde zusätzlich gestützt von der weitverbreiteten Überzeugung, daß die moderne Zivilisation, zumal das komplizierte, international verflochtene Wirtschaftssystem, keine Belastungen durch lange Kriege aushalten würden.

Der von den Massen bejubelte Kriegsausbruch 1914 läßt sich – vor allem in bezug auf die Jugend – als rauschhafte Auflehnung gegen die regelhafte Eintönigkeit der bürgerlichen und pseudobürgerlich gewordenen proletarischen Alltagswelt, auch der lebensweltlichen Irrationalität gegen die scheinbar das 19. Jahrhundert und auch noch die Vorkriegszeit bestimmenden aufklärerisch-liberalen Ideale deuten, als wenigstens kurze Unterbrechung der Öde und Langeweile. Die Bewährung des einzelnen im Kriege galt als höchster Männlichkeitstest. Europa sei – so die These Michael Howards – im „Geist von 1914" geradezu „unter Freudenschreien ins Feld" marschiert.[4] Alle international orientierten Bewegungen, voran die Zweite Sozialistische Internationale, erwiesen sich als viel zu schwach, um gegen die faktisch schon vor dem Krieg erreichte und durch den Kriegsausbruch zunächst stark geförderte nationale Integration der Arbeiterschaft in die jeweilige Nation anzukommen.

Dementsprechend wirkte der Krieg selbst in allen kriegführenden Staaten zunächst ganz allgemein sozialintegrativ. Die bestehenden innenpolitischen und gesellschaftlichen Spannungen wendeten sich jetzt gleichsam gegen den äußeren Feind. Doch mit der unerwartet langen Dauer des Krieges wurde die Tendenz zur Integration durch eine solche zur Polarisierung abgelöst. Zwar kam es lange nicht zur Zerreißprobe an den alten Bruchlinien. Aber die zunächst sehr breite „Mitte" des Spektrums wurde durch extrem „linke", die nationale Solidarität aufkündigende, und durch extrem „rechte" Kräfte, die eine ganz andere, eine total militarisierte Gesellschaft und einen anderen, moderneren, „totalen" Staat anstrebten, in Frage gestellt. Dieser Entwicklung zur Polarisierung im zivilen Bereich widersprach allerdings diejenige in den Massenheeren. Hier verstärkte sich vielmehr mit der zunehmenden Härte des Krieges die Integration: die „Schützengrabengemeinschaft". Der Gegensatz zur zivilen Gesellschaft nahm mit der Dauer des Krieges immer mehr zu.

Im Bereich der internationalen Politik verschärfte sich der mit der Kriegserklärung begonnene Trend zur Polarisierung zwischen den kriegführenden Mächtegruppen – Folge nicht zuletzt von psychologischer Kriegführung und Haßpropaganda – durch die fortschreitende Ideologisierung der ursprünglich traditionell machtpolitischen Gegnerschaft zwischen den Mächten und Mächtegruppen. Alle Versuche einer Friedensvermittlung im Kriege – sie durchziehen mit wechselnden Schwerpunkten, Ansätzen und Zielrichtungen den ganzen Verlauf des Krieges – scheiterten letztlich an dieser Tendenz zur Polarisierung, Radikalisierung und Totalisierung. Verdrängt wurde eine nüchtern-rationale Grundeinsicht, die der – der Vorstellungswelt der vorausgehenden Epoche noch verhaftete – deutsche Staatssekretär des Auswärtigen Richard von Kühlmann am 28. September 1917, also wenige Wochen vor der bolschewistischen Oktober-Revolution in Rußland, vor dem Hauptausschuß des deutschen Reichstages so umschrieb: „Europa! – das Wort klingt heute wie ein Märchen aus längst vergangenen Zeiten ... Die kleine, an den asiatischen Kontinent angelegte Halbinsel hat bisher die Herrschaft der Welt fest in Händen gehabt, machtpolitisch und handelspolitisch ... Ich sage nicht zu viel, wenn ich behaupte, daß für keinen der Staaten in diesem alten Europa der Zustand, wie er in den letzten vierzig Jahren bestanden hat, so unerträglich war, daß er auf die Gefahr der Selbstvernichtung hin seine Abstellung erreichen mußte. Daß Europa nicht zugrunde gehe, ist vielleicht heute noch, mitten in diesem gewaltigen Kriege, ein gemeinsames Interesse aller Großstaaten."[5] Kühlmanns Friedensfühler nach Großbritannien hinüber und 1918 sein Bemühen, die für das europäische Staatensystem als Ganzes wichtige Großmachtstellung Rußlands nicht zu zerstören, blieben vergeblich.

Die von 1914 bis 1917 aufgebaute und in der Propaganda beider Seiten mit unterschiedlichen Schlagworten verhärtete ideologische Frontstellung Demokratien kontra Autokratien wurde schließlich nach dem Kriegseintritt der Vereinigten Staaten von Amerika und nach der bolschewistischen Revolution in Rußland durch globale ideologische Programme, die von diesen beiden neuen Zentren der Weltpolitik ausgingen, überlagert. Ziel war es einerseits, die Welt „reif" zu machen für eine Demokratisierung aller Staaten und dann für ihren Zusammenschluß in einem „Völkerbund" gemäß den amerikanischen Idealen, und andererseits – auf bolschewistischer Seite – den imperialistischen Krieg der Mächtegruppen gegeneinander in eine „Weltrevolution" zu wenden, in einen Triumph des internationalen Proletariats über die Bourgeoisie in allen Ländern. Diese neuen Parolen wurden in die kriegführenden Länder hineingetragen, in denen es folglich zur Ausbildung von „Wilson"- und „Lenin"-Parteien kam. Die ideologischen und gesellschaftspolitischen Fronten standen nun gleichsam quer zu der fortdauernden kriegerischen Frontstellung Mächtegruppe gegen Mächtegruppe, ohne diese doch überwinden zu können. Die „Zeit der Ideologien" (K. D. Bracher) aber nahm hier, vom Höhepunkt des Ersten Weltkriegs, ihren Ausgang. Sie sollte das ganze 20. Jahrhundert über mit unterschiedlichen Akzenten und wechselnder Stärke andauern.

Nur scheinbar im Gegensatz dazu, weil, vordergründig betrachtet, von rein machtpolitischen Aspekten ausgehend, standen die weit ausgreifenden Kriegszielprogramme, die überall bei den kriegführenden Mächten schon in den ersten Kriegswochen entwickelt wurden und sich im Laufe der Zeit in populären Vergröberungen in immer größerer Breite zu Zielvorstellungen schließlich des Gros der Nation und ihrer Repräsentanten verdichteten. Sie schlossen einen Remis-Frieden des Status quo ante 1914 oder auch nur einen „mageren" Erfolgsfrieden, den einzelne Regierungsvertreter schon als „Sieg" betrachtet hätten, praktisch aus. Das im 19. Jahrhundert noch stark auf die Staatsführungen beschränkte Prestigedenken gewann jetzt eine quasi-demokratische, national-chauvinistische Breitenbasis, durch Kriegspropaganda und Publizistik massiv gefördert. Reale ökonomische Interessen, Streben nach strategischer Sicherung, Gewinnung von Ausgangsstellungen für den nächsten großen Krieg (falls dieser noch nicht, wie propagiert, der „letzte" sein sollte) und – last but not least – kulturideologische, zum Teil bereits rassenideologisch geprägte Überzeugungen von der Überlegenheit der eigenen Nation durchdrangen sich in den Kriegszielen mit dem Willen, die eigene Machtstellung entscheidend auszubauen und die der Kriegsgegner so zu reduzieren, daß sie zu direkt oder indirekt von den Siegern abhängigen, zur „großen Politik" künftig jedenfalls nicht mehr fähigen mittleren Mächten herabgedrückt würden. Die offen oder latent angestrebte „Großraum"-Bildung, aus machtpolitischen und auch – angesichts der sprunghaft anwachsenden Reichweite moderner Waffen – militärstrategischen Gründen anvisiert, war dabei eng verknüpft mit der durch die Abschnürung Mitteleuropas von der Weltwirtschaft seit Kriegsbeginn aufkommenden und durch bekannt gewordene Pläne für die Fortsetzung des Wirtschaftskrieges nach Beendigung der militärischen Kampfhandlungen geförderten Idee der Schaffung wirtschaftlich autarker, „wehrwirtschaftlich" verteidigungsfähiger, eine größere Staatengruppe um eine Führungsmacht formierender ökonomischer Verbundsysteme.

In jedem Falle liefen solche Kriegsziele auf ein Überschreiten der nationalstaatlichen Grenzen in weitem Rahmen und auf die Einbeziehung kleinerer und mittlerer Länder mit oder ohne deren Willen hinaus, deren Neutralität, wie nicht nur der Fall Belgien, sondern auch der Fall Griechenland demonstriert hatten, nicht mehr respektiert wurde, wenn strategische Vorteile für einen Bruch der Neutralität sprachen. Dies galt vor allem dann, wenn die im Zuge der Offensive angestrebte Vernichtungsschlacht,[6] der illusionären Erwartung vom kurzen Krieg entsprechend, zur schnellen militärischen und möglichst auch gleich zur politischen Kapitulation des Gegners führen sollte. Das, was dabei in der Militärtheorie als „Vernichtung" bezeichnet wurde, die vollständige Ausschaltung eines großen Teils der gegnerischen Streitmacht (ihre Gefangennahme), gewann während des Ersten Weltkrieges zum Teil schon einen anderen Klang und Inhalt; „Vernichtung" besagte zum Teil bereits physische Vernichtung. Der Massenmord an den Armeniern im Türkischen Reich 1915, verbunden mit Massendeportationen, wies als erstes großes Beispiel auf künftige Steigerungsmöglichkeiten von „Volkskriegen" voraus, wie dies in anderer Weise auch für die Behandlung der

Serben durch die Bulgaren galt. Staatssekretär v. Kühlmann berichtete dem Journalisten Guttmann von der ›Frankfurter Zeitung‹ am 20. November 1917, wie von den Bulgaren „die Serben auf dem Verwaltungsweg erledigt werden; man bringt sie der Reinigung wegen in Entlausungsanstalten und eliminiert sie durch Gas. Das ... sei" – so v. Kühlmanns Kommentar – „im Völkerkampf die Zukunft".[7] Gewiß blieben dies damals noch Einzelfälle in der Praxis. Weite Verbreitung fanden hingegen Gedanken einer „völkischen Feld- und Flurbereinigung", also Aus- und Umsiedlungspläne großen Stils, die dem Ziel dienen sollten, national geschlossene Blöcke zu schaffen statt der insbesondere in Ostmittel- und Südosteuropa gemischt-nationalen Bevölkerungsstrukturen. Doch dies verblieb damals im wesentlichen noch im Deklamatorischen, so konkret manche Forderung, etwa der Alldeutschen im Blick auf den Osten, auch erscheinen mochte.

Der wechselvolle Verlauf des Krieges, vor allem seine Dauer und zunehmende Härte, führte insgesamt zu unterschiedlichen sozialen Konsequenzen, allerdings nur in den am wenigsten von der Kraft der nationalen Integration durch den Krieg betroffenen Großstaaten Rußland und Österreich-Ungarn am Ende zur wirklichen Auflösung und zum Neubeginn unter grundlegend veränderten Bedingungen. Im Blick auf die Kriegsvorstellungen der Zukunft waren sonst zwei Tendenzen zu unterscheiden: Der Gedanke, durch eine gewaltige Kraftanstrengung der ganzen Nation, durch eine Militarisierung der Gesellschaft unter Abbau der traditionellen sozialen Barrieren in der vor 1914 kaum vorstellbaren Härte des Krieges durchzuhalten und dadurch schließlich doch zu siegen – ein gedanklicher Ansatz, der zu der Vorstellung beitrug, daß ein „totaler Krieg" das Gebot der Stunde, somit eine Aufhebung der klassischen Unterscheidung von Kombattanten und Nichtkombattanten, von militärischem und zivilem Bereich, dem modernen Krieg gemäß sei –, war die eine Konsequenz. Sie war längst über den Kreis der Militärtheoretiker hinaus verbreitet, ehe sie Ludendorff – sehr spät (1935) – in seinem Buch über den „Totalen Krieg" zusammenfaßte. Im Kriege 1914/18 selbst ließen noch innenpolitische Hemmungen und Schwierigkeiten, die mit der nicht so schnell und schon gar nicht im Kriege zu verändernden sozialen und politischen Struktur des deutschen Kaiserreiches, aber auch der politischen Strukturen der westeuropäischen Kriegsgegner zusammenhingen, die Diskrepanz zwischen Leitvorstellung und Verwirklichung beträchtlich bleiben, trotz aller Anstrengungen, die Heimat-„Front" in die kämpfende Nation voll einzubeziehen. In gewissem Gegensatz zu solchen Bestrebungen zur sozialen Militarisierung standen Intentionen, durch einen qualitativen Sprung in der Militärtechnik, sozusagen mit einem Schlag, das militärische Gleichgewicht zu überwinden und die im Verlauf des Krieges erstarrten Fronten wieder in Bewegung zu versetzen, vor allem möglichst durch Erfolge auf einem bisher unbeachtet gebliebenen Feld, eine schnelle Entscheidung herbeizuführen. Der uneingeschränkte U-Boot-Krieg, die Entwicklung von Luftwaffe und Panzerwaffe sowie in gewissem Grade, obwohl weniger wirkungsvoll, auch der Gaskrieg sind Beispiele dafür. Am Ende des Krieges war jedenfalls offen, welche der beiden Tendenzen in Zukunft die Oberhand gewinnen würde: ein Festungsdenken der reinen Defensive, gestützt auf die totale Verteidigungsgemeinschaft der ganzen Nation – die Konsequenz aus „Verdun", das zum Symbol hierfür wurde –, oder aber ein von der Idee der Vernichtungsschlacht – Symbol hierfür war „Tannenberg" – ausgehender, auf die Fortentwicklung militärisch revolutionierend wirkender Waffen setzender Zug, der künftig in den dann sogenannten „Blitzkriegen" schnelle, durchschlagende Erfolge herbeizuführen in der Lage sein sollte, ehe es überhaupt zu einer Mobilisierung der gesamten Kräfte der eigenen wie der gegnerischen Nationen kam.

Eine Doppelgesichtigkeit wie bei den sich im Kriege entfaltenden Tendenzen zeigte sich auch bei der Kriegsbeendigung und im Übergang zur Nachkriegszeit. Zum einen wurde der Krieg trotz aller Vorankündigungen doch nicht bis zum totalen Sieg, bis zur Kapitulation der Gegenseite, weitergeführt; vielmehr wurde er, so eindeutig die Niederlage der Mittelmächte und ihrer Führungsmacht, des Deutschen Reiches, auch war, von den Mittelmächten abgebrochen. Die Existenz des bolschewistischen Rußlands, seine als Gefährdung der sozialen Fundamente aller bürgerlich-kapitalistischen Staaten betrachtete Weltrevolutionsideologie und die darauf gründende kommunistische Agitation in allen kriegführenden Großstaaten ließen es geraten erscheinen, dem Kriegsabbruch durch das Deutsche Reich unter allgemein harten, aber verglichen mit den propagierten Kriegszielen, nicht zuletzt auch des Zarenreiches gegenüber dem kaiserlichen Deutschland während des Krieges, doch wiederum moderaten Bedingungen zuzustimmen.

Die Entstehung Sowjetrußlands war überhaupt das bei weitem bedeutendste und folgenreichste Ergebnis des Ersten Weltkrieges. Sowjetrußland, das in statu nascendi auszulöschen trotz Intervention der Alliierten und entsprechender, wenn auch nicht durchdringender Absichten eines Teils der deutschen Führung nicht gelungen war, veränderte durch seine als ideologische und gesellschaftspolitische Herausforderung an alle anderen Mächte verstandene Existenz das Staatensystem, das Verhältnis der übrigen Mächte untereinander fundamental. So wie das Staatensystem von 1815 und die in ihm angelegten Grundtendenzen – bis fast zum Ende des 19. Jahrhunderts – nur im Blick auf die (in der Perzeption der anderen Mächte) von Frankreich als dem „Hort" der Revolution ausgehenden Gefährdungen zureichend gedeutet werden können, so läßt sich das neue System von 1919/20 nur im Blick auf die sozialrevolutionäre Gefährdung von Sowjetrußland her zutreffend interpretieren.

Die Ausschließung Rußlands aus der europäischen Friedensregelung, sein Abdrängen hinter einen als Schutz vor ideologischer und gesellschaftlicher Bedrohung angelegten «Cordon Sanitaire» von Finnland über die Baltischen Staaten bis Rumänien mit einem auf Kosten sowohl Deutschlands als auch Rußlands ausgeweiteten, erstmals seit 125 Jahren als unabhängiger Staat wiedererrichteten Polen als Kern zeigte ebenso wie die Nichtbeteiligung des besiegten Deutschen Reiches – das erheblich geschwächt, aber nicht zuletzt im Blick auf das Problem Sowjetrußland nicht zerstört werden sollte – an den Pariser Friedensverhandlungen, daß für die Neuordnung Europas 1919/20 eine grundlegend andere Basis geschaffen wurde, als dies bei der Friedensordnung von Wien 1815 und ihren begrenzten Revisionen bis hin zum Berliner Kongreß 1878 der Fall gewesen war.

Vor allem war dies kein allgemeiner europäischer Frieden, sondern ein Kompromiß zwischen den erstmals in einen europäischen Krieg intervenierenden und diesen mitentscheidenden Vereinigten Staaten von Amerika einerseits, Großbritannien und Frankreich andererseits. Es war ein Kompromiß, der von einer langfristigen Isolierung Sowjetrußlands am Rande Europas aus-

Pole.

ging und auf eine ebenso langfristige Schwächung, aber eben nicht Zerstörung des besiegten Deutschen Reiches abzielte. Geschaffen wurde damit – alles in allem – eine höchst labile Konstellation. Diese Neuordnung Europas und der Welt ließ die „imperialistischen“ Mächte (in sowjetkommunistischer Terminologie gesprochen) in zwei Gruppen zerfallen: die etablierten und am Status quo von 1919/20 als Gewinner interessierten “Haves” (USA, Großbritannien, Frankreich) und die besiegten oder im Sieg zu kurz gekommenen “Have-Nots” (Deutschland, Italien und das von den USA aus seinen im Kriege 1914/18 gewonnenen Positionen in China wieder abgedrängte Japan). Die in diesen Staaten entwickelten imperialistischen Programme – voll entfaltet allerdings erst in der Weltwirtschaftskrise, der bedeutendsten sozialökonomischen Spätfolge des Ersten Weltkrieges, die die liberale Weltwirtschaftsordnung zerstört, eine Zerrüttung der Staatsfinanzen herbeigeführt und Inflationstendenzen mächtig gefördert hatte, so daß sich trotz aller, besonders britischer Bemühungen, die liberale Vorweltkriegswirtschaftsordnung in globalem Maße in der Nachkriegszeit nicht wieder errichten ließ – waren anders begründet als diejenigen aus der Zeit des klassischen Imperialismus vor 1914: Nicht Expansion aus Überfluß an Kapital, Menschen und Waren, sondern Reaktion auf politische Depression, wirtschaftliche Krise und Verarmung waren, wie Theodor Schieder in einer Skizze über „Imperialismus in alter und neuer Sicht“ pointiert konstatierte,[8] ihre Kennzeichen, auch wenn diesen neuen Konzepten eine weitgespannte ideologische Programmatik zu eigen war.

An einer Veränderung der – wie die außenpolitische Handlungsunfähigkeit der etablierten Großmächte in der Weltwirtschaftskrise schlaglichtartig zeigte, vor allem auch in Auswirkung des Weltkrieges 1914/18 im kolonialen Bereich – höchst labilen Weltordnung von 1919/20 waren indessen nicht nur die revisionistischen “Have-Not”-Mächte, sondern in anderer Weise auch die Sowjetunion aus machtpolitischen wie ideologischen Gründen interessiert. Ein zunächst alle denkbaren Kombinationen beinhaltendes „Dreiecks“-Verhältnis zwischen den „Etablierten“, den “Have-Nots” und der Sowjetunion bestimmte die komplizierte internationale Konstellation.

Bis zur Weltwirtschaftskrise hatten sich bereits die meisten der unter dem Eindruck des Triumphs der Ideen des amerikanischen Präsidenten Wilson überall in Europa (abgesehen von Sowjetrußland) eingeführten parlamentarisch-demokratischen Staatsordnungen, insbesondere in den neuen ostmittel- und südosteuropäischen Staaten, als nicht lebensfähig erwiesen. Sie machten schon in den zwanziger und frühen dreißiger Jahren autoritären Regimen Platz. Das durch den Kriegsausgang verursachte Ende der konstitutionellen Monarchien in den Großstaaten und in den Nachfolgestaaten der Habsburgermonarchie trug zu ihrer innenpolitischen Instabilität bei. Entscheidend für die weltpolitische Gesamtentwicklung nach 1919/20 sollte es aber werden, daß der Erste Weltkrieg zu keiner klaren Entscheidung geführt hatte, die die Besiegten gezwungen hätte, sich mit der neuen Situation abzufinden und einen Neuanfang auf anderer Basis zu versuchen. Das von Wilson verkündete, vieldeutige und für höchst unterschiedliche Zwecke verwendbare Prinzip des Selbstbestimmungsrechts der Völker erwies sich als ein Mittel zum Vorantreiben der „Revision" der Pariser Friedensordnung mit friedlichen und – sobald die internationalen Rahmenbedingungen sowie die innenpolitischen und sozialpsychologischen Voraussetzungen dafür gegeben waren – auch mit militärischen Drohungen.

Die so ungeheuer verlustreichen Materialschlachten des Krieges hatten zwar nach 1918 allseits pazifistische Tendenzen gefördert. Doch wurden die davon ausgehenden Impulse schon bald mehr als aufgewogen durch die publizistische Verklärung des Durchhaltewillens, der Bewährung der Millionen von Frontsoldaten in der Schützengrabenkameradschaft angesichts des vieltausendfachen Todes sowie durch die Betonung des Vorbildcharakters der soldatischen Gemeinschaft im Kriege insgesamt, die sich als gesellschaftliches Gegenleitbild zu den chaotisch anmutenden demokratisch-parlamentarischen Nachkriegsverhältnissen geradezu anbot. Dem Trauma des unbesiegt zur Hinnahme der Niederlage gezwungenen deutschen Heeres[9] infolge des Versagens der „Heimatfront" stand in Frankreich der Mythos des Siegers gegenüber, dem nach dem politischen „Verrat" der Verbündeten USA und Großbritannien an derjenigen Macht, die vier Jahre lang die Hauptlast der Verteidigung getragen und die meisten Opfer gebracht hatte, sowie angesichts der fortdauernden, ja gesteigerten demographischen Überlegenheit der Deutschen nichts anderes übrigblieb, als sich hinter der zu einem uneinnehmbaren Festungswall ausgebauten Maginot-Linie militärisch, politisch und psychologisch so einzuigeln, daß nach menschlicher Voraussicht eine Wiederholung des deutschen Ansturms in Richtung Paris wie 1914 ausgeschlossen war, was immer die Deutschen, die man 1919/20 nicht entscheidend getroffen hatte, sonst in Europa machen mochten.

Wesentlich für die Wirkung des Friedensvertrages auf die besiegten Deutschen, für die Irritationen, die davon ausgingen, ja, schließlich dafür, was überall an grundsätzlicher Bewertung des Krieges bis über 1945 hinaus Geltung gewinnen sollte, war die Veränderung in der moralischen Beurteilung des Krieges, die sich während des Ersten Weltkrieges – anknüpfend an Tendenzen auf den Haager Friedenskonferenzen von 1899 und 1907 – in der breiten Öffentlichkeit vor allem in Westeuropa vollzog. Obwohl völkerrechtlich gesehen an dem Recht souveräner Staaten, Krieg zu erklären und Krieg zu führen wie in den Jahrhunderten zuvor, kein Zweifel bestand, wurde doch angesichts der gewaltigen, alle bisherigen Maßstäbe ad absurdum führenden Zahlen der Kriegsopfer 1914/18 die Forderung nach moralischer Verurteilung des – so der neue Schlüsselbegriff – „Aggressors“, das heißt derjenigen Macht, die den Krieg eröffnet hatte, so groß, daß diese Verurteilung – wenn auch nicht so eindeutig, wie es die deutsche Seite in allergischer Reaktion auf das Bekanntwerden des Textes des Friedensvertragsentwurfes zu sehen meinte – in dem berühmten Artikel 231 des Versailler Vertrages im Zusammenhang mit den Reparationsverpflichtungen Aufnahme fand. Mit der Einführung des diskriminierenden Kriegsbegriffs der „Aggression“ und des „Aggressors“ wurde jedenfalls erstmals ein Thema angeschlagen, das, obwohl es in den die zweite kriegerische Expansion einleitenden “Have-Not”- Staaten Japan, Italien und Hitler-Deutschland mit sozialdarwinistischen Argumenten (Aufbau einer „Wohlstandssphäre“, Schaffung eines „Mare-nostro“-Imperiums, Gewinnung von „Lebensraum“) übertönt wurde, von da an über den Zweiten Weltkrieg bis in die Gegenwart hinein eine Schlüsselrolle in der Politik, in der Propaganda und schließlich nach 1945 auch im Völkerrecht spielen sollte.

Ein Fazit der Geschichte des Ersten Weltkrieges insgesamt im Blick auf seine Ortsbestimmung innerhalb des 20. Jahrhunderts zu ziehen fällt nach dem Dargelegten leicht und schwer zugleich. Es fällt leicht, weil wir wissen, wie die Entwicklung weitergegangen ist, welche Fehlentscheidungen zum Zweiten Weltkrieg und von da aus weiter zur Drohung eines dritten, aller Voraussicht nach menschheitsvernichtenden Krieges geführt haben. Schwer ist es, weil es – wenn man die Dinge mit den Augen der Zeitgenossen der unmittelbaren Nachkriegszeit von den zwanziger Jahren aus betrachtet – gar nicht so einfach war, die divergierenden Grundtendenzen der zwanziger Jahre zu gewichten und die schließlich dominierenden Strömungen von den anfangs auch bedeutsamen Gegenströmungen so frühzeitig, wie es rückschauend wünschenswert gewesen wäre, als die stärkeren zu erkennen.

Alles in allem drängt sich – um das schon Angedeutete pointiert zusammenzufassen – als Haupteindruck auf, daß dieser Krieg (noch) keine klare Entscheidung gebracht hatte, die Dauer verhieß. Sein Ausgang ermöglichte vielmehr in vielfacher Weise eine Politik des „Als-ob". Rückschauend steht uns deutlich vor Augen, daß Europa als Ganzes den Krieg verloren hatte, daß seine bis 1914 unangefochtene Weltvormachtstellung in Frage gestellt war, nicht nur durch die nun endgültige Einbeziehung der Vereinigten Staaten von Amerika und Japans als Großmächte in das sich formierende neue, erstmals wirklich global angelegte Weltstaatensystem, sondern auch durch die Erschütterung der imperialen Position der europäischen Mächte in Übersee. Der Kolonialbesitz der europäischen Mächte wurde nunmehr in dreifacher Weise in Frage gestellt: durch nationale Bewegungen, zunächst am stärksten in Indien und in der arabischen Welt, auch in China, sodann durch die kommunistische Weltbewegung, die sich mit der Emanzipation der Kolonialvölker zu verbünden trachtete, und schließlich von der amerikanischen Leitidee des Selbstbestimmungsrechts aller Völker, auch der unter europäischer Kolonialherrschaft lebenden. Es lag auf der Hand, daß ein zweiter großer Krieg der europäischen Mächte gegeneinander dann endgültig den Einsturz der Kolonialimperien zur Folge haben würde. Die „Weltgeschichte Europas", wie Hans Freyer das kolonial-imperiale Zeitalter genannt hat, ging sichtbar ihrem Ende entgegen.

Der machtpolitische Rückzug der USA aus Europa in den zwanziger Jahren, dem in der Weltwirtschaftskrise der finanz-

und wirtschaftspolitische Rückzug folgte, und die bis zur Weltwirtschaftskrise im wesentlichen gelungene Separation Sowjetrußlands von dem Kernbereich Europas ermöglichten allerdings in den zwanziger Jahren und darüber hinaus den Europäern noch einmal eine Fortsetzung der Politik des „Als-ob", das heißt, als ob die europäischen Großmächte wie 1914 unter sich wären. Dies hatte auch eine positive Seite: Der Völkerbund, dem die USA und die Sowjetunion fernblieben, bot, jedenfalls bis zu einem gewissen Grade, die Chance zur Restauration der Rolle Europas in der Welt. Ein Gelingen dieses Versuchs lag bis zum Einbruch der Weltwirtschaftskrise in die internationale Politik zumindest im Bereich des Möglichen. Ansätze eines Gelingens waren in der zweiten Hälfte der zwanziger Jahre durchaus zu registrieren. Erst in der Weltwirtschaftskrise vollzogen die "Have-Not"-Mächte jene Wendung, die einen zweiten Weltkrieg allmählich immer wahrscheinlicher machte, weil die außenpolitische Lähmung der etablierten Mächte eine frühzeitige Reaktion gegen erste Ausbruchsversuche der "Have-Not"-Mächte aus der Ordnung von 1919/20 ausschloß und die in den dreißiger Jahren folgenden Anstrengungen der britischen Politik, die "Have-Not"-Mächte durch Konzessionen im Interesse des von Auflösung bedrohten Empire und Commonwealth zu einer friedlichen Lösung zu gewinnen, scheiterten. Die im Ersten Weltkrieg zum Durchbruch gelangten dynamischen, das alte System sprengenden, 1918 nur vorübergehend zurückgedrängten Kräfte gelangten in Deutschland wieder zur Dominanz – und zwar in ihrer radikalsten Form.

Trotz seiner schweren Niederlage war Deutschland nach 1918 in Mitteleuropa als stärkste Macht in ökonomischer wie potentiell auch in militärischer Hinsicht erhalten geblieben. Seine uns aus der Rückschau so deutlich erscheinende Chance, die im Ersten Weltkrieg gescheiterte Hegemonialposition doch noch zu erreichen, war 1919/20 nicht kleiner, sondern – in längerfristiger Perspektive – größer als vor 1914; denn die Auflösung der Habsburgermonarchie und die Bildung des anti-sowjetischen «Cordon Sanitaire» in Ostmittel- und Südosteuropa ließen ein ökonomisch prosperierendes Deutschland fast zwangsläufig in die angestrebte Führungsrolle gelangen, sobald die Einschränkungen der Nachkriegszeit, was früher oder später der Fall sein mußte, aufgehoben waren, wie es sich Ende der zwanziger Jahre auch schon deutlich abzeichnete. Die Entscheidung gegen diese Möglichkeit fiel schließlich mit Hitler und seinem an die Konstellation vom Sommer 1918 im Osten – Deutschland faktisch Herr des besiegten Rußlands – anknüpfenden, rassenideologisch die darin enthaltenen alten machtpolitischen und ökonomischen Elemente überlagernden Programm des militärischen Alleingangs zur Erringung der Weltvorherrschaft unter Absage an die bis zum Sommer 1939 offengehaltene Alternative einer europäischen Kooperation der Großmächte Großbritannien, Frankreich, Deutschland und Italien in Gestalt eines den Bedingungen des 20. Jahrhunderts angepaßten europäischen „Konzerts der Mächte" auf der Basis der überkommenen sozialen Verhältnisse in Europa unter defensiver Frontstellung gegen die sozialrevolutionäre Bedrohung von seiten der Sowjetunion.

Die Erfahrungen des Ersten Weltkrieges militärtechnisch und militärstrategisch im Sinne der revolutionierend wirkenden Alternative nutzend, gelang es Hitler – anders als dem kaiserlichen Deutschland –, den ganzen europäischen Kontinent zwischen Großbritannien und der Sowjetunion zu unterwerfen. Von einer Wiederholung des Aufbruchrausches von 1914 konnte 1939 jedoch keine Rede sein; zu klar war den europäischen Nationen der Ernst des Krieges noch in der Erinnerung. Doch die Leitvorstellung der von der Frontkameradschaft abgeleiteten „Volksgemeinschaft", verstärkt durch die totalitären Elemente in der nationalsozialistischen Herrschaftspraxis, ließ eine harte Entschlossenheit, gerade auch nach dem Ausrinnen der „Blitz"-Feldzüge im Übergang in die strategische Defensive entstehen, die die anfangs im Vergleich zu 1914/18 gering erscheinende Zahl der Opfer dieses neuen Krieges, nicht zuletzt auch durch die Massenvernichtungsaktionen im deutsch-beherrschten Europa, schließlich auf ein Vielfaches des Ersten Weltkrieges steigen ließ.

Erst mit dem Kräftepotential der beiden nun endgültig zu den führenden Weltmächten aufsteigenden, nicht zum innereuropäischen Kreis gehörenden Großmächte Sowjetunion und USA gelang es, Hitlers Kontinentalimperium zum Einsturz zu bringen und – anders als 1918 – eine unwiderrufliche Entscheidung gegen die Fortführung des Eigenweges der Großmacht Deutsches

Reich zwischen dem kapitalistischen Westen und der kommunistischen Führungsmacht Sowjetunion herbeizuführen.

Die Sowjetunion und die USA drangen 1945 mit ihren Streitkräften bis ins Zentrum Deutschlands und Europas vor. Sie traten – mit ihrem herausragenden Kräftepotential als Rückhalt – mit ihren konkurrierenden gesellschaftspolitischen Leitideen nun ihren unterschiedlich erfolgreichen Siegeszug in der Welt an. Der im Ersten Weltkrieg erschütterten, in der Zwischenkriegszeit mühevoll noch behaupteten Rolle Europas in der Welt als eigenständige Kraft wurde damit ein definitives Ende gesetzt.

Während der Erste Weltkrieg – so hoch die Zahl der Opfer war, die er forderte – im Grunde doch im wesentlichen noch ein europäischer Krieg war, der militärisch nur temporär und begrenzt in die Welt hinaus wirkte – in Europa wurde er auch entschieden –, wuchsen im Zweiten Weltkrieg die anfangs getrennt in Europa und in Ostasien geführten regionalen Kriege tatsächlich zum Weltkrieg im Wortsinne zusammen. Auch fand das Kriegsgeschehen mit dem Abwurf der Atombomben auf Hiroshima und Nagasaki nicht mehr in Europa, sondern in Ostasien seine letzte Steigerung. Allerdings wurden auch im Zweiten Weltkrieg noch nicht alle Kontinente gleich stark in Mitleidenschaft gezogen. Insofern deutete auch die Bezeichnung „Zweiter Weltkrieg“ mehr die Tendenz als die volle Realität an. In einem dritten Weltkrieg hingegen zwischen den beiden als einzige wahre Sieger aus dem Zweiten Weltkrieg hervorgegangenen Supermächten würde angesichts der Reichweite der modernen Nuklear-Raketen-Waffensysteme auch diese Einschränkung fallen. Es bleibt für die Menschheit nur die Hoffnung und für die entscheidenden Staatsführungen beider Supermächte nur die nüchtern-rationale Einsicht, daß, anders als nach dem Ersten Weltkrieg, die damals nicht zum Tragen gekommene Alternative eines friedlichen Dauer-Arrangements der großen Mächte dieses Mal ergriffen werden muß, um die im Ersten Weltkrieg eröffnete Katastrophe, in die Europa und die Welt im Zweiten Weltkrieg weiter hineingeschritten sind, nicht zu vollenden, sondern die damals – 1914 – begonnene „Epoche der Weltkriege“ endgültig zum Abschluß zu bringen.

Anmerkungen

* Der Beitrag wurde erstmals veröffentlicht in: M. Funke u. a. (Hrsg.), Demokratie und Diktatur. Geist und Gestalt politischer Herrschaft in Deutschland und Europa. Festschrift für Karl Dietrich Bracher, Bonn 1987, S. 109–123.

1 George F. Kennan, Bismarcks europäisches System in der Auflösung: Die französisch-russische Annäherung 1875 bis 1890, Frankfurt a. M. – Berlin – Wien 1981, S. 12. (Begriff im amerikanischen Original: "the great seminal catastrophy of this Century" = „Ur-Katastrophe der Gegenwart" in der deutschen Ausgabe.)

2 Hierzu als neueste Gesamtanalyse Klaus Hildebrand, Julikrise 1914: Das europäische Sicherheitsdilemma. Betrachtungen über den Ausbruch des Ersten Weltkrieges, in: GWU 36 (1985), S. 469–502.

3 James Joll, The Origins of the First World War, London – New York 1984.

4 Michael Howard, Ende der europäischen Ära, in: Die Zeit, Nr. 9 v. 22. Februar 1985.

5 Zitiert von Wolfgang Steglich, Die Friedensversuche der kriegführenden Mächte im Sommer und Herbst 1917. Quellenkritische Untersuchungen, Akten und Vernehmungsprotokolle, Stuttgart 1984, S. V.

6 Jehuda L. Wallach, Das Dogma der Vernichtungsschlacht. Die Lehren von Clausewitz und Schlieffen und ihre Wertungen in zwei Weltkriegen, Frankfurt a. M. 1967.

7 Bernhard Guttmann, Schattenriß einer Generation 1888–1919, Stuttgart 1950, S. 146.

8 Theodor Schieder, Einsichten in die Geschichte. Essays, Berlin 1980, S. 137–155.

9 Michael Salewski, Der Erste Weltkrieg – ein deutsches Trauma, in: Revue Internationale d'Histoire Militaire 63 (1985), S. 169–185.

WEITERFÜHRENDE LITERATUR

Albertini, L.: The Origins of the War of 1914, 3 Bde. (1952–57), Westport/CT 1980.
Balfour, M. L.: The Kaiser and his Times, New York 1972.
Behnen, M.: Rüstung – Bündnis – Sicherheit. Dreibund und informeller Imperialismus 1900–1908, Tübingen 1985.
Berghahn, V.: Der Tirpitz-Plan. Genesis und Verfall einer innenpolitischen Krisenstrategie unter Wilhelm II., Düsseldorf 1971.
–: Germany and the Approach of War in 1914, London – Basingstoke 1973.
–: Rüstung und Machtpolitik. Zur Anatomie des „Kalten Krieges" vor 1914, Düsseldorf 1973.
Canis, K.: Bismarck und Waldersee. Die außenpolitischen Krisenerscheinungen und das Verhalten des Generalstabes 1882 bis 1890, Berlin [Ost] 1980.
Carlson, A. R.: German Foreign Policy, 1890–1914, and Colonial Policy to 1914: a Handbook and Annotated Bibliography, Metuchen/NJ 1970.
Craig, G. A.: The Historian and the Study of International Relations, in: American Historical Review 88 (1983), S. 1 ff.
Dehio, L.: Gleichgewicht oder Hegemonie. Betrachtungen über ein Grundproblem der neueren Staatengeschichte, Krefeld o. J. [1948].
Dülffer, J.: Regeln gegen den Krieg? Die Haager Friedenskonferenzen von 1899 und 1907 in der internationalen Politik, Frankfurt a. M. – Berlin – Wien 1981.
Erdmann, K. D./E. Zechlin: Politik und Geschichte. Europa 1914 – Krieg oder Frieden, Kiel 1985.
Eyck, E.: Das persönliche Regiment Wilhelms II. Politische Geschichte des deutschen Kaiserreiches von 1890–1914, Erlenbach – Zürich 1948.
Farrar, Jr., L. L.: Arrogance and Anxiety. The Ambivalence of German Power, 1848–1914, Iowa City 1981.
Fiebig von Hase, R.: Lateinamerika als Konfliktherd der deutsch-amerikanischen Beziehungen 1890–1903. Vom Beginn der Panamerikapolitik bis zur Venezuelakrise von 1902/03, 2 Teile, Göttingen 1986.
Fischer, F.: Griff nach der Weltmacht. Die Kriegszielpolitik des kaiserlichen Deutschland 1914/18 (^{3}1964); Sonderausg. Düsseldorf 1967; Nachdruck mit einem Begleitwort des Verf. Kronberg/Ts. 1977.

Fischer, F.: Krieg der Illusionen. Die deutsche Politik von 1911 bis 1914 (1969), Düsseldorf ²1970; Nachdruck Kronberg/Ts. 1978.
–: Der Erste Weltkrieg und das deutsche Geschichtsbild. Beiträge zur Bewältigung eines historischen Tabus. Aufsätze und Vorträge aus drei Jahrzehnten, Düsseldorf 1977.
–: Bündnis der Eliten. Zur Kontinuität der Machtstrukturen in Deutschland 1871–1945 (1979), Düsseldorf ²1985.
Förster, S.: Der doppelte Militarismus. Die deutsche Heeresrüstungspolitik zwischen Status-Quo-Sicherung und Aggression 1890–1913, Stuttgart 1985.
Friedjung, H.: Das Zeitalter des Imperialismus 1884–1914, 3 Bde., Berlin 1919–1922.
Geiss, I. (Hrsg.): Julikrise und Kriegsausbruch 1914. Eine Dokumentation, 2 Bde., Hannover 1963/64.
–: German Foreign Policy 1871–1914, London – Boston 1976.
–: Das Deutsche Reich und die Vorgeschichte des Ersten Weltkriegs, München 1983.
–: Der lange Weg in die Katastrophe. Die Vorgeschichte des Ersten Weltkriegs 1815–1914, München – Zürich 1990.
Gollwitzer, H.: Europe in the Age of Imperialism 1880–1914, London 1969.
Gutsche, W.: Der gewollte Krieg: der deutsche Imperialismus und der I. Weltkrieg, Köln 1984.
–: Monopole, Staat und Expansion vor 1914. Zum Funktionsmechanismus zwischen Industriemetropolen, Großbanken und Staatsorganen in der Außenpolitik des Deutschen Reiches 1897 bis Sommer 1914, Berlin [Ost] 1986.
–: Außenpolitische Ziele, Rüstungspolitik und Kriegsdisposition der deutschen Reichsleitung vor 1914, in: ZfG 36 (1988), S. 963–977.
Hale, O. J.: The Great Illusion 1900–1914, New York u. a. 1971.
Hallgarten, G. W. F.: Imperialismus vor 1914. Die soziologischen Grundlagen der Außenpolitik europäischer Großmächte vor dem Ersten Weltkrieg, 2 Bde., München ²1963.
–: War Bismarck ein Imperialist? Die Außenpolitik des Reichsgründers im Lichte der Gegenwart, in: GWU 22 (1971), S. 257 ff.
Hauser, O.: Deutschland und der englisch-russische Gegensatz 1900–1904, Göttingen 1958.
Hildebrand, K.: Staatskunst oder Systemzwang? Die „Deutsche Frage“ als Problem der Weltpolitik, in: HZ 228 (1979), S. 624–644.
–: Zwischen Allianz und Antagonismus. Das Problem bilateraler Normalität in den britisch-deutschen Beziehungen des 19. Jahrhunderts (1870–1914), in: H. Dollinger, H. Gründer, A. Hanschmidt (Hrsg.), Weltpolitik, Europagedanke, Regionalismus. Festschrift für H. Goll-

witzer zum 65. Geburtstag am 30. Januar 1982, München 1982, S. 305–331.
–: Julikrise 1914: Das europäische Sicherheitsdilemma. Betrachtungen über den Ausbruch des Ersten Weltkrieges, in: GWU 36 (1985), S. 469–502.
–: Deutsche Außenpolitik 1871–1918, München 1989.
Hillgruber, A.: Bismarcks Außenpolitik, Freiburg ²1981.
–: Deutsche Großmacht- und Weltpolitik im 19. und 20. Jahrhundert, Düsseldorf 1977.
–: Deutschlands Rolle in der Vorgeschichte der beiden Weltkriege, Göttingen ²1979.
–: Die gescheiterte Großmacht. Eine Skizze des Deutschen Reiches 1871–1945, Düsseldorf ⁴1984.
–: Die Zerstörung Europas. Beiträge zur Weltkriegsepoche 1914 bis 1945, Frankfurt a. M. – Berlin 1988.
Jarausch, Konrad H.: The illusion of limited war. Chancellor Bethmann Hollweg's calculated risk, July 1914, in: Central European History 2 (1969), S. 48–76.
Jerussalimski, A. S.: Die Außenpolitik und die Diplomatie des deutschen Imperialismus Ende des 19. Jahrhunderts, Berlin [Ost] 1954.
Joll, J.: Europe since 1870. An International History, London 1973.
–: Politicians and the Freedom to Choose. The Case of Juli 1914, in: A. Ryan (Hrsg.), The Idea of Freedom. Essays in Honour of I. Berlin, Oxford u. a. 1979, S. 99–114.
–: The Origins of the First World War, London – New York 1984.
Kahler, M.: Rumours of War: The 1914 Analogy, in: Foreign Affairs 1979/80, S. 374–396.
Kantorowicz, H.: Der Geist der englischen Politik und das Gespenst der Einkreisung Deutschlands, Berlin 1929.
Kennedy, P. M.: The Rise of the Anglo-German Antagonism 1860–1914, London 1980.
Klein, F.: Deutschland von 1897/98 bis 1917 (Deutschland in der Periode des Imperialismus bis zur Großen Sozialistischen Oktoberrevolution), Berlin [Ost] ⁴1977.
Koch, H. W. (Hrsg.): The Origins of the First World War. Great Power Rivalry and German War Aims, London 1972.
Lahme, R.: Deutsche Außenpolitik 1890–1894. Von der Gleichgewichtspolitik Bismarcks zur Allianzstrategie Caprivis, Göttingen 1990.
Lambi, L. N.: The Navy and the German Power Politics 1862–1914, Boston – London – Sydney 1984.
Langer, W. L.: European Alliances and Alignments, 1871–1890, New York ²1962.
–: The Diplomacy of Imperialism, 1890–1902, New York ²1968.

Langhorne, R.: The Collapse of the Concert of Europe: International Politics, 1890–1914, London – Basingstoke 1981.

Lappenküper, U.: Die Mission Radowitz. Untersuchungen zur Rußlandpolitik Otto von Bismarcks 1871–1875, Göttingen 1990.

Laqueur, W./G. L. Mosse (Hrsg.): Kriegsausbruch 1914, München ²1970.

Lauren, P. G.: Crisis Management: History and Theory in International Conflict, in: The International History Review 1 (1979), S. 542–556.

Meinecke, F.: Geschichte des deutsch-englischen Bündnisproblems 1890–1901, München – Berlin 1927.

Mommsen, W. J.,. Imperialismustheorien. Ein Überblick über die neueren Imperialismusinterpretationen, Göttingen 1977.

–: Der europäische Imperialismus. Aufsätze und Abhandlungen, Göttingen 1979.

Moses, J. A.: The War Aims of Imperial Germany: Professor Fritz Fischer and His Critics, St. Lucia 1968.

–: The Politics of Illusion: The Fischer Controversy in German Historiography, London 1975.

Mowat, C. L. (Hrsg.): The New Cambridge Modern History, Bd. 12: The Shifting Balance of World Forces 1898–1945, Cambridge 1968.

Nichols, J. A.: Germany after Bismarck. The Caprivi Era 1890–1894, Cambridge/MA 1958.

Oncken, E.: Panthersprung nach Agadir. Die deutsche Politik während der Zweiten Marokkokrise 1911, Düsseldorf 1981.

Pogge von Strandmann, H.: Germany and the Coming of the War, in: R. J. W. Evans/H. Pogge von Strandmann (Hrsg.), The Coming of the First World War, Oxford 1988, S. 87–123.

Pommerin, R.: Der Kaiser und Amerika. Die USA in der Politik der Reichsleitung 1890–1917, Köln – Wien 1986.

–: Seekabel und Nachrichtenbüros. Determinanten des Deutschlandbildes im Zeitalter des Imperialismus, in: Vierteljahrschrift für Sozial- und Wirtschaftsgeschichte 73 (1986), S. 520–531.

Rauh, M.: Die „deutsche Frage" vor 1914: Weltmachtstreben und Obrigkeitsstaat?, in: J. Becker, A. Hillgruber (Hrsg.), Die Deutsche Frage im 19. und 20. Jahrhundert, München 1983, S. 109–166.

Raulff, H.: Zwischen Machtpolitik und Imperialismus. Die deutsche Frankreichpolitik 1904/06, Düsseldorf 1976.

Remak, J.: The Origins of World War I 1871–1914, New York u. a. 1967.

Rich, N.: Friedrich von Holstein. Politics and Diplomacy in the Era of Bismarck and Wilhelm II, 2 Bde., Cambridge 1965.

Ritter, G.: Die Legende von der verschmähten englischen Freundschaft

1898/1901. Beleuchtet aus der neuen englischen Aktenveröffentlichung, Freiburg 1929.
–: Staatskunst und Kriegshandwerk. Das Problem des „Militarismus" in Deutschland, Bd. 2–4 [1890–1918], München 1960–1968.
Schieder, T. (Hrsg.): Handbuch der europäischen Geschichte, Bd. 6: Europa im Zeitalter der Nationalstaaten und der europäischen Weltpolitik bis zum Ersten Weltkrieg, Stuttgart 1968.
–: Staatensystem als Vormacht der Welt 1848–1918, Propyläen Geschichte Europas, Bd. 5, Frankfurt a. M. – Berlin – Wien 1977.
Schmidt, G.: Der deutsch-englische Gegensatz im Zeitalter des Imperialismus, in: H. Köhler (Hrsg.), Deutschland und der Westen. Vorträge und Diskussionsbeiträge des Symposions zu Ehren von Gordon A. Craig, Berlin 1984, S. 59 ff.
–: Der europäische Imperialismus, München 1985.
Schöllgen, G.: Richard von Kühlmann und das deutsch-englische Verhältnis 1912–1914. Zur Bedeutung der Peripherie in der europäischen Vorkriegspolitik, in: HZ 230 (1980), S. 293–337.
–: Imperialismus und Gleichgewicht. Deutschland, England und die orientalische Frage 1871–1914, München 1984.
–: Griff nach der Weltmacht? 25 Jahre Fischer-Kontroverse, in: Historisches Jahrbuch 106 (1986), S. 386–406.
–: Das Zeitalter des Imperialismus, München ²1991.
Schottelius, H. / W. Deist (Hrsg.): Marine und Marinepolitik im kaiserlichen Deutschland 1871–1914, Düsseldorf 1972.
Schraepler, E.: Die Forschung über den Ausbruch des Ersten Weltkrieges im Wandel des Geschichtsbildes 1919–1969, in: GWU 23 (1972), S. 321–338.
Steinberg, J.: Yesterday's Deterrent. Tirpitz and the Birth of the German Battle Fleet, London 1965.
Stern, F.: Bethmann Hollweg and the War. The Bounds of Responsibility, in: Ders., The Failure of Illiberalism. Essays on the Political Culture of Modern Germany, Chicago – London 1975, S. 77–118.
Stürmer, M. (Hrsg.): Das kaiserliche Deutschland. Politik und Gesellschaft 1870–1918 (1970), Kronberg/Ts. 1977.
–: Das ruhelose Reich. Deutschland 1866–1918, Berlin 1983.
–: Die Reichsgründung. Deutscher Nationalstaat und europäisches Gleichgewicht im Zeitalter Bismarcks, München ³1990.
Taylor, A. J. P.: The Struggle for Mastery in Europe 1848–1918 (1954), Oxford 1971.
Ullrich, V.: Das deutsche Kalkül in der Julikrise und die Frage der englischen Neutralität, in: GWU 34 (1983), S. 79–97.
–: Der Sprung ins Dunkle – Die Julikrise 1914 und ihre aktuellen Lehren, in: Geschichtsdidaktik 9 (1984), S. 97–106.

Wehler, H.-U.: Bismarck und der Imperialismus, Köln – Berlin [3]1972.
Winzen, P.: Bülows Weltmachtkonzept. Untersuchungen zur Frühphase seiner Außenpolitik 1897–1901, Boppard a. Rh. 1977.
Wippich, R.-H.: Japan und die deutsche Fernostpolitik 1894–1898. Vom Ausbruch des Chinesisch-Japanischen Krieges bis zur Besetzung der Kiautschou-Bucht. Ein Beitrag zur Wilhelminischen Weltpolitik, Wiesbaden 1987.
Wolter, H.: Bismarcks Außenpolitik 1871–1881. Außenpolitische Grundlinien von der Reichsgründung bis zum Dreikaiserbündnis, Berlin [Ost] 1983.
Zechlin, E.: Krieg und Kriegsrisiko. Zur deutschen Politik im Ersten Weltkrieg. Aufsätze, Düsseldorf 1979.

DIE AUTOREN

FRITZ FISCHER: geb. 1908; emeritierter Professor für Neuere Geschichte an der Universität Hamburg; D. Litt. h. c. Sussex; D. Litt. h. c. East Anglia; D. Litt. h. c. Oxford; Mitglied der Kommission für die Geschichte des Parlamentarismus und der politischen Parteien; Korrespondierendes Mitglied der British Academy; Mitglied des Institute for Advanced Study in Princeton 1964/65; Gastprofessor an der Universität Oxford 1969/70. Veröffentlichungen u. a.: Griff nach der Weltmacht. Die Kriegszielpolitik des kaiserlichen Deutschland 1914/18 (³1964); Sonderausgabe, Düsseldorf 1967. Nachdruck mit einem Begleitwort des Verfassers, Kronberg/Ts. 1977; Weltmacht oder Niedergang. Deutschland im ersten Weltkrieg, Frankfurt a. M. ²1968; Krieg der Illusionen. Die deutsche Politik von 1911 bis 1914, Düsseldorf ²1970. Nachdruck Kronberg/Ts. 1978; Der Erste Weltkrieg und das deutsche Geschichtsbild. Beiträge zur Bewältigung eines historischen Tabus. Aufsätze und Vorträge aus drei Jahrzehnten, Düsseldorf 1977; Bündnis der Eliten. Zur Kontinuität der Machtstrukturen in Deutschland 1871–1945, Düsseldorf ²1985; Juli 1914: Wir sind nicht hineingeschlittert. Das Staatsgeheimnis um die Riezler-Tagebücher. Eine Streitschrift, Reinbek 1983.

IMANUEL GEISS: geb. 1931; Professor für Neuere Geschichte an der Universität Bremen; Gastprofessor in Oxford 1965, Tel Aviv 1969, Gdansk 1980/81, Brisbane 1983, Dickinson College, Carlisle 1985/86 und Shanghai 1990, Humboldt-Universität, Berlin, seit 1990. Veröffentlichungen u. a.: The Pan-African Movement, London–New York 1974; German Foreign Policy 1871–1914, London 1976; Das Deutsche Reich und die Vorgeschichte des Ersten Weltkriegs, München 1983; Das Deutsche Reich und der Erste Weltkrieg, München 1983; Geschichte griffbereit, 6 Bde., Reinbek 1979–1983; Geschichte im Überblick, Reinbek 1986; Geschichte des Rassismus, Frankfurt a. M. ²1989; Der lange Weg in die Katastrophe. Vorgeschichte des Ersten Weltkriegs, 1815–1914, München 1990; Herausgeber u. a.: Julikrise und Kriegsausbruch 1914. Eine Dokumentation, 2 Bde., Hannover 1963/64.

WILLIBALD GUTSCHE: geb. 1926; Professor für Neuere Geschichte am Zentralinstitut für Geschichte, Akademie der Wissenschaften der DDR, Berlin. Veröffentlichungen u. a.: Aufstieg und Fall eines kaiserlichen Reichskanzlers. Theobald von Bethmann Hollweg 1856–1921,

Berlin 1973; Von Sarajevo nach Versailles (in Zusammenarbeit mit Fritz Klein und Joachim Petzold), Berlin 1985; Sarajevo 1914, Berlin 1984; Monopole, Staat und Expansion vor 1917. Zum Funktionsmechanismus zwischen Industriemonopolen, Großbanken und Staatsorganen in der Außenpolitik des Deutschen Reiches 1897 bis Sommer 1914, Berlin 1986; Wilhelm II., der letzte deutsche Kaiser, Berlin 1990; Herausgeber u. a.: Herrschaftsmethoden des deutschen Imperialismus 1897/98 bis 1917, Berlin 1977.

KLAUS HILDEBRAND: geb. 1941; Professor für Neuere Geschichte an der Universität Bonn; Mitglied der Historischen Kommission bei der Bayerischen Akademie der Wissenschaften und der Kommission für die Geschichte des Parlamentarismus und der politischen Parteien. Veröffentlichungen u. a.: Vom Reich zum Weltreich. Hitler, NSDAP und Koloniale Frage 1919–1945, München 1969; Deutsche Außenpolitik 1933–1945. Kalkül oder Dogma?, Stuttgart et al. [5]1990; Geschichte der Bundesrepublik Deutschland: Von Erhard zur Großen Koalition 1963–1969, Stuttgart – Wiesbaden 1984; Das Dritte Reich, München [3]1987; Deutsche Außenpolitik 1871–1918, München 1989; German Foreign Policy from Bismarck to Hitler: The Limits of Statecraft, London 1989; Integration und Souveränität. Die Außenpolitik der Bundesrepublik Deutschland 1949–1982, Bonn 1990; Mitherausgeber: Internationale Beziehungen in der Weltwirtschaftskrise 1929–1933, München 1980; Deutschland und Frankreich 1936–1939, München 1981; Deutsche Frage und europäisches Gleichgewicht, Köln – Wien 1985.

ANDREAS HILLGRUBER (1925–1989): Professor für Neuere Geschichte an der Universität Köln; Mitglied der Historischen Kommission bei der Bayerischen Akademie der Wissenschaften und der Rheinisch-Westfälischen Akademie der Wissenschaften. Veröffentlichungen u. a.: Hitlers Strategie. Politik und Kriegführung 1940–1941, München [2]1982; Deutschlands Rolle in der Vorgeschichte der beiden Weltkriege, Düsseldorf [2]1979; Bismarcks Außenpolitik, Freiburg [2]1981; Deutsche Geschichte 1945–1982. Die 'deutsche Frage' in der Weltpolitik, Stuttgart et al. [5]1984; Die gescheiterte Großmacht. Eine Skizze des Deutschen Reiches 1871–1945, Düsseldorf [4]1984; Der Zweite Weltkrieg 1939–1945. Kriegsziele und Strategie der großen Mächte, Stuttgart et al. [4]1985; Die Last der Nation. Fünf Beiträge über Deutschland und die Deutschen, Düsseldorf 1984; Zweierlei Untergang. Die Zerschlagung des Deutschen Reiches und das Ende des europäischen Judentums, Berlin 1986; Europa in der Weltpolitik der Nachkriegszeit 1945–1963, München [3]1987; Die Zerstörung Europas. Beiträge zur Weltkriegsepoche 1914 bis 1945, Frankfurt a. M. – Berlin 1988; Herausgeber u. a.: Staatsmänner und Diplomaten bei Hitler. Vertrauliche Aufzeichnungen über Unterredungen mit Vertretern des Auslandes 1939–1944, 2 Bde., Frankfurt a. M. 1967–70.

Reiner Pommerin: geb. 1943; Professor für Neuere Geschichte an der Universität Erlangen-Nürnberg; J. F. Kennedy-Fellow an der Harvard University 1979/80. Veröffentlichungen u. a.: Das Dritte Reich und Lateinamerika, Düsseldorf 1977; Sterilisierung der Rheinlandbastarde. Das Schicksal einer farbigen deutschen Minderheit 1918–1937, Düsseldorf 1979; Der Kaiser und Amerika. Die USA in der Politik der Reichsleitung 1890–1917, Köln 1986; Von Berlin nach Bonn. Die Alliierten, die Deutschen und die Hauptstadtfrage nach 1945, Köln 1989; Mitherausgeber: Deutsche Frage und europäisches Gleichgewicht, Köln – Wien 1985; Akten zur Auswärtigen Politik der Bundesrepublik Deutschland, Bde. 1 und 2, München 1989/90.

Gustav Schmidt: geb. 1938; Professor für Internationale Politik der Universität Bochum; Gastprofessor in Oxford 1979–80, an der Emory University 1984 und an der University of Toronto 1985/86. Veröffentlichungen u. a.: England in der Krise. Grundzüge und Grundlagen der britischen Deutschlandpolitik (1930–1937), Wiesbaden 1981; Der europäische Imperialismus, München 1985; The politics and economics of appeasement. British Foreign Policy in the 1930s, Leamington 1986; Herausgeber: Konstellationen internationaler Politik 1924–1932, Bochum 1983; Großbritannien und Europa – Großbritannien in Europa. Sicherheitsbelange und Wirtschaftsfragen in der britischen Europapolitik nach dem Zweiten Weltkrieg, Bochum 1989.

Gregor Schöllgen: geb. 1952; Professor für Neuere Geschichte an der Universität Erlangen-Nürnberg; Gastprofessor an der Columbia University New York 1987 und an der Universität Oxford 1988/89. Veröffentlichungen u. a.: Handlungsfreiheit und Zweckrationalität. Max Weber und die Tradition praktischer Philosophie, Tübingen 1984; Imperialismus und Gleichgewicht. Deutschland, England und die orientalische Frage 1871–1914, München 1984; Max Webers Anliegen. Rationalisierung als Forderung und Hypothek, Darmstadt 1985; Das Zeitalter des Imperialismus, München [2]1991; Ulrich von Hassell 1881–1944. Ein Konservativer in der Opposition, München 1990.

Michael Stürmer: geb. 1938; Professor für Neuere Geschichte an der Universität Erlangen-Nürnberg, z. Zt. beurlaubt; seit 1988 Direktor des Forschungsinstituts der Stiftung Wissenschaft und Politik in Ebenhausen; Research Fellow an der Harvard University 1976/77; Mitglied des Institute for Advanced Study in Princeton 1977/78; Professeur Associé de la Sorbonne 1982/83 und 1985/86; Gastprofessor am Center for International Studies der Universität Toronto 1983/84; Gast-Kolumnist der Frankfurter Allgemeinen Zeitung und des Wall Street Journal. Veröffentlichungen u. a.: Das ruhelose Reich. Deutschland 1866–1918, Berlin 1983; Die Reichsgründung. Deutscher Nationalstaat und europäisches Gleichgewicht im Zeitalter Bismarcks, München 1984; Dissonanzen des Fortschritts. Essays über Geschichte und Politik in Deutschland, München 1986; Wägen und Wagen, Sal. Oppenheim jr. & Cie. Geschichte einer Bank und einer Familie (zusammen mit G. Teichmann und W. Treue), München 1989.

PERSONENREGISTER

Die Verweise beziehen sich auf die in den Texten, nicht auf die in den Anmerkungen erwähnten Personennamen.

WB-Forum

Entwicklung einer Vorverurteilung bis zur Holocaust-Katastrophe; aktueller Ausblick.
ISBN 3-534-80016-8

Politik, Wirtschaft und Gesellschaft im Übergang.
ISBN 3-534-80033-8

Neue soziale Bewegungen in der Diskussion.
ISBN 3-534-80038-9

Wissenschaftler, Politiker, Publizisten bilanzieren unser ökologisches Soll und Haben.
ISBN 3-534-80040-0

Zur Frage soziokultureller Voraussetzungen alternativer Lebensformen.
ISBN 3-534-80042-7

Überlegungen zur Verantwortung der Pädagogik für Kultur und für Kulturentwicklung.
ISBN 3-534-80107-5

Wissenschaftliche Buchgesellschaft